棠树文丛
代表作

关依然 著

斯宾塞社会思想中的『社会有机体』概念探析

商务印书馆
The Commercial Press

编委会

主 任
郭为禄 叶 青 何勤华

副主任
张明军 王 迁

委 员
（以姓氏笔画为序）

马长山	朱应平	刘 伟	刘宪权	孙万怀
杜 涛	杜志淳	李 峰	李秀清	杨忠孝
肖国兴	何益忠	冷 静	沈福俊	张 栋
陆宇峰	陈金钊	陈晶莹	范玉吉	林燕萍
金可可	屈文生	胡玉鸿	贺小勇	徐家林
高 汉	高奇琦	高富平	唐 波	

本书受上海市高水平地方高校建设项目资助，
并由华东政法大学资助出版

棠树文丛
总　序

学术研究是高校非常重要的一项功能,也是衡量一所大学综合实力、核心竞争力的主要指标。开展学术活动、产出学术成果、培养学术人才是高校完成人才培养、科学研究、社会服务等使命的主要手段。大学之所以成为大学,学术的兴盛正是主要的标志之一,只有学术水平提高了,才能更好地完成培养人才和服务社会的目标。

党的十八大以来,以习近平同志为核心的党中央高度重视哲学社会科学工作,从改革发展稳定、治党治国治军的高度,肯定了哲学社会科学的重要意义。习近平总书记在 2016 年 5 月 17 日召开的"哲学社会科学工作座谈会"上指出,"要加大科研投入,提高经费使用效率。要建立科学权威、公开透明的哲学社会科学成果评价体系,建立优秀成果推介制度,把优秀研究成果真正评出来、推广开",为新时期哲学社会科学的发展指明了方向。学术专著是广大教师平时研究成果的精心积累,出版则是优秀研究成果推广的重要手段。做好学术著作的组织出版能够提高教师科研活动的积极性,弘扬优秀学术,开拓创新,也能为学校的科研事业做出应有的贡献。

华东政法大学全面贯彻党的教育方针,落实立德树人根本任务,围绕上海教育中长期规划纲要的总体目标,按照建设"双一流"高水平多科性教学研究型特色大学的战略要求,遵循科研发展规律,加强管理,精益求精,在科研方面取得了不俗的成绩。近年来,学校的优秀学术成果持续增多,学术影响力有所提升,学校科研工作日攀新高。

法学是华东政法大学的主要学科,也是我校的知名品牌。推介法学研究成果是科研管理部门的服务项目和重要职责。这次推出的"棠树文丛"就是以华东政法大学法学领域的优秀成果为主,兼顾其他学科的优秀成果。"棠树"出自《诗经》。《诗经·甘棠》云:"蔽芾甘棠,勿翦勿伐。"这是说周初召伯巡行理政,在甘棠树下听讼决狱,断案公正无私,其事流芳后世,歌诗以载。法平如水,民心所向,古今无异,故以"棠树"为本丛书命名。这次组织出版"棠树文丛",可以促进华政的学术研究水平,提升法学等学科的影响力,为实现依法治国的宏伟目标和弘扬法律的公平正义添砖加瓦。

高层次优秀科研成果的出版是教师和科研管理部门共同追求的目标,也是我们贯彻落实《华东政法大学学术专著出版资助管理办法》的举措。我们希望通过这次学术专著推进活动,规范学校图书出版工作,进一步激发我校教师多出优秀成果的科研积极性,展现华政学术风采。

华东政法大学科研处
2022 年 4 月

目 录

前 言 ·· 1

第一章 赫伯特·斯宾塞的生平
一、出生和童年家庭生活 ·· 17
二、少年时期的教育 ··· 21
三、铁路工作、政治参与和写作 ····································· 24
四、加入《经济学人》 ··· 26
五、伦敦社交圈 ·· 28
六、"综合哲学"写作、疾病与闲暇 ································· 34
七、"综合哲学"告成与晚年 ··· 40
小 结 ·· 43

第二章 19世纪英国颅相学运动和反谷物法运动中的"社会"理念
·· 45
一、《论政府的适当范围》中的有机体类比 ······················ 48
二、维多利亚时期的颅相学运动 ····································· 53
三、《人的构造》与乔治·克姆博的有机主义 ···················· 65
四、反谷物法运动与"社会"的自然和谐 ·························· 85
五、《经济学人》与自由放任原则 ·································· 104
小 结 ··· 117

第三章 "社会有机体"概念的诞生和发展 ····················· 118
一、概念的诞生——1850年《社会静力学》 ···················· 119

二、柯勒律治的"个体化"理论⋯⋯⋯⋯⋯⋯⋯⋯⋯⋯⋯⋯ 129
　　三、亨利·米奈-爱德华兹的"生理性劳动分工"概念 ⋯ 150
　　四、冯·拜尔的"同质向异质变化"理论⋯⋯⋯⋯⋯⋯⋯ 165
　　五、"同质向异质变化"理论的泛化——19世纪50年代诸文章
　　　⋯⋯⋯⋯⋯⋯⋯⋯⋯⋯⋯⋯⋯⋯⋯⋯⋯⋯⋯⋯⋯⋯ 175
　　六、《第一原理》与"进化"的两个定义⋯⋯⋯⋯⋯⋯⋯ 183
　　小　结⋯⋯⋯⋯⋯⋯⋯⋯⋯⋯⋯⋯⋯⋯⋯⋯⋯⋯⋯⋯ 202

第四章　"社会有机体"概念的成熟和深化⋯⋯⋯⋯⋯⋯⋯⋯ 205
　　一、概念的成熟——1860年《社会有机体》⋯⋯⋯⋯⋯ 206
　　二、挑战与回应——1871年《专业化行政》⋯⋯⋯⋯⋯ 218
　　三、社会科学何以可能？——1873年《社会学研究》⋯ 229
　　四、社会是什么？——1877年《社会学原理》第一卷⋯ 239
　　小　结⋯⋯⋯⋯⋯⋯⋯⋯⋯⋯⋯⋯⋯⋯⋯⋯⋯⋯⋯⋯ 250

第五章　"社会有机体"概念的转换——19世纪末英国社会改革辩论⋯⋯⋯⋯⋯⋯⋯⋯⋯⋯⋯⋯⋯⋯⋯⋯⋯⋯⋯⋯⋯⋯⋯ 251
　　一、《个体与国家》与"军事型—工业型"社会变态理论 ⋯ 254
　　二、个人主义者的抗议与"社会有机体"的修辞运用⋯⋯ 267
　　三、对斯宾塞的批评与"社会有机体"的竞争性解释⋯⋯ 277
　　四、个人主义者的退场与"社会有机体"的再概念化⋯⋯ 289
　　小　结⋯⋯⋯⋯⋯⋯⋯⋯⋯⋯⋯⋯⋯⋯⋯⋯⋯⋯⋯⋯ 303

结　语⋯⋯⋯⋯⋯⋯⋯⋯⋯⋯⋯⋯⋯⋯⋯⋯⋯⋯⋯⋯⋯⋯⋯ 305

参考文献⋯⋯⋯⋯⋯⋯⋯⋯⋯⋯⋯⋯⋯⋯⋯⋯⋯⋯⋯⋯⋯⋯ 314

后　记⋯⋯⋯⋯⋯⋯⋯⋯⋯⋯⋯⋯⋯⋯⋯⋯⋯⋯⋯⋯⋯⋯⋯ 327

前　言

对于赫伯特·斯宾塞这个名字,很多人都不会感到陌生。这位大概是由于英格兰水质特点而英年早"秃"的19世纪英国思想家,只要一出现,便会让人们自动联想起"物竞天择""适者生存""弱肉强食""种族主义"和"社会达尔文主义"等骇人的词,这也是19世纪末以来多数译介和评述斯宾塞思想的中文作品给人们留下的鲜明印象。这些词语似乎能迅速标示出斯宾塞在思想史中的大体位置,同时不无正确地概括出他学说的一些重要方面。由于这些词语中的多数在当代语境下都所指非善,透露着残酷、冷峻、无情和反人道的色彩,有的甚至经历过激烈的批判和否定,因而与它们相关联的斯宾塞本人也就仿佛呈现出了一副冷酷而可憎的面目。

然而,本书遵循所有学术研究,尤其是历史研究的惯例,希望透过扁平化的标签,探寻背后那个立体的、被遮蔽的且很可能被歪曲的人。首先,让我们暂时抛开对他的成见,回到19世纪去探讨在时人心目中,斯宾塞是一个怎样的存在。

在19世纪后半叶到20世纪初的英美思想界,斯宾塞的大名用"如雷贯耳"来形容毫不为过。他被誉为"维多利亚时代的亚里士多德"[①],

---

[①] 国内介绍斯宾塞的文献常用这一说法,但往往不加引注,未能指明这个说法来自何处。在笔者翻阅的资料中,发现最早是19世纪末英国的一个保守主义团体——自由与财产保卫同盟——的成员对斯宾塞的赞誉,参见 Robert G. Perrin, *Herbert Spencer: A Primary and Secondary Bibliography*, New York: Routledge, 2014, p.728。

是"第一流的哲学家"和"划时代者"。[1] 他的进化论发现了自然界的法则，成就可与牛顿和拉普拉斯媲美。[2] 他的学说一度堪称"时代精神"——"构成彼时思想'氛围'的一部分。这些思想几乎不需要再去专门教授，而是新近产生的思想之基础"[3]。他的追随者遍布欧美，各国主要的科学和哲学团体都以邀请到斯宾塞加盟为荣。[4] 在为他撰写的传记和评述其学说的西方作品里，斯宾塞常常与那些彪炳史册的大思想家同台比肩：笛卡尔、培根、洛克、斯宾诺莎、休谟、康德、黑格尔等等，似乎唯有列数这些名字才能够彰显对斯宾塞的无限敬意。

斯宾塞所获的这些赞誉并非都是学术往来的客套。出生于1820年的斯宾塞，毕生以发展和构建以"进化"（Evolution）为核心的哲学体系为己任。他笔耕数十载不辍，甚至在30多岁患上严重的精神衰弱后仍旧持续工作。其作品在体量上睥睨同时代的大多数思想家。除了人们耳熟能详的《社会静力学》（Social Statics）和《个体与国家》[5]（The Men versus the State），以及鼎鼎有名却鲜少有人能够卒读的十卷本"综合哲学"（synthetic philosophy）系列以外，斯宾塞还写了数量繁多的报刊和随笔文章，主题遍布哲学、生物、生理、心理、天文、地质、政治、社会、教育乃至语言、文化。时人惊叹于他构建统一宇宙观的雄心伟力，

---

[1] Hector Macpherson, *Herbert Spencer: The Man and His Work*, London: Chapman & Hall, 1900, p. v.

[2] Grant Allen, "Personal Reminiscences of Herbert Spencer", *Forum*, no. 35 (1904), p. 628. 转引自 Michael Taylor, "Introduction", in *The Philosophy of Herbert Spencer*, London: Continuum, 2007, p. 1.

[3] Hugh Elliot, *Herbert Spencer*, New York: Henry Holt & Co., 1917, p. 5.

[4] 引自美国自由基金会建立的在线文库 Online Library of Liberty, 2023年4月27日（斯宾塞诞辰）的纪念文章：https://oll.libertyfund.org/reading-room/2023-04-20-mentzel-april-birthday-herbert-spencer。

[5] 最新中译本于2021年由商务印书馆出版，另有2000年华夏出版社出版的《国家权力与个人自由》。

也为他穷极世间万象、以事实为唯一准绳的科学精神所折服。据统计，仅斯宾塞在世时，其各类作品的销量就达到了一百万册。其作品不仅在本国的各个阶层中阅读传播，更是被翻译成十余种语言，在欧洲、美洲和亚洲的多国都有极高知名度。其思想广泛参与了19世纪末到20世纪初的全球思想流动，也深刻影响了包括中国在内的非西方国家反抗殖民压迫、构建国族身份的努力。用如今史学界时兴的话来说，斯宾塞是当之无愧的全球思想家。①

然而，当下学界对这样一位思想家的认识却与他昔日的地位极不相称。比起同时代的欧洲思想家密尔、托克维尔和马克思等人，研究斯宾塞的文献体量小，深度探讨更是屈指可数。甚至同为进化论者的达尔文也比斯宾塞幸运得多。2009年，为纪念《物种起源》首版150周年，全球各地举办了300多场纪念活动，为此撰写的纪念文章不计其数。而2012年，斯宾塞的《第一原理》首版150周年却没有引起任何波澜。②

究其原因，这和斯宾塞理论的命运有很大关系。19世纪末斯宾塞的学说极盛之时，人们争相了解并传播他的理论，对他的思想进行重述和评论。然而，斯宾塞及其思想中暗藏着的与时代相抵牾的趋势，也在这一花团锦簇的时刻逐渐显露出来：斯宾塞整个学说体系的生物学基础——拉马克的获得性遗传学说，在达尔文的自然选择学说日渐成为

---

① 斯宾塞研究者迈克尔·泰勒称他为"第一位国际公共知识分子"，马克·弗朗西斯则为他冠以"19世纪的世界哲学家"的称号。参见 Michael Taylor, *The Philosophy of Herbert Spencer*, London: Continuum, 2007, p.2; Mark Francis, *Herbert Spencer and the Invention of Modern Life*, Ithaca: Cornell University Press, 2007, p.8. 有关斯宾塞思想的全球影响，伯纳德·莱特曼2017年主编《全球斯宾塞主义》一书予以了重点关注。该书收录了世界各地学者有关斯宾塞学说在本国传播、改造和接受过程的研究，涵盖法国、意大利、俄国、中国、日本、美国、墨西哥、阿根廷、斯堪的纳维亚地区和阿拉伯地区等国家和地区。详见 Bernard Lightman, *Global Spencerism: The Communication and Appropriation of a British Evolutionist*, Leiden: Brill, 2015.

② Bernard Lightman, *Global Spencerism: The Communication and Appropriation of a British Evolutionist*, p.1.

主流的趋势下,已失去了大部分的说服力;在政治观念上,他的古典自由主义信念和个人主义消极政府论,在英国政府大刀阔斧的福利计划和社会主义运动的蓬勃生长之下也显得不合时宜;他的和平主义理念和对战争的厌恶与欧洲日渐白热化的竞争和剑拔弩张的国际形势更是格格不入;此外,斯宾塞涉猎广博,集哲学家、生物学家、心理学家、社会学家和伦理学家于一身,但在知识世界高度专业化的进程中,这种多重身份逐渐失去了魅力,反而成为不专业和不准确的表现。[1]

1903年斯宾塞与世长辞,不久后他的名声开始大跌。1933年,富兰克林·罗斯福就任美国总统,开启了国家干预经济的时代;同年,美国历史学家克兰·布林顿发出感叹:"如今还有谁在读斯宾塞?"[2]四年之后,美国社会学家塔尔科特·帕森斯在《社会行动的结构》中再一次引用了这句话,并毫不留情地补充道"斯宾塞已死"[3],宣告了这颗维多利亚明星的陨落。此后整整30年,斯宾塞几乎被彻底遗忘,很少有人读他的书或谈论他的思想,其汗牛充栋的作品也被抛入了故纸堆中。这正应了布林顿那段颇具黑色幽默的评论:"他(斯宾塞)曾与他的上帝——进化论原则——亲密无间,可谁知这位上帝如此怪异,什么也不能让他满意。于是这位上帝很快背叛了他。我们已经进化得把斯宾塞甩在身后了。"[4]

与此同时,由于20世纪初种族主义和社会达尔文主义思潮的涌

---

[1] 对于斯宾塞声名大跌的原因,很多学者都给出了出色分析,例如 Alberto Mingardi, *Herbert Spencer*, London: Continuum, 2011, pp. 1-5; Jonathan Turner, *Herbert Spencer: A Renewed Appreciation*, Beverly Hills: Sage, 1985, pp. 11-15; Michael Taylor, "Introduction", in Michael Taylor, *The Philosophy of Herbert Spencer*, London: Continuum, 2007; John Offer, *Herbert Spencer and Social Theory*, Basingstoke: Palgrave Macmillan, 2010, pp. 96-136.

[2] Crane Brinton, *English Political Thought in the Nineteenth Century*, New York: Harper & Row, 1962, pp. 226-227.

[3] Talcott Parsons, *The Structure of Social Action*, New York: McGraw-Hill Book Company, 1937, p. 3.

[4] Crane Brinton, *English Political Thought in the Nineteenth Century*, p. 226.

现,尤其是二战中纳粹主义者对进化论的滥用,高扬社会进化论并发明了"适者生存"一词的斯宾塞更是恶名缠身,几乎陷入了同两百年前的另一位思想家——让-雅克·卢梭——相仿的困境:被要求为特定历史进程担负思想上的责任。①

这种萧条的境遇终于在20世纪六七十年代迎来了转折,斯宾塞研究在西方学界出现了复兴迹象。一股斯宾塞研究潮从史学和社会学领域发端,尔后波及哲学、政治学和伦理学、心理学、生物科学、人类学乃至文学领域,直到最近10年仍旧热度不减。这一现象的出现固然有政治文化和意识形态的因素的影响——斯宾塞主张消极政府和自由市场经济的政治理念,同20世纪70年代后重返古典自由主义理论的新自由主义(Neo-liberalism)思潮不谋而合;唯哈耶克和布坎南马首是瞻的作者,希望借这位一百多年前的个人主义者之口表达新时期的政治理想。不过,意识形态可以解释这一切的开端,却无法回答此后数十年的持续关注。也许更深层次的原因在于,重读斯宾塞的人们很快意识到,这位思想家的理论中存在诸多尚未被充分认识的部分,以往对他的许多固有印象都是不全面的甚至是错误的,对他的作品也存在着大量误读和曲解。"社会达尔文主义者""种族主义者""功利主义者"和"自由放任主义者"等各种标签都亟待更有自觉性和批判性的检视,斯宾塞思想中的张力也越发引起研究者的兴趣和重视。复兴的斯宾塞研究呈现出几个重要趋势:(1)重估斯宾塞理论的思想史和当代价值;(2)重视文本细读、史料挖掘和历史语境还原;(3)全球史视域的考察,即关注斯宾塞文本的域外阅读和传播;(4)澄清误区,尤其是反对将斯

---

① 其中,理查德·霍夫施塔特(Richard Hofstadter)所著《社会达尔文主义:美国思想潜流》(*Social Darwinism in American Thought, 1860-1915*)一书尤其加强了斯宾塞与社会达尔文主义思想之间的勾连。该书中译本参见〔美〕理查德·霍夫施塔特:《社会达尔文主义:美国思想潜流》,汪堂峰译,上海人民出版社2022年版。

宾塞称为"社会达尔文主义者"。

海外斯宾塞研究所经历的这种起伏,在国内也有类似反映。国人对斯宾塞的了解最早始于清末一批传教士和学者的译介活动,他们将斯宾塞的进化论、社会学思想和教育学思想传播到中国,成为彼时中国社会救亡图存的思想启蒙武器。① 二战以后,受到西方学界斯宾塞研究遇冷的影响,国内的相关研究也长期处于停滞状态。这种情况直到最近30年才有所改观。20世纪90年代开始出现了一些斯宾塞作品的译介和编选②,同时,国内学者也开始在通论性质的教材或著述中介绍

---

① 据柯遵科、李斌提供的资料显示(柯遵科、李斌:"斯宾塞《教育论》在中国的传播与影响",《中国科技史杂志》2014年第2期),最早传入中国的斯宾塞作品是其著作《论教育》一书中的文章。1882年,美国圣公会的一名华籍牧师颜永京将该书四篇中的第一篇《德育》("Moral Education")译成中文,取名为《肄业要览》。后来,民国科学家任鸿隽又翻译了《德育》和《智育》("Intellectual Education")两篇,合并成《教育论》,1923年由商务印书馆出版;1922年胡毅翻译全书,并于1962年由人民教育出版社再版为《斯宾塞教育论》。另据张士欢、王弘斌考证(张士欢、王宏斌:"究竟是赫胥黎还是斯宾塞——论斯宾塞竞争进化论在中国的影响",《河北师范大学学报(哲学社会科学版)》2007年第1期):"在1895年到1908年,清末各种报刊先后出现了16种译介斯宾塞学术观点的作品。"这当中既有直接翻译,亦有将斯宾塞观点与他人学说加以融合的作品。1897年,严复将斯宾塞《社会学研究》(The Study of Sociology)的第一、二两章翻译为《砭愚》和《倡学》两篇,合并为《劝学篇》;1903年,严复将全书译出,名为《群学肄言》;1898年,《昌言报》刊载了由曾广权口译、章太炎笔述的《论进境之理》和《论礼仪》,分别译自斯宾塞《进化:其法则及原因》("Progress: its Law and Cause")和《礼仪与风尚》("Manners and Fashion");1900—1902年,《万国公报》连载《自由篇》,由中国人李玉书和医学传教士马林(Williams Edward Maclin)编译自《社会静力学》(Social Statics);1902年,民国政治活动家和教育家马君武翻译《社会静力学》中的"妇女权利"(The Rights of Women)一章为《斯宾塞女权篇》,次年又将《社会学原理》(The Principles of Sociology)第二章"社会学归纳"(The Inductions of Sociology)译出;另外,严复译自托马斯·赫胥黎《进化与伦理》(Evolution and Ethics)的《天演论》也包含了斯宾塞的观点。总的来说,清末译介的斯宾塞作品都是其进化论和社会学理论中较为核心的著作,但大多不成体系,只有《群学肄言》和《自由篇》是比较完整的中文译著。

② 比较重要和可读性强的译本有〔英〕赫伯特·斯宾塞:《社会静力学》,张雄武译,商务印书馆1999年版,原作为1891年版 Social Statics;〔英〕赫伯特·斯宾塞:《社会学研究》,张宏晖、胡江波译,华夏出版社2001年版,原作为1873年版 The Study of Sociology;〔英〕赫伯特·斯宾塞:《论正义》,周国兴译,商务印书馆2017年版,原作为斯宾塞《伦理学原理》第四部分"On Justice";〔英〕赫伯特·斯宾塞:《个体与国家》,林斯澄译,商务印书馆2021年版,原作为1884年版 The Men versus the State 等。

斯宾塞的思想。不过,这些文献基本以对斯宾塞思想理论的概括和评述为主,不属于深入和系统的研究。

斯宾塞研究在我国的真正兴起是在 2000 年以后,相关期刊文章和硕博论文呈现逐年上升趋势,尤其是在社会学、教育学、伦理学、历史学和哲学领域,斯宾塞研究都焕发出了新生。研究文献主要集中于四大主题:斯宾塞的社会思想、政治和伦理思想、教育思想以及斯宾塞的全球传播和接受。其中,潘德重 2004 年的博士论文《近代工业社会合理性的理论支撑:斯宾塞社会进化思想研究》及其随后刊行的数篇文章是目前最全面的斯宾塞专题研究。[①] 另外,中国社会科学院彭春凌近年来围绕清末章太炎参与翻译的《斯宾塞尔文集》在全球思想史的视域下开展了一系列深入研究,有著作《章太炎译〈斯宾塞尔文集〉:研究、重译及校注》和多篇文章刊行[②],也是比较重要的研究进展。总体而言,国内学界正在逐步发掘斯宾塞理论新的历史和现实价值,对国外研究成果也有一定认识,例如重新认识斯宾塞进化论和社会学思想的意义[③]、将斯宾塞

[①] 潘德重:《近代工业社会合理性的理论支撑——斯宾塞社会进化思想研究》,华东师范大学博士论文,2004 年;潘德重:"被误读的严父之爱——对斯宾塞社会进化思想的若干辨析",《历史教学问题》2004 年第 3 期;潘德重:"社会的进化:斯宾塞的思想",载李宏图:《欧洲近代政治思想史论》,天津人民出版社 2012 年版,第 230—275 页。

[②] 彭春凌:"何为进步:章太炎译介斯宾塞的主旨变焦及其投影",《近代史研究》2019 年第 1 期;彭春凌:"关于'变化'的观念碰撞和知识生产——全球史视域下的汉译《斯宾塞尔文集》",《中国现代文学研究丛刊》2018 年第 8 期;彭春凌:"章太炎译《斯宾塞尔文集》原作底本问题研究",《安徽大学学报(哲学社会科学版)》2017 年第 3 期;彭春凌:《章太炎译〈斯宾塞尔文集〉:研究、重译及校注》,上海人民出版社 2021 年版。

[③] 例如任丰田:"斯宾塞社会进化论思想述评",《重庆科技学院学报(社会科学版)》2010 年第 9 期;王天根:"生物进化论与斯宾塞社会进化观念的学理建构",《广西师范大学学报(哲学社会科学版)》2010 年第 6 期;随佳佳:"试论孔德和斯宾塞社会学理论的相同点",《黑龙江史志》2014 年第 3 期;舒晓兵、风笑天:"结构与秩序的解构——斯宾塞、帕森斯、达伦多夫的社会变迁思想评析",《浙江学刊》2000 年第 1 期;李本松:"斯宾塞的社会有机体思想探解",《石家庄经济学院学报》2008 年第 6 期。

与"社会达尔文主义者"拉开距离[1]等,但整体上仍相对滞后,存在着很多研究空白。这项为斯宾塞撕去标签、寻找历史身份的工作,还有相当长的路要走。

本书借此选取斯宾塞理论中的"社会有机体"概念作为切入点,希望对斯宾塞的社会思想进行一番历史性考察。"社会有机体"是英国维多利亚时期仅次于进化论的学说,也是对诞生于18、19世纪之交的一种独特社会观的高度概括。它包含一个类比,即将人类社会描述和理解为自然的有机体,认为社会的结构和功能具有与有机体相似的特征,社会的发展变化也可与有机生命相比拟。对斯宾塞而言,"社会有机体"提供了一种从自然科学出发思考和论说政治与社会命题的方式,使他能够直接在自然科学的基础上建造"社会的科学",并由此"创造出一种新的语言用于社会分析"。[2] 这正是斯宾塞对社会学思想的重大贡献之一。[3]

然而,这一概念既是斯宾塞理论的重要基石,也是他的"阿喀琉斯之踵"。最早从19世纪70年代开始,就有评论家指出斯宾塞的"社会有机体"是一个矛盾的、"断裂的"(inconsistent)概念。他们认为,"社

---

[1] 例如,潘德重注意到斯宾塞虽然创造了"适者生存"一词,但其进化思想并非主张弱肉强食的"社会达尔文主义",而是有诸多颇为不同甚至完全相反的论述和主张,其中更多体现出的是斯宾塞对人类生活和社会发展的终极关怀;侯波通过文本考证指出,斯宾塞和达尔文在"进化""适者生存"和"生存斗争"三大概念的理解上存在重大分歧,因此绝不能将两者混为一谈;杨深也认为"斯宾塞对同等自由、机会均等以及道德进化等思想的强调仍然对生存斗争作出了一定的限制,因此不能简单将斯宾塞的观点归结为社会达尔文主义"。参见潘德重:"被误读的严父之爱——对斯宾塞社会进化思想的若干辨析",《历史教学问题》2004年第3期;侯波:"斯宾塞社会进化学说与达尔文进化论之考异",《求索》2009年第12期;杨深:"社会达尔文主义还是民族达尔文主义?——严译《天演论》与赫胥黎及斯宾塞进化论的关系",《哲学研究》2014年第1期。

[2] Michael Freeden, *The New Liberalism: An Ideology of Social Reform*, Oxford: Clarendon Press, 1986, p. 95.

[3] John Offer, *Herbert Spencer and Social Theory*, p. 196.

会有机体"脱胎于进化论,其有机特性理应指向一种集体主义的政治和伦理观念,然而斯宾塞却用它来捍卫个人自由,主张自由放任的经济和社会秩序,反对国家和政府对社会事务的过度干预,这两者是不可调和的。这种批评进一步发展,就成为斯宾塞的进化论和他的政治观念之间的矛盾,造成斯宾塞整个理论体系存在裂痕。这一指控在斯宾塞在世时就对他造成了不小的困扰,在他过世后,更是在文献中形成了一种固化的解释模式,贯穿了整个 20 世纪。① 可以说,斯宾塞名声的急速衰落和良久沉寂,也在一定程度上与"社会有机体"概念受到的攻击有关——似乎抛弃一个被证明无法自圆其说的思想家是再合理不过的事。梳理我国近 30 年来对斯宾塞的评价和研究文献,也能够发现许多类似的论断。②

20 世纪 70 年代开始,西方有学者开始对这种现象进行反思。这当中有史学家指出了斯宾塞研究中长期存在的"时代误植"(anachronism)问题。以"社会有机体"概念为例。首先,人们在对其进行研究和评价时,很少关心斯宾塞本人使用这一概念的意图和目的,这就使得研究结果更多反映的是作者的态度或历史文献中形成的固有看法,并不是斯宾塞在他那个时代和处境下真正的想法。事实上,斯宾塞本人是不是认为自己的概念有矛盾,他怎么在进化论中安放自己的个人主义立场,都是还没有得到充分解答的问题。其次,斯宾塞是从他生活的

---

① 蒂姆·格雷对此有详尽梳理,参见 Tim Gray, "Herbert Spencer: Individualist or Organicist?" *Political Studies*, vol. 33, no. 2(1985), pp. 236-253。

② 例如李本松:"斯宾塞的社会有机体思想探解";富永健一:"关于功能理论、社会系统理论及社会变动问题的再思考",《社会学研究》1987 年第 1 期;舒晓兵、风笑天:"结构与秩序的解构——斯宾塞、帕森斯、达伦多夫的社会变迁思想评析";周钰兵:"严复与斯宾塞的'社会有机体论'",《东南学术》2015 年第 2 期;傅正:"斯宾塞'社会有机体'论与清季国家主义——以章太炎、严复为中心",《近代史研究》2017 年第 2 期;刘小枫:"重审斯宾塞的有机体政治论",《人文杂志》2023 年第 10 期。

时代,从当时社会上流行的思想和问题意识出发构建"社会有机体"概念的,这些思想和意识组成的智识环境在今天是否还存在,或者说是否还能被认识和理解,尚且没有经过充分省察。如果仅仅从我们今天对"社会有机体"概念的理解出发去推断前人的理解,那么不免有"强人以就己"的盲目和傲慢。最后,我们在考察斯宾塞的概念之前,并未检视我们自己对概念的理解从何而来。我们为什么会笃信"社会有机体"就一定意味着集体主义和国家主义呢?我们所持有的这种理解,是不是被历史上曾发生的一些事件所塑造的?又是不是被某些权力的运作所改变?事实上,不仅斯宾塞在使用概念时存在诸种意图,19世纪以来对这一概念进行阐述的其他作者,也同样怀揣着各式各样的意图。他们为什么要以特定的方式对概念进行特定的解释?为什么斯宾塞的解释在他们看来是不可接受的?如果对这些问题没有很好的回答,那么我们实际上仍旧活在历史的结果当中,而无法弄清为何以及如何会产生这样的结果。

正是由于这种历史意识的觉醒,英美斯宾塞研究界出现了为斯宾塞的"社会有机体"概念辩护的尝试。学者们运用史学、哲学和社会学等学科的研究方法,寻找现实的和形而上的依据,回应以往的"断裂"指控,为斯宾塞的"社会有机体"学说正名。[①] 这种对概念的反思也呼应了大致同一时期史学领域发生的"语言转向"以及思想史研究"语境

---

① 参见 Greta Jones, *Social Darwinism and English Thought: The Interaction between Biological and Social Theory*, Brighton: Harvester, 1980; Tim Gray, "Herbert Spencer: Individualist or Organicist?"; Michael Taylor, *Men Versus the State: Herbert Spencer and Late Victorian Individualism*, Oxford: Oxford University Press, 1992; Tim Gray, *The Political Philosophy of Herbert Spencer: Individualism and Organicism*, Aldershot: Avebury, 1996; James Elwick, "Herbert Spencer and the Disunity of The Social Organism", *History of Science*, vol. 41, no. 1 (2003), pp. 35-72; James Elwick, *Compound Individuality in Victorian Biology*, pp. 1830-1872, PhD diss., Toronto: University of Toronto, 2004; Michael Taylor, *The Philosophy of Herbert Spencer*; John Offer, *Herbert Spencer and Social Theory*, pp. 196-222; John Offer, "A New Reading of Spencer on 'Society', 'Organicism' and 'Spontaneous Order'", *Journal of Classical Sociology*, vol. 15, no. 4 (2015), pp. 337-360。

主义"方法论的提出。越来越多的斯宾塞研究者开始深入维多利亚时期的社会文化和知识世界,希望能够用当时人们所共享的很可能不再为我们掌握的"语言"来描述和理解他们眼中的社会、个人、政府和国家,还斯宾塞"社会有机体"概念一个或许更贴近真实的历史身份。

本书的研究正是建立在这一基础上,希望能够继续推进这项概念反思工作。本书以"社会有机体"这样一个生物学类比概念为切入点,探寻斯宾塞的思想和维多利亚时期人们对自然和社会的理解。在方法论上,本书采用的是思想史研究中"剑桥学派"旗手昆廷·斯金纳(Quentin Skinner)教授倡导的政治思想史研究方法。20世纪60年代,针对思想史研究的"观念史"传统所具有的缺陷,特别是忽视观念变动及其现实层面内容而导致的非历史性,斯金纳提出了新的思想史研究方法。他坚持思想不能够被抽象地理解,思想史研究也不是单纯的哲学分析,不能仅考察观念的内在理路和逻辑。要真正地理解思想,必须把它放回到历史当中,寻找思想家是在什么样的状态之下、怀揣着什么样的意图形成了如此这般的思想表达,他又意欲通过这样的表达实现何种目的,例如赢得一场政治辩论,或扭转社会对某个问题的主流看法,也就是关注"言语行为"。因此,斯金纳倡导的新研究方法不再致力于寻找贯古通今的"观念的单元",而是关注不同时期的人们对观念的不同表达;不再将解读思想家的经典文本作为思想史研究的核心任务,而是将目光转向文本赖以产生的"比较一般的社会和知识源泉"[1],把文本放在其所处的语境中来研究。

可以认为,斯金纳的方法论革命最主要的目的,就是要将以往普遍的、宏大的和抽象的思想史研究尽可能地具体化和历史化,在由意图、言语和行动构成的具体历史语境中理解思想。为此,斯金纳提出思想

---

[1] 〔英〕昆廷·斯金纳:《近代政治思想的基础》(第一卷),奚瑞森、亚方译,商务印书馆2002年版,第3页。

史研究要下降到更为具体的单位,这个具体的单位既是思想观念的核心和内涵,也是研究思想观念的重要载体,斯金纳将这样的具体单位定格为"概念":"研究不断变化着的概念作为历史研究的一种独特的形式。如果我们希望去写作这一类型历史的话,我们就必须特别关注于我们用来描写和评价如霍布斯所说的我们的人工世界,即政治和道德世界的概念。"①同时,从"观念史"到"概念史"的变化,也意味着思想史研究对象和范式的转换——"从一般的思想观念史的研究转换变成了具体的'概念'历史的研究,从思想史的对'意义'的探寻变成了对'概念'的形成以及其含义演进变化的探讨;从文本本身转向对文本形成特别是概念形成的知识环境的考察"②。

本书正是在这一意义上对斯宾塞政治思想中的"社会有机体"理论进行的一次概念史考察。传统上,学界对欧洲"社会有机体"理论的研究通常采用"观念史"路径,即在有机主义或有机体理论的预设下,对各时期不同思想家的相关学说进行介绍,并试图勾勒出该理论在特定阶段的演变特征。③ 然而正如斯金纳所言:"绝不存在着这样的一种观念的单

---

① Quentin Skinner, *Visions of Politics*, vol. 1, Cambridge: Cambridge University Press, 2002, p.175. 译文引自李宏图:"语境·概念·修辞——昆廷·斯金纳与思想史研究",《世界历史》2005 年第 4 期,第 110 页。

② 李宏图:"语境·概念·修辞——昆廷·斯金纳与思想史研究",第 111 页。

③ 例如弗朗西斯·科克尔(Francis Coker)《国家的有机体理论:19 世纪将国家诠释为有机体或人的学说》,哈利·巴尔内斯(Harry Barnes)和皮季里姆·索罗金(Pitirim Sorokin)对社会学中"生物诠释"(biological interpretation)的梳理,丹尼斯·菲利普斯(Denis Phillips)对 19 世纪末 20 世纪初欧洲哲学、生物和政治思想中有机主义的梳理等,参见 Francis Coker, *Organismic Theories of the State: Nineteenth Century Interpretations of the State as Organism or as Person*, New York: Columbia University, Longmans, Green & co., 1910; Harry Barnes, "Representative Biological Theories of Society", *Sociological Review*, vol. a17, no. 2 (1925), pp.120-130; Pijirim Sorokin, *Contemporary Sociological Theories*, New York: Harper & Brothers, 1928, pp.195-218; Denis Phillips, "Organicism in the Late Nineteenth and Early Twentieth Centuries", *Journal of the History of Ideas*, vol.31, no.3 (1970), pp.413-432。

元,而仅仅存在着一种在不同的时间由不同的代理人使用不同语言的历史……隐藏或者在使用这种语言的背后没有任何历史,他们的历史仅仅是不断要被重写的观念的历史。"[1]如果把"社会有机体"视为一个连贯的、在历史中拥有自身发展轨迹的"观念"(idea),虽然能够呈现关键的思想进程,其代价却是丧失了历史性,使概念沦为某种先验"观念"的表达形式,而思想家更是被简化为"观念"借其口舌形诸语言的载体,他们作为历史言说者的主体性自然也无从展现。而事实上,概念从来不是"稳定的实体",它始终处于"变迁"甚至"断裂"当中[2],同一个概念在不同的作者笔下很可能会呈现出大不相同的面目。而这些不同的概念形式究竟是同种"观念"的不同亚种,还是本身就代表了非常不一样的"观念",也是不可妄下论断的。因此,从"概念史"而非"观念史"来切入"社会有机体",能够避免作出过于简单的预设,更加凸显这一概念在斯宾塞和与他相关的思想家文本中所具有的复杂性。

  本书的主体部分分为五章,第一章介绍了斯宾塞生平的主要经历,第二章至第五章则以时间为序,分别在文本、语境和论辩三个层面上展开这一"概念史"的实践。其中,第二章阐述了斯宾塞"社会有机体"概念得以产生的社会语境和文本语境,通过考察19世纪英国的一场思想运动和一场政治运动,分析构成斯宾塞社会理念的各种元素通过哪些文本进入他的智识环境当中,从而展现"社会有机体"概念形成的有机主义背景。第三章到第四章主要涉及概念发展和成熟的相关文本和语境,对斯宾塞述及"社会有机体"的文本进行系统梳理,详尽展现这一概念在思想家不同写作阶段所具有的不同形态和演变过程;与此同时,

---

[1] Kari Palonen, *Quentin Skinner: History, Politics, Rhetoric*, Cambridge: Polity, 2003, p. 4.
[2] 李宏图等:"概念史笔谈",《史学理论研究》2012年第1期。

关注斯宾塞理论形成过程中的概念和术语嬗变,揭示进化论中包括德国自然哲学、古典政治经济学、欧洲生物学和生理学在内的复杂基础。这一部分的论述意在表明,"社会有机体"概念具有多重维度和复杂的思想来源,它们赋予概念以持续的内部张力,使其能够完成看似无关甚至相对立的任务。最后一章考察的是概念的转化,也就是斯金纳所谓概念的"突然转换"①。斯宾塞的"社会有机体"概念在19世纪晚期参与了一次有关社会改革的政治辩论,并因此产生了关键性的改变。在斯宾塞的信徒、批评者和反对者的创造性使用和改造之下,"社会有机体"概念的内涵得到进一步深化,逐渐由一个支持自由竞争和消极政府的个人主义式概念,变成一个与社会福利和国家干预相契合的集体主义式概念,实现了再概念化。通过梳理辩论各方的相关文本及其行动,本章意在展现这一转变如何发生,从而解释斯宾塞"社会有机体"的最初语境为何会丧失,我们现在对这一概念的理解又如何是历史斗争和固化的结果。这一章的主要研究成果已于2021年10月发表于《社会》杂志。②

在上述各方面的考察中,本书的分析重点将会落在与"概念"相关联的词汇上面。正如斯金纳所言,任何概念都是由特定名词来表达的,因此在某种意义上可以说,研究概念的历史就是研究表达概念的名词的历史。具体到本书中,无论是在斯宾塞本人的文本中,还是在他阅读或与之争辩的文本中,概念都是通过一套典型词汇来表达的。因此本书将在很多地方采用文本比对的方法,观察斯宾塞从相关文本中吸收

---

① Quentin Skinner, "Retrospect: Studying Rhetoric and Conceptual Change", in *Visions of Politics: Volume 1, Regarding Method*, Cambridge: Cambridge University Press, 2002, p. 180.
② 参见关依然:"论辩中的'社会有机体':对维多利亚时期社会有机体学说的概念史考察",《社会》2021年第5期。

了什么样的词汇,这些词汇又如何在他自己的文本中发展,或者被延续下来,或者被另一些词汇所替代,又或者与其他词汇形成对立。这样,我们就能弄清概念在时间和空间中发生的"移动""接受""转移(翻译)""扩散"①,更加具体和形象地把握概念的产生、发展和转变过程。

在剑桥学派倡导的新研究方法传入中国后,本书作为一项概念史研究,也可看作政治思想史转型后的一次方法论实践,并且是在剑桥学派涉足相对较少的历史分期——19世纪。本书希望通过对这一方法论的不成熟运用为我国政治思想史研究的发展作出一点微不足道的贡献。

---

① 李宏图:《欧洲近代政治思想史论》,天津人民出版社2012年版,第10页。

第一章
赫伯特·斯宾塞的生平

1875年5月,年逾半百的赫伯特·斯宾塞开始整理自己前半生的资料,预备写一本《自传》留存于世。彼时斯宾塞正处于其写作生涯中最得意的时期,誉满欧美,追随者众。他的几本小书卖得红火,给他带来了坚实的读者基础,当然也带来了不错的收入。他的"综合哲学"计划也在稳步推进,已有三部作品付梓,进化论的哲学大厦初见规模。谈到写《自传》的初衷,斯宾塞一如既往地使用了他惯用的进化论措辞:

> 在我看来,一部关于我自己的自然史(natural history)将是我一生中最重要著作的有益补充……我不能说我已获得了全然的成功,但或许已经成功了一部分。无论如何,人们已明确了一个重要的真理——在一种思想体系形成的过程中,情感是一个重要因素,也许和智力一样重要。①

《自传》于1886年正式动笔,于1894年完稿,详细记录了斯宾塞从出生到1889年的生命历程和思想与情感细节。斯宾塞过世后,他的得力助手大卫·邓肯(David Duncan)按照他遗嘱的要求,又收集材料编

---

① Herbert Spencer, *An Autobiography by Herbert Spencer*, vol. 1, New York: D. Appleton and Company, 1904, p.9.

写了《斯宾塞的生平与书信》①——去世后编纂书信集,这是维多利亚时期英国作家的一项传统。透过这两部作品,我们能够一窥斯宾塞的思想背后那个更为丰满的人,但也不免会为作者极力塑造良好形象的心思所障目。职是之故,本章在写作时还参考了近年来中外学界较为重要的斯宾塞传记,以及研究和译介作品中的传记性章节。②

一、出生和童年家庭生活

1820年4月27日,斯宾塞出生在英格兰中部地区城镇德比(Derby)的一个中等阶层家庭。他的父亲是威廉·乔治·斯宾塞(William George Spencer),当地人通常叫他乔治,母亲是哈瑞特·斯宾塞(Harriet Spencer)。斯宾塞是家中的独子,他的八个兄弟姐妹都在婴儿时期就不幸夭折。

斯宾塞家族在宗教上属于不从国教派(Non-conformist),也称"宗教反对者"(Dissenter),指的是不属于英国圣公会的基督教新教徒。这一群体在1662年查理二世颁布《划一法案》(*Act of Uniformity*)后正式形成,包括了长老会(Presbyterians)、公理会(Congregationalists)、浸礼会(Baptist)、贵格会(Quakers)和一些组织更松散的派别。1689年的

---

① David Duncan (ed.), *The Life and Letters of Herbert Spencer*, London: Metheun, 1908.
② 主要包括:John D. Y. Peel, *Herbert Spencer The Evolution of a Sociologist*, London: Heineman, 1971; David Wiltshire, *The Social and Political Thought of Herbert Spencer*, Oxford: Oxford University Press, 1978: pp.3-131; Michael Taylor, *The Philosophy of Herbert Spencer*, London: Continuum, 2007, pp.9-26; Mark Francis, *Herbert Spencer and the Invention of Modern Life*, Ithaca: Cornell University Press, 2007, pp.15-108; John Offer, *Herbert Spencer and Social Theory*, Basingstoke: Palgrave Macmillan, 2010, pp.27-136; Alberto Mingardi, *Herbert Spencer*, London: Continuum, 2011, pp.6-24;〔英〕赫伯特·斯宾塞:《斯宾塞教育论著选》,胡毅、王承绪译,人民教育出版社2005年版,第1—30页。

《宽容法令》(Toleration Act)名义上结束了对不从国教派的迫害,使其得到官方承认。17世纪形成的一些新团体,如卫理公会(Methodist)和一位论派(Unitarians)等也属此类。到了19世纪,英国宗教呈现出明显的多元化和世俗化趋势,圣公会逐渐衰落,民众的信仰更加自由,不从国教派也在这一时期获得了更多的权利。① 斯宾塞的祖父母、外祖父母和父母就是卫理公会教徒,只有父亲后来转向了贵格会。据斯宾塞回忆,他在孩提时代常常"周日早上跟着父亲去贵格会做礼拜,晚上又随母亲参加卫理公会的礼拜"。② 斯宾塞的叔父,后来对他产生极大影响的托马斯·斯宾塞(Thomas Spencer)虽是一名圣公会牧师,并且娶了一位福音派教徒为妻,但他个性独特,坚持政教分离立场,与传统的圣公会教义保持距离。因而在斯宾塞眼里,家人们都不同程度地展现出了"不从国教者精神",即一种"缺乏对某些既定权威的认同,随时准备挑战成见"的习惯,③这使斯宾塞从小就养成了大胆提问和蔑视权威的性格,对他日后政治理念的形成也产生了深远的影响。

不过,19世纪本身就是一个基督教信仰岌岌可危的时代。虽然浸淫在家庭的宗教氛围中,斯宾塞本人却很早就对基督教神学产生了怀疑态度。迈克尔·泰勒(Michael Taylor)研究指出,斯宾塞在早期作品中任何提及宗教的部分都是以"造物主"(The Creator)或"神圣法则"(Divine Law)的形式指称,而非拟人化的上帝,50年代,他成为伦敦激进分子社交圈的一员后,连这些提法都消失了。④ 这种态度与斯宾塞后来形成不可知论的宗教和哲学观点也有很大关系。

---

① 李义中:"'不从国教派'的复兴与19世纪英国宗教多元化问题述论",《安徽史学》2018年第5期。
② Herbert Spencer, *An Autobiography by Herbert Spencer*, vol.1, p.9.
③ Herbert Spencer, *An Autobiography by Herbert Spencer*, vol.1, p.16.
④ Michael Taylor, *The Philosophy of Herbert Spencer*, p.11.

斯宾塞家在德比当地主要以教书为生。其祖父马修·斯宾塞（Matthew Spencer）、父亲乔治以及四位叔父中的两位托马斯和威廉都是小有名气的教师。19世纪初，不从国教派面临着法律上的歧视，不能担任公职或进入牛津和剑桥大学，除非宣誓效忠圣公会的教义。这种状况直到1828年议会废除《审查与市政团法》（Test and Corporation Acts）后才开始慢慢改变。由于长期被主流教育体系拒之门外，不从国教者积极创办私人学校，极大地推动了19世纪教育世俗化的进程。

18世纪80年代，斯宾塞的祖父马修在德比郡一手创办了一间学校，学校招收的学生大多来自当地有名有姓的家庭，例如伊拉斯谟·达尔文（Erasmus Darwin）①的孩子。马修去世后，乔治继承了衣钵，继续为德比郡培养了许多优秀人才，包括后来成为伦敦国王学院自然史教授的托马斯·琼斯（Thomas R. Jones），著名的高教派牧师托马斯·莫泽里（Thomas Mozley），以及1851年参与设计伦敦世博会水晶宫的工程师查尔斯·福克斯（Charles Fox）。乔治的教学方法建立在约翰·海因里希·佩斯特罗齐（Johann Heinrich Pestalozzi）②的理论上，强调让儿童积极参与到学习过程中，重视经验科学，并且指出教育必须符合脑力进化的自然过程。这也是他对斯宾塞的培养方式。幼时的斯宾塞很少受到管束，他整日徜徉在家附近的野地里，收集标本、观察动植物和画简笔画。年纪稍长后，他开始在父亲的学校里帮忙，如他在父亲的实验课前准备好器材，因而很早就对物理和化学产生了浓厚兴趣。父亲的言传身教带给年幼的斯宾塞最大的影响是一种独立判断和刨根究底的精神，使他倾向于"把一切事物看作自然有原因的"，并养成一种寻

---

① 查尔斯·达尔文（Charles Darwin）的祖父。
② 约翰·佩斯特罗齐，1746—1827，瑞典教育家，其教育方法体现了浪漫主义的思想，主张在愉快、有趣且富有刺激性的环境中进行教学，强调通过感觉印象和语言方面的练习来促进学生的全面发展。

找事物终极原因的习惯和对因果关系的信念。①

除了开办学校,乔治也是当地科学社团中的活跃分子。德比郡是一座新兴工业城市,同时也是一个充满活力的文化和哲学中心。保罗·艾略特(Paul Elliot)的研究揭示了19世纪初德比当地不从国教派科学社团的发展及其对斯宾塞的重要启蒙作用。② 1783年,"德比哲学社"(Derby Philosophical Society)在伊拉斯谟·达尔文的推动下建立。该社团汇聚了当地对自然科学怀有热情的中产阶级,成了德比郡科学文化传播的中心。同一时期,类似的社团也在英国各地,尤其是中部地区的工业城市中纷纷涌现,形成了广泛的科学社群网络。这些社团不仅是学术交流的平台,也是教育普及的先锋,它们通过举办巡回讲座、科学实验、非正式聚会及开设学习班等方式,吸引了众多科学家、哲学家乃至普通民众的参与。为了促进知识共享,社团还建立了图书馆,收藏了丰富的科学文献,为成员提供学习与研究资源。在斯宾塞的童年时期,其父亲乔治是德比地区的主要活动家之一,也是"德比哲学社"的重要成员。在他的影响下,斯宾塞浏览了大量科普类书籍,参加了许多科学讲座和沙龙活动,闲暇时光也大都花在了各个社团的图书馆里,接受了全方位的科学熏陶。

父亲在斯宾塞幼年的成长过程中无疑扮演着最为核心的角色,他后来的畅销书《论教育》(On Education)中的很多观点都直接来源于父亲。斯宾塞对父亲极为崇敬,终生同父亲保持通信,甚至到了中年还时常寻求父亲的意见。在父亲的绝对权威和严格管束下,斯宾塞极为自

---

① Herbert Spencer, *An Autobiography by Herbert Spencer*, vol. 1, pp. 88-91. 译文参考〔英〕赫伯特·斯宾塞:《斯宾塞教育论著选》第11—12页。本书所引译文在原文基础上有所改动。

② Paul Elliot, "Erasmus Darwin, Herbert Spencer, and the Origins of the Evolutionary Worldview in British Provincial Scientific Culture, 1770-1850", *Isis*, vol. 94, no. 1 (2003).

律,对于自身的进步有着近乎偏执的要求。他在《自传》中认为自己无论在智力、情感还是身体素质方面都不及父亲。①

相比之下,斯宾塞对母亲的记录则少得多,母亲在他的成长过程中更像是一个陪衬。在斯宾塞的记忆里,母亲不计回报地为家庭付出,但父母关系并不好。母亲有着"根深蒂固的屈从性",脑力上的欠缺使她难以同父亲辩论,在家中经常处于被动地位,被父亲训斥。母亲从来不读、也无法理解斯宾塞发表在报刊上的作品。②同母亲关系的疏离很可能是斯宾塞日后感情世界几乎空白的原因。③他不懂得如何表达自己的情感需求,也害怕他人表现出的热烈情感,习惯回避冲突,把自己的内心藏匿起来。他没有从父母的关系中学到任何两性相处之道,终其一生也没能跨入婚姻。④

二、少年时期的教育

斯宾塞十岁那年,他的叔父威廉在德比建立的另一间学校重新开办,斯宾塞被选拔入内,在这里学习了三年。在富有经验的叔父身边,斯宾塞的学习有了很大进步,尤其对自然科学知识兴味盎然,可他对于语言和人文知识却兴致寥寥。⑤这种态度贯穿斯宾塞整个接受教育的时光,决定性地影响了他的知识构成,他日后发展社会学理论时对于历史和传记等人文作品的轻慢,很有可能就源于此。

---

① Herbert Spencer, *An Autobiography by Herbert Spencer*, vol. 1, p. 37.
② Herbert Spencer, *An Autobiography by Herbert Spencer*, vol. 1, p. 45.
③ Alberto Mingardi, *Herbert Spencer*, p. 13.
④ 马克·弗朗西斯对此进行过细致分析,参见 Mark Francis, *Herbert Spencer and the Invention of Modern Life*, pp. 51—68,另见 John Offer, *Herbert Spencer and Social Theory*, p. 54。
⑤ 〔英〕赫伯特·斯宾塞:《斯宾塞教育论著选》,第10—11页。

1833年，斯宾塞又被送往另一位叔父托马斯那里接受家庭教育。托马斯管理着位于巴斯附近的小镇欣顿·查特豪斯（Hinton Charterhouse）的教区，距离德比有130英里。托马斯毕业于剑桥大学，在斯宾塞看来，叔父的成功"并非源于什么不同寻常的天赋，而是得益于良好的记忆力和勤奋努力的工作"①。在托马斯的监护和指导下，斯宾塞系统学习了数学、物理和化学知识，也学习了一点法语、希腊语和拉丁文，不过他对于后者仍旧没有太大兴趣。对此，托马斯在家信中这样形容道："这台机器除了缺少这根主要的发条，其他部分都运行得很好。"②

除了日常教学以外，托马斯的思想和活动也对世界观形成当中的斯宾塞产生了重要影响。身为福音派牧师，托马斯秉持传统的禁欲主义，几乎不事娱乐。据斯宾塞回忆，他的叔父"从未踏入剧院半步，也从未听说他参加过音乐会"。有一次他和叔父一起参加巴斯的一个晚宴，女主人见斯宾塞在舞池旁袖手而立，于是便上前询问，结果叔父一口回绝："斯宾塞家的人从不跳舞！"③

不过，这副冷峻的面孔在面对穷人时却变得不同了。在托马斯负责的教区内，他体恤穷人的疾苦，被称为"贫民的朋友"。他建造学校和图书馆，修建农舍，甚至每周日都在牧师住宅里为工人准备晚餐，践行着福音教徒乐善好施的品性。尽管如此，当时的福音派已经接受了古典政治经济学的很多理念，认为不加节制的慈善会带来危害。1834年，英国政府颁布《济贫法修正案》（*Poor Law Amendment Act*），针对原有济贫法体系进行了一次重大改革，史称"新济贫法"。该法旨在改变以往的救济方式，规定有劳动能力的贫民只有在进入条件艰苦的济贫

---

① Herbert Spencer, *An Autobiography by Herbert Spencer*, vol. 1, p. 25.
② Herbert Spencer, *An Autobiography by Herbert Spencer*, vol. 1, p. 76.
③ Herbert Spencer, *An Autobiography by Herbert Spencer*, vol. 1, p. 27.

院工作时才能获得救济,以此来遏制依赖救济的现象,鼓励人们自力更生。托马斯积极响应改革,成为教区"监护委员会"的主席,贯彻新济贫法的规定,把每年的济贫救济税从700镑减少到200镑。此时正值斯宾塞在叔父家中学习,叔侄二人时常在一起讨论相关的社会问题,斯宾塞对托马斯有关济贫法的观点十分着迷。受此影响,1836年他在《巴斯杂志》(The Bath Magazine)上发表了一篇短文《论济贫法》[①],提出作为接受公共救济的条件,所有身体健全的人都应当工作。如果公共救济太容易获得,会抑制人们的自力更生的能力。这些观点后来构成了斯宾塞伦理体系的基石。

此外,托马斯还是反谷物法运动的支持者。1815—1846年,英国实行《谷物法》(The Corn Laws),旨在保护本土农业免受廉价进口谷物竞争,通过设定进口门槛来维持谷物价格。《谷物法》保障土地贵族的经济利益,但增加了城市居民的生活成本,对工业利润产生了不利影响。1838年,曼彻斯特的工业家理查德·科布登(Richard Cobden)和约翰·布莱特(John Bright)成立"反谷物法同盟"(Anti-Corn Law League),主张废除对关税的限制,支持自由贸易。在斯宾塞的印象里,托马斯"积极参与废除谷物法的运动——参加集会,举办讲座,撰写小册子……他在第一次反谷物法宴会中主持了餐前祷告,而他与该组织的关系一直持续到运动结束,他也在最后一次反谷物法宴会中主持了餐前祷告"[②]。也因此,斯宾塞在叔父家的课程中有不少政治经济学的内容,他后来也短暂地参与到相关活动中。可以想见,当斯宾塞十多年之后进入反谷物法的桥头堡——《经济学人》(The Economist)工作时,

---

① 原文标题为 Poor Laws—Reply to "T. W. S",为针对杂志上某篇文章的读者来信。
② Herbert Spencer, *An Autobiography by Herbert Spencer*, vol. 1, p. 27.

自由贸易的许多理念对他来说都不会陌生。

最后,托马斯叔父在写作方面也很有造诣,他撰写了"大量关于宗教与政治、教会制度、教会改革、国民教育、谷物法、济贫法、人民权利、立法干预等主题的小册子,总共有23本,其中有许多被广泛流传,甚至达到了28000份的发行量"①。这也给斯宾塞种下了以写作为志业的种子。

三、铁路工作、政治参与和写作

三年的家庭教育之后,斯宾塞拒绝了托马斯提供的去剑桥大学深造的机会,原因很可能是不愿在入学时宣誓加入圣公会。1836年6月,斯宾塞返回德比开始找工作。一年后威廉叔父把他介绍给了斯宾塞父亲的学生,铁路工程师查尔斯·福克斯,斯宾塞开始在英国铁路伯明翰—格洛斯特段担任工程师。彼时正值19世纪英国"铁路狂热"的顶峰,各地的铁路建设欣欣向荣,斯宾塞也对这份工作饱含热情。从1838年11月到1841年4月,斯宾塞奔波于铁路沿线的城市和农村,主要从事土地测量、水准测量及制图工作。铁路工作还引发了斯宾塞对地质学的兴趣——伯明翰—格洛斯特段铁路沿途有一片富含化石的土壤,人们把这些化石挖出后制成了标本,陈列在铁路局办公室中。② 斯宾塞对此产生了浓厚兴趣,一度研究起了地质学,还买了地质学家查尔斯·赖尔(Charles Lyell)刚出版的《地质学原理》(*Principles of Geology*)。就是在这部著作里,斯宾塞第一次了解到法国生物学家让·拉马克(Jean-Baptiste Lamarck)的进化观点。虽然赖尔的本意是驳斥拉马

---

① Herbert Spencer, *An Autobiography by Herbert Spencer*, vol. 1, p. 27.
② 〔英〕赫伯特·斯宾塞:《斯宾塞教育论著选》,第19页。

克的学说,可斯宾塞却对后者深表认同。拉马克有关有机体自然发生和生物获得性遗传的观点,日后成为斯宾塞进化论哲学中最主要的生物学基础之一。

然而从 1840 年开始,斯宾塞感受到自己的兴趣开始发生转向,童年和少年时期"家族遗传下来的对人和社会的兴趣"又一次苏醒了。[1] 第二年,斯宾塞辞去了铁路工程师的职务,回到德比的家中。他断断续续做了一些工作,先是在《不从国教者报》(The Non-conformist)[2],后又在伯明翰一家名为《舵手》(The Pilot)的激进派杂志任主编助理;他在自己家的私人学校里帮过忙,一度考虑自己也开办一所学校;他搞过一些失败的发明,例如帮助父亲设计电磁发动机;他甚至想过创办一份自己的报纸,取名为《哲学家》(The Philosopher),但发现无法筹措到足够的资金。最终,这些尝试都没有能够持续下去。几经辗转后,1844 年他又回到铁路公司担任检测员。

不过,正是这段没有稳定工作和收入的时光,孕育了斯宾塞第一部有影响力的作品:《论政府的适当范围》(The Proper Sphere of Government),由 1842—1843 年写给《不从国教者报》的十二封信件组成。这些信件围绕着一个中心主题:为政府行动划定范围以保障个人自由。[3] 后来这些信件被集结成小册子出版,为斯宾塞进入文坛和政论界打响了第一枪,尽管他并没有能够收回出版成本。

这段时间里,斯宾塞还跟随托马斯叔父参加了一些激进政治运动。40 年代初正值宪章运动的第二次高潮,德比也受到了影响。斯宾塞对宪章运动的早期领袖亨利·文森特(Henry Vincent)、威廉·洛维特

---

[1] David Duncan (ed.), The Life and Letters of Herbert Spencer, p. 367.
[2] 《不从国教者报》是由公理教会牧师爱德华·迈阿尔(Edward Miall)创办的,宣传不信国教思想的报纸。
[3] 详见本书第二章第一节。

(William Lovett)和约翰·柯林斯(John Collins)非常敬仰。1841年,伯明翰谷物商约瑟夫·斯特奇(Joseph Sturge)领导建立了"完全选举权联盟"(Complete Suffrage Union),旨在为宪章运动和反谷物法联盟之间的沟通提供一个平台,以促进中等阶层和下等阶层的和解。联盟一方面表示支持普选权,另一方面又不肯接受《人民宪章》(The People's Charter),希望工人阶层能够在一些方面作出妥协,使双方能够一致对外。在托马斯的带领下,斯宾塞成为"完全选举权联盟"德比分支最早的一批成员。他不仅为德比地区的运动写过演说稿(被各大报纸期刊转载),而且被选为德比分支的名誉秘书,和叔父一起参加了1842年12月第二次全国代表大会;为此他还参与草拟了一份名为《人民的人权法案》的动议,不过在会上提出时,这份动议遭到了宪章派的全体反对。[①] 最终,"完全选举权联盟"意图争夺工人运动主导权的努力宣告失败。这是斯宾塞人生中第一次参与政治运动。

1844年,斯宾塞回到铁路工程岗位上不久,过量投机引发了铁路股票市场恐慌,导致讼案频发,斯宾塞工作的公司也深陷纠纷,工程计划流产。1845年秋,斯宾塞辞去了这一工作,他的工程师生涯也就此结束。

四、加入《经济学人》

此后,斯宾塞又度过了三年没有着落的时光。1848年,托马斯为侄子写了一封信,把他举荐给新近在伦敦成立的自由贸易杂志《经济学人》创始人兼编辑詹姆斯·威尔森(James Wilson)。威尔森也是反谷物法运动的一员干将,他看了举荐信内附的《论政府的适当范围》,

---

[①] Herbert Spencer, *An Autobiography by Herbert Spencer*, vol. 1, p. 145; David Wiltshire, *The Social and Political Thought of Herbert Spencer*, pp. 29–32.

对这位年轻人印象颇深,因而只见了斯宾塞一面,就在当时前来面试的70名候选人中敲定他为副主编。威尔森开的工资不高,但杂志的日常工作也不繁重,只需要收集整理事实性材料,写写摘录。斯宾塞对此相当满意,他并没有在新闻工作上花太多精力,任职期间只写过一篇社论,相反他把更多业余时间投入到自己的创作当中。

在《经济学人》编辑部,斯宾塞结识了托马斯·霍吉斯金(Thomas Hodgskin)。霍吉斯金比斯宾塞年长30多岁,是一位激进派思想家、政治经济学家和社会评论家。他笃信亚当·斯密和大卫·李嘉图的劳动价值论,同时受到杰里米·边沁等人的影响,主张劳动的全部产品应当归劳动者所有,呼吁推翻人为的财产权制度,恢复"自然财产权",即一种基于自然法则的财产权概念。此外他还是威廉·葛德文(William Godwin)无政府主义思想的信徒。在1848年正式加入《经济学人》之前,霍吉斯金一直过着动荡的生活:当过海军,做过记者,还曾徒步穿行欧洲大陆研究不同政府的政策。19世纪20年代,他参与到工人运动中,创办工人杂志和技工学院(Mechanics' Institution),为工人讲授政治经济学课程,深刻揭露资本主义体制下劳动者遭受的不公。霍吉斯金的讲座和著作对伦敦的手工业者产生了深远影响,许多后来成为宪章运动领袖的人物都受到了他的启发。

斯宾塞并未在《自传》里对霍吉斯金有过多着墨,这可能源于他对于维持自己的原创性的迫切希望。不过那段时间的通信显示,斯宾塞定期前去霍吉斯金家拜访,两人常常秉烛夜谈,霍吉斯金还将自己的图书馆开放给斯宾塞。在交谈中,斯宾塞时常感到两人想法一致,霍吉斯金也对这位年轻人十分赞赏。[1] 在斯宾塞撰写他的第一部作品《社会

---

[1] 详见本书第二章第五节。

静力学》的过程中,霍吉斯金始终对此抱有兴趣。他看过书稿全文,"社会静力学"正是斯宾塞参考他的建议选定的题目。很多人都以为这个题目和孔德的"静力学"和"动力学"分类有关,其实在1851年以前斯宾塞还不知道孔德和他的理论。《社会静力学》出版后,霍吉斯金撰写了一篇热情洋溢的评论,发表在《经济学人》上,评论中称"本书作者绝非平庸的思想家,也绝非平庸的作家;他用闪烁着智慧的语言,以及新颖而详尽、精确而有逻辑的推理,为我们呈现了一个关于社会中人的权利的非常全面和完整的论述"①。这篇评论帮助斯宾塞为更多读者知晓。

1853年,叔父托马斯去世,留给斯宾塞500英镑的遗产。这笔钱让斯宾塞在财务上有了更多安全感,他决定辞去《经济学人》的工作,成为一名独立作家。回顾在《经济学人》的时光,斯宾塞在《自传》中充满感情地评论道:"回想那段作为记者的日子,记忆是愉快的。轻松的工作和无忧无虑使我每天的生活变得相当惬意……那是一个思想活跃发展的时期。那时候,各种观念开始萌芽,并之后的岁月里逐渐展开……简而言之,我认为可以说,我后来的职业生涯的性质主要是由在《经济学人》的这段时间内形成的观念和友谊所决定的。这段经历为我后续的人生轨迹奠定了基础,影响深远。"②

五、伦敦社交圈

上文斯宾塞所提到的"友谊",指的是他在伦敦时形成的一个小而持久的朋友圈,这在很大程度上要归功于《社会静力学》的出版商——

---

① 转引自 Alberto Mingardi, *Herbert Spencer*, p. 16。
② Herbert Spencer, *An Autobiography by Herbert Spencer*, vol. 1, p. 274.

约翰·查普曼(John Chapman)。查普曼是一位激进派人士,他的书店就位于《经济学人》杂志社办公室对面。他热衷于举办沙龙,定期邀请当时已有不小名气的学者齐聚一堂,讨论思想领域的前沿话题。《社会静力学》出版后,斯宾塞时常应邀光顾查普曼的沙龙,也获得了伦敦激进知识分子社交圈的入场券。泰勒认为,查普曼的沙龙为斯宾塞提供了大学教育的替代品。① 这段时间是斯宾塞思想最为活跃的时期,也是他阅读书籍最多的几年。② 他在沙龙中和朋友们交流、辩论,一道参观博物馆或者在乡野田间漫步,从而接触到法国和德国的哲学和心理学思想,以及当时最前沿的生理学和生物学理论。这些思想在斯宾塞头脑中经过不断的整合与打磨,体现为他在50年代的一系列讨论进化问题的文章,这也奠定了日后"综合哲学"系列的基础。

1851年中旬,斯宾塞在查普曼家中结识了玛丽安·埃文斯(Marian Evans),她后来成为维多利亚时期著名女作家,以笔名"乔治·艾略特"(George Eliot)享誉文坛。埃文斯比斯宾塞年长一岁,与查普曼有过一段婚外情。斯宾塞与她见面后相谈甚欢,感觉分外投缘。两人很快成为好友,时常呆在一起,一同出入戏院和歌剧厅,或在泰晤士河堤上散步,以至于许多人猜测他们已经订婚。埃文斯对斯宾塞的热烈感情,可以从她去世一个世纪后公开的信件中得到佐证。③ 而斯宾塞这一方面的感情却更难测度。他在自传中并未公开自己对她的感情,反而认为人们夸大了两人的关系。④ 例如,他把两人在一起度过的时间描述为一种"巧合",一起欣赏歌剧只是由于剧院提供双人免费入场

---

① Michael Taylor, *The Philosophy of Herbert Spencer*, p. 14.
② John D. Y. Peel, *Herbert Spencer The Evolution of a Sociologist*, p. 14; Michael Taylor, *The Philosophy of Herbert Spencer*, p. 14.
③ Michael Taylor, *The Philosophy of Herbert Spencer*, p. 16.
④ Herbert Spencer, *An Autobiography by Herbert Spencer*, vol. 1, p. 399.

券,而埃文斯的陪伴令人愉悦。① 虽然他形容埃文斯为"我所见过的在精神上最令人钦佩的女子",对她的"深沉的女低音"和"富有同理心的笑容"印象深刻,但却坦言她对他没有"身体上的吸引"。不过,斯宾塞的许多研究者都认为,斯宾塞是在掩饰自己的真实感情。② 他的《自传》中对埃文斯的许多描写都透露着爱意,而且他一直保存着她的相片直到生命的最后。他只是无法直面埃文斯的真情流露,并对自己未能回应感到愧疚。无论如何,埃文斯为他的生命带去了唯一的一段浪漫插曲,因为斯宾塞终生未娶,而且除了埃文斯以外再也没有什么为人所知的感情经历。

斯宾塞的冷淡反应把埃文斯推向了他们的另一位好友乔治·李维斯(George Lewes),两人很快便公开同居(李维斯彼时已经结婚)。李维斯1850年春与斯宾塞结识,他比斯宾塞年长三岁,是一位多才多艺的学者,思想和实践经历都比后者丰富得多。他写小说、剧本和文学批评,甚至自己还当过演员。他热衷于编辑工作,曾与英国作家、《每日电讯报》第一任主编桑顿·亨特(Thornton Leigh Hunt)联手创办了《领导者》(*The Leader*)杂志,负责文学板块,他还和埃文斯一道担任《威斯敏斯特评论》(*Westminster Review*)主编。这本杂志1823年由边沁创办,宣传功利主义观点,詹姆斯·密尔(James Mill)父子也是其中的重要角色。然而由于资金短缺,1828年杂志易手,后来又经过几次辗转,仍然未有的大的起色。1851年,查普曼买下这本杂志,将其编辑导向转变为宣扬发展进步的观点,并将主编权交给了李维斯和埃文斯,虽然后者尚不能以女性身份示人。在两人的合力下,《威斯敏斯特评论》焕

---

① Herbert Spencer, *An Autobiography by Herbert Spencer*, vol.1, p.395.
② Alberto Mingardi, *Herbert Spencer*, p.18; Mark Francis, *Herbert Spencer and the Invention of Modern Life*, p.57. Michael Taylor, *The Philosophy of Herbert Spencer*, p.16.

发新生，网罗了约翰·密尔（John Mill）[①]、哈瑞特·马蒂诺（Harriet Martineau）、弗朗西斯·纽曼（Francis Newman）、威廉·格雷格（William Greg）等有名作家，还有生理学家威廉·卡彭特（William Carpenter）、爱丁堡出版商罗伯特·钱伯斯（Robert Chambers）和社会改革家乔治·霍利约克（George Holyoake）等人，后来生物学家托马斯·赫胥黎（Thomas Huxley）也加入其中。杂志销量蒸蒸日上，成为堪与辉格派《爱丁堡评论》（Edinburgh Review）和保守派《季刊评论》（Quarterly Review）相抗衡的英国激进派旗舰刊物。

李维斯兴趣广泛，对哲学和政治思想也有见地。他曾经是英国哲学家托马斯·卡莱尔（Thomas Carlyle）的信徒，并且为德国观念论所吸引，后来又转向密尔和孔德的实证主义，成为法国哲学在英国的主要传播者之一。他在《领导者》上发表的几篇介绍孔德哲学的文章，让斯宾塞首次接触到这一体系。后来斯宾塞又在埃文斯的帮助下阅读了孔德《实证哲学教程》的法文版引言。1854年哈瑞特·马蒂诺将《实证哲学教程》的内容精简编译成英语出版后，斯宾塞又对孔德的学说有了更深入的了解；斯宾塞还读了李维斯的《哲学史传》（Biographical History of Philosophy），这部作品可能为他提供了仅有的关于康德、黑格尔和谢林等德国哲学家的知识。此外，李维斯对科学也有浓厚兴趣，写过《普通生活的生理学》（The Physiology of Common Life）等科普作品。斯宾塞与他一起阅读了一些生物学和比较解剖学作品，两人经常在乡野漫步的途中热烈讨论。

斯宾塞还向埃文斯借阅过密尔的《逻辑体系》（A System of Log-

[①] 下文所提及的密尔，除特别说明外，均指"约翰·密尔"。

ic),对书中的一些观点感到不认同,于是写信向密尔提出异议。① 当时,密尔在英国学术界享有很高的地位,很少有人敢于质疑他的学说。密尔收到信后邀斯宾塞见面,相差14岁的两人自此结成忘年之交。从1857年首次见面到1873年密尔逝世,他们始终保持着联系,密尔经常邀请斯宾塞参加家中的星期六晚餐会,并介绍他认识了一些英法学界名流。密尔逝世后,斯宾塞还为他撰写了讣告。②

赫胥黎也在差不多的时间加入到斯宾塞的小圈子里来。两人相识于1852年,斯宾塞当时在听了赫胥黎在英国协会(British Association)做的一场报告后去信后者讨论问题,随后赫胥黎到斯宾塞在《经济学人》的办公室拜访了他,两人由此开始往来并成为终生好友。斯宾塞评价赫胥黎是"全能的天才",称赞他幽默风趣,并且"讲话总是很中听"。③ 这段友谊一直持续到赫胥黎1895年去世,其间两人经历了一系列意见不合,包括两人1870年在《双周评论》(Fortnightly Review)上的著名争论④,1889年在土地国有化问题上的分歧,还有1893年赫胥黎在牛津大学的罗马尼斯讲座"进化与伦理"(Evolution and Ethics)中对斯宾塞研究的全盘否定。这些事造成的关系裂痕让两人十分痛苦,但两人的关系在赫胥黎去世前不久得到了修复,避免了两人终生抱憾。赫胥黎曾为斯宾塞的"综合哲学"审稿,并多次在斯宾塞经济困难时伸出援手。

在李维斯和埃文斯的鼓励下,斯宾塞开始为杂志写稿。19世纪50年代,斯宾塞在《威斯敏斯特评论》、《领导者》、《不列颠评论季刊》

---

① Herbert Spencer, "The Filiation of Ideas", in David Duncan (ed.), *The Life and Letters of Herbert Spencer*, p. 544.
② 〔英〕赫伯特·斯宾塞:《斯宾塞教育论著选》,第26页。
③ Herbert Spencer, *An Autobiography by Hebert Spencer*. vol.1,p. 262.
④ 详见本书第四章。

(*British Quarterly Review*)和《北不列颠评论》(*North British Review*)等杂志上发表了一系列文章,包括1852年的《发展假说》("The Development Hypothesis")、《人口新论》("A New Theory of Population")和《文体哲学》("The Philosophy of Style"),1853年的《论过度立法》("Over-legislation")和《普遍假说》("The Universal Postulate"),1854年《礼仪与风尚》("Manners and Fashion")等。这些杂志为斯宾塞提供了一个绝佳的历练平台,同时这也是他维持生计的重要手段。

斯宾塞在伦敦的另一个落脚所是波特夫妇家。理查德·波特(Richard Potter)是一名支持保守党的生意人,他的妻子劳伦西娜·波特(Laurencin Potter)也来自商贾之家,父亲是担任过德比议员的劳伦斯·海沃思(Lawrence Heyworth)。1845年,斯宾塞在海沃思家中做客时结识了波特夫妇,对他们颇有好感。同查普曼一样,波特夫妇热情好客,常在家中招待当时一些活跃的科学家、哲学家和政治学家,但他们在维多利亚知识分子中"最亲密的朋友"还是斯宾塞。[1] 理查德会和斯宾塞一起散步、垂钓和旅行,劳伦西娜与斯宾塞政见相仿,常在晚饭后与斯宾塞争论个没完。而与斯宾塞关系最紧密的要数波特夫妇的女儿比阿特丽斯(Beatrice Potter),她后来成了费边社领袖西德尼·韦伯(Sidney Webb)的夫人。

比阿特丽斯出生于1858年,在她成长的十多年间,斯宾塞常去波特家做客。波特夫妇儿女众多,孤身一人的斯宾塞在其中感受到了"某种被孩童围绕的自然欲望"的满足。[2] 斯宾塞带着波特家的女儿们去树林里徒步旅行,鼓励她们反抗权威,反抗无聊的课堂和规矩。而在

---

[1] D. Epstein Nord, *The Apprenticeship of Beatrice Webb*, Amherst, MA: University of Massachusetts Press, 1985, p. 35.
[2] Herbert Spencer, *An Autobiography by Herbert Spencer*, vol. 1, p. 325.

比阿特丽斯心目中,斯宾塞更有着特殊的地位。她称他为自己孩提时代"壁炉边的哲学家",认为斯宾塞"也许是唯一坚持关爱我的人,或者不如说是唯一挑中了我,并认为我值得被他训练和照顾的人"。①斯宾塞不仅陪伴了比阿特丽斯的成长,而且充当了启蒙者的角色。她在20岁时开始系统学习斯宾塞的著作,认为这对她思想的形成产生了"主导性影响"。②

不过,比阿特丽斯最终走上了与斯宾塞截然不同的道路,她的思想逐渐转向了社会主义,强烈反对斯宾塞与她母亲的个人主义伦理,对自己导师的许多社会和政治原则都提出了质疑和辛辣的批评。虽然有不可调和的政治分歧,但这并不影响两人跨越年龄的友谊(比阿特丽斯比斯宾塞小38岁)。在斯宾塞弥留的日子里,比阿特丽斯是为数不多定期前往斯宾塞的寓所探望和照顾的人。

六、"综合哲学"写作、疾病与闲暇

1858年1月初,斯宾塞把一份写作大纲寄给了父亲,这就是后来的"综合哲学"计划。这是一项宏伟的计划,核心内容是斯宾塞在50年代逐渐形成的关于发展问题的思考,即宇宙间一切事物的发展变动都展现出同样的规律。由于资金有限,斯宾塞决定以连载形式发行"综合哲学",每季度一期。彼时斯宾塞在知识界已经积累了相当的人脉,在他最初的一份订户清单上,当时英国主要的科学界和文学界人物

---

① Beatrice Webb, *My Apprenticeship (1926)*, Cambridge: Cambridge University Press, 1979, p. 28.
② Jeanne Mackenzie, Norman MacKenzie, *The Diary of Beatrice Webb, vol. 2, 1892-1905: "All the Good Things of Life"*, London: Virago Press, 1983, pp. 306-308.

都赫然在册:除了赫胥黎、埃文斯、李维斯和密尔等与斯宾塞相熟的人以外,还有英国数学家查尔斯·巴贝奇(Charles Babbage)、作家查尔斯·金斯利(Charles Kingsley)、地质学家赖尔、历史学家亨利·巴克尔(Henry Buckle)和詹姆斯·弗劳德(James A. Froude)、天文学家约翰·赫歇尔(John Herschel)等。斯宾塞计划,"综合哲学"要花20年来完成,每两年出一卷。而实际上,从提出计划到完成整个系列的最后一本共花费了36年,几乎成为斯宾塞整个后半生的一场"自我奴役"。[①]

事实上,"综合哲学"的工作早在大纲提出之前就已经开始了。50年代与朋友们的攀谈和阅读让斯宾塞对心理学产生了兴趣,他打算写一本这方面的书。1854年8月,斯宾塞在法国沿海小港特雷波(Treport)度假时开始写《心理学原理》(*The Principles of Psychology*)。那时斯宾塞还没有关于统一的进化理论的构想,他写这本书的主要动机是对密尔《逻辑体系》中提出的联想主义(associationism)理论做出修正。联想主义认为人类心灵是由单一的感觉通过观念联想法则结合在一起构成的,但熟谙颅相学说的斯宾塞则进一步认为,这些结合起来的观念会在大脑中形成特定的组织链,即颅相学所谓的"脑功能区"或"脑器官",并且这些组织链可以通过拉马克的用进废退机制传递到下一代。人类精神的发展就像一切生物的发展一样,是在与外界环境的交互和适应过程中达到的均衡状态。《心理学原理》于1855年8月出版,斯宾塞在写给父亲的信中表示,希望这本书"最终能与牛顿的《原理》并肩而立"[②]。然而事与愿违,此书出版后反响平平,一年里只卖了200本,第一版直到1860年6月才全部卖完。

1862年,"综合哲学"系列的第一卷《一个新哲学体系的第一原

[①] David Wiltshire, *The Social and Political Thought of Herbert Spencer*, p. 73.
[②] David Duncan (ed.), *The Life and Letters of Herbert Spencer*, p. 75.

理》(The First Principles of a New System of Philosophy)问世,后来通常简称为《第一原理》,这部作品比《心理学原理》的反响好了很多,一年之后就有了 2000 本的销量。随后,两卷本《生物学原理》(The Principles of Biology)分别在 1864 和 1867 年出版。然后斯宾塞开始着手修订《心理学原理》以纳入"综合哲学"系列中,其在 1870 年和 1872 年分为两卷发行。《社会学原理》(The Principles of Sociology)的三卷本在 1876—1896 年分期发行。在此期间,还有两卷本的《伦理学原理》(The Principles of Ethics)也完成出版。1866 年,斯宾塞曾因为订户不足而决定暂停出版。此举引发了朋友们的关切,先是密尔主动提出可根据需要向出版商担保款项,随后密尔、赫胥黎和物理学家丁达尔等人匿名筹划了一个项目,每人额外购买 250 本并负责分销,以此来资助斯宾塞。对此斯宾塞既感激又惶恐,不愿接受这样无私的帮助,尤其对密尔,斯宾塞称他的慷慨之举表现出"难以超越的作家之间的惺惺之情"。[1] 幸运的是,斯宾塞很快继承了父亲的遗产,加上他 1860 年继承的另一位叔父的遗产,"综合哲学"的征订又能继续维持下去了。

这期间,斯宾塞的美国朋友也伸出了援手,他们从"综合哲学"的美国读者那里募集到了资金支持他的写作,其中以爱德华·尤曼斯(Edward Youmans)最为热心。尤曼斯是 19 世纪美国的著名科学家和出版商,他通过自学掌握了丰富的科学知识,并致力于向公众传播科学。1872 年他创办《大众科学月刊》(The Popular Science Monthly),为美国社会的科学普及作出了巨大贡献。尤曼斯在英国结识斯宾塞后为他的理论所吸引,成为其忠实的追随者。他不仅在"综合哲学"征订期间为斯宾塞介绍了大量订户,而且为了防止斯宾塞因资金问题停止写

---

[1] Herbert Spencer, *An Autobiography by Herbert Spencer*, vol. 2, 1904, p. 90.

作,曾筹集 7000 美金并投资于证券,将斯宾塞作为受益人。斯宾塞不善于和出版商打交道,尤曼斯就承担起这一任务,帮助他联络和维持关系。正是依靠尤曼斯的不懈奔走,斯宾塞的作品得以漂洋过海,在美国获得了大批读者,还在西欧和东欧多地顺利出版。

有了朋友的襄助,加上自己持之以恒的努力,斯宾塞的写作事业在不惑之年迎来了腾飞。1860 年,他的一本小书《论教育》在美国出版,次年又在英国出版,很快成为英语世界关于教育主题最广为流传的一本书。《论教育》由《什么知识最有价值》《智育》《德育》和《体育》四篇文章组成,它们原本是 50 年代发表在不同杂志上的四篇系列文章,集中反映了他父亲的佩斯特罗齐式教育方法的影响,同时贯穿了斯宾塞的进化论思想。该书出版后的 20 年间被翻译成了法语、德语、意大利语、俄语、匈牙利语、丹麦语、荷兰语、西班牙语、瑞典语、波西米亚语、希腊语、梵文、阿拉伯语、日语和中文[①],在美国、墨西哥和南美各国都有很大影响,斯宾塞日后的名气很大一部分都源自这本书所获的成功。[②]

另一本销量很高的书是 1873 年的《社会学研究》(The Study of Sociology),它原本不在斯宾塞的计划之内,是在尤曼斯的建议和再三请求下写成的。尤曼斯从 1871 年开始组织一套庞大的科普丛书——国际科学系列(International Scientific Series),希望斯宾塞能够为其撰写一卷,介绍作为一门新兴科学的"社会学"。斯宾塞难以拒绝这位忠实的拥护者,于是停下"综合哲学"的工作写了这本书。尤曼斯帮他安排好了出版事宜:该书将在英国和美国两地同步连载,詹姆斯·诺尔斯(James Knowles)负责在他主编的《当代评论》(Contemporary Review)

[①] 我国最早由严复于 1895 年在《原强》一文中介绍斯宾塞的《教育论》。1922 年胡毅翻译了全书,并于 1962 年由人民教育出版社再版为《斯宾塞教育论》。
[②] 〔英〕赫伯特·斯宾塞:《斯宾塞教育论著选》,第 29 页。

上发表,尤曼斯则奉上《大众科学月刊》的版面。事实也证明了尤曼斯的出版嗅觉,连载开始后,《大众科学月刊》销量大增,常常供不应求。而在英国,斯宾塞估计《社会学研究》连载给他带来了"1500英镑或更多"的收入。1873年,《社会学研究》以精装本发行,迅速成为畅销书,受到了来自思想界和普通读者的广泛好评。这让斯宾塞本人也感到吃惊:"对于一本关于严肃主题的5先令的书,这样的结果几乎是出乎意料的。"[1]斯宾塞以平实通俗的话语和生动的范例,论证了建立一门关于社会的科学的必要性和可能性,这本书的出版标志着"社会学"在英语世界作为一门严肃科学正式诞生。

　　与此同时,斯宾塞还在忙于另一项宏伟的计划——《描述社会学》(Descriptive Sociology)。这是他为写作《社会学原理》所做的准备工作,计划搜集不同类型的人类社会各方面的信息,从饮食、服装、语言到社会和政治组织,汇编成表格,作为社会学研究数据。这项工作从1867年开始,到1881年共出版了8卷,包含欧洲的文明社会,古代墨西哥社会,以及中美洲、非洲、亚洲等地区的原始社会等。每卷都是地图集一样大小的厚重对开本,从历史学和人类学的文献以及旅行故事中收集了庞多的信息。丛书的制作和出版费用达到了惊人的3000镑,由于入不敷出,斯宾塞不得不暂停计划。斯宾塞过世之后,他的托管人和仰慕者继续这项事业,到1934年为止又出版了8卷,其中包括由著名汉学家、晚清英国驻华领事爱德华·倭讷(Edward T. C. Werner)撰写的中国卷[2]。

　　长期的伏案工作和生计无着的隐忧,对斯宾塞的健康产生了严重

---

[1] Herbert Spencer, *An Autobiography by Herbert Spencer*, vol. 2, p. 164.
[2] Henry R. Tedder (ed.), *Descriptive Sociology; or, Groups of Sociological Facts, Classified and arranged by Herbert Spencer*, No. 9. *Chinese*, compiled and abstracted by Edward T. C. Werner, London: Williams and Norgate, 1910.

打击。早在1855年写作《心理学原理》期间,35岁的斯宾塞就经历了一次神经衰弱:"我的头部开始有一种感觉——不是疼痛,不是饱胀,也不是紧张,只是一种感觉,足够忍受但不正常。"[1]他原以为休养几日便能恢复,不曾想自此这种脑部压力症状便如影随形。这种症状使他无法维持长时间的写作,不得不时常中断工作并休息一阵,睡眠也受到不良影响。他寻医问药,医生却找不到任何器质性的问题。他尝试用旅行、运动、水疗等方式放松,也都不能长期奏效。从50年代后期开始,斯宾塞会定期服用吗啡来应对这些症状,然而药物产生的副作用让他苦不堪言。当时的许多知识分子都经受着这种神经症状的困扰,例如密尔和莱斯利·斯蒂芬(Leslie Stephen),而斯宾塞似乎是其中尤为严重的一位。[2] 研究者倾向于认为,这种症状是有很大一部分是心理原因,源于长期的精神紧张。[3] 自此以后,斯宾塞的大多数作品都是通过向抄写员口述完成的。

在这段几乎绵延半生的写作时间里,斯宾塞极少参与公共活动。他刻意回避直接的政治行动,只在1881年参与过建立"反侵略联盟"(Anti-Agression League),旨在反对英国的扩军和殖民政策,但很快也宣告失败。斯宾塞长期参与的只有两个社团。一个是1864年成立的"X俱乐部",这是一个九人组成的小团体,包括斯宾塞的老友赫胥黎和丁达尔,还有天文学家约翰·胡克(John Hooker)、自然科学家约翰·卢伯克(John Lubbock)、化学家爱德华·弗兰克兰(Edward Frankland)、动物学家和古生物学家乔治·巴斯克(George Busk)、数学家托马斯·赫斯特(Thomas A. Hirst)、数学家和物理学家威廉·斯波蒂斯

---

[1] Herbert Spencer, *An Autobiography by Herbert Spencer*, vol. 2, p. 303.
[2] Michael Taylor, *The Philosophy of Herbert Spencer*, p. 19.
[3] Alberto Mingardi, *Herbert Spencer*, p. 21; John Offer, *Herbert Spencer and Social Theory*, p. 61.

伍德(William Spottiswoode)。俱乐部成立的初衷是讨论科学话题,但很快大家就把它当作一个联络感情的聚会,每周相约共进晚餐,闲谈打趣。俱乐部的名称经过几轮讨论,确定为数学中表示未知量的 X,于是每次通知参会时秘书会给每个会员寄一张明信片,上书"x=5",这对外人来讲简直是个谜。① 成员还相互取了绰号,都以"X"开头,比如赫胥黎是"Xalted"(谐音"exalted",意为高尚的),卢伯克是"Xquisite"(谐音"exquisite",意为精致的),斯宾塞则是"Xhaustive"(谐音"exhaustive",意为穷尽的、详细无遗的)。俱乐部还会邀请宾客参加,查尔斯·达尔文和他的表弟弗朗西斯·高尔顿(Francis Galton),提出能量守恒定律的德国物理学家赫尔曼·冯·亥姆霍兹(Hermann von Helmholtz),以及美国进化论者约翰·菲斯克(John Fiske)等都参加过 X 俱乐部的聚会。② 在英国,X 俱乐部享有科学决策者的声誉,有很高的权威。③

另一个组织是伦敦的文艺协会(Athenaeum),它也是一个重要的社交和学术机构,只向卓越的科学和艺术界人士开放。斯宾塞 1868 年入选,在协会的委员会工作了许多年。他把这里当成了第二个家,有时在此一连逗留好几个星期,经常在休息室打台球,或者在图书馆浏览期刊,寻找支持他理论的文章。

七、"综合哲学"告成与晚年

斯宾塞自 19 世纪 80 年代开始有了一定的社会地位。他的出版收

---

① Herbert Spencer, *An Autobiography by Herbert Spencer*, vol. 2, pp. 76-77.
② Michael Taylor, *The Philosophy of Herbert Spencer*, p. 22.
③ Herbert Spencer, *An Autobiography by Herbert Spencer*, vol. 2, p. 116.

入也使他不用再像过去那样拮据度日。他租下了一间自己的办公室，并雇来许多得力助手为他抄写。1882年，斯宾塞应尤曼斯之邀访问美国，访问持续了三个月。在当时的美国，斯宾塞已经是一位公众人物，他的到来引起了极大的关注。许多大铁路公司的经理竞相提供豪华的旅行设施，酒店业主也以各种方式表达对他的欢迎。斯宾塞从纽约出发旅行了多地，拜访了约翰斯·霍普金斯大学和耶鲁大学，会见了多位有影响力的商界、学界和政界人物，包括钢铁大亨安德鲁·卡耐基（Andrew Carnegie）和狂热崇拜斯宾塞的约翰·菲斯克。不过，斯宾塞对这个几乎把他捧上神坛的国度却颇有微词，他认为美国的资本主义社会让人疲于奔命、失去了人性。[①] 在他的社会进化图景中，最终的理想社会不应当被竞争和工作占据，而应是和谐、放松且良善的：

> 人类进步的一个方面是让人把生活从单调的劳作中解放出来，人们将拥有越来越多的生活时间用于休闲放松——用于愉悦的文化活动、审美的享受，用于旅行和游戏。[②]

不过这一理想彼岸似乎正在变得越发遥远。在写作"综合哲学"系列的收官之作《社会学原理》时，斯宾塞已经褪去了年轻时的乐观憧憬。他虽然深居简出，但也能日益感受到时代的进步和思想观念的转向正在对他的理论构成严峻挑战，这让他不得不数度停下手头的工作匆忙应对。1884年，斯宾塞在报上看到一篇建议政府为工人提供住房贷款的文章，大为震动。按照进化论的展望，英国社会应当朝着最小政府的方向稳步前进，而现在却有逆流而动的"退化"趋势，并且已经深

[①] Herbert Spencer, *An Autobiography by Herbert Spencer*, vol. 2, p. 406.
[②] Herbert Spencer, *An Autobiography by Herbert Spencer*, vol. 1, p. 268.

入到了决策者内部。斯宾塞立即撰写《个体与国家》,指责自由党内的"社会主义"倾向,认为英国社会正在其错误的指挥下经历"再野蛮化"。① 有趣的是,这篇应时之作却最终成为斯宾塞在后世流传最广的一部作品。国内和国际的政治现实让斯宾塞越发感到悲观和幻灭,他不再认为人类的进步是有担保的,"进化"最终的完善状态也许永远都不会到来。与此同时,整个"综合哲学"系列的进化论根基——拉马克获得性遗传理论,也日益被新的科学进展特别是达尔文学说所动摇。为此,斯宾塞先是在 1887 年写了《有机进化的要素》("Factors of organic evolution")为拉马克主义申辩,再是与挑战拉马克学说的德国生物学家奥古斯特·魏斯曼(August Weismann)进行了一场论战。

1896 年,《社会学原理》的最后一卷宣告完成,为"综合哲学"系列这项浩大的工程画上了句号。当时为斯宾塞承担抄写工作的秘书沃尔特·特劳顿(Walter Troughton)记录下了这个重大的时刻:

> 斯宾塞先生在向我口述"工业组织"②的最后几句话时已经 76 岁了,至此综合哲学得以完成——确切地说,是在 1896 年 8 月 13 日。在林荫道(Avenue Road)64 号的书房里,斯宾塞慢慢从座位上站起来,脸上洋溢着喜悦,隔着桌子伸出手,为这一值得庆贺的事与我握手。"我完成了我为之而活的任务。"他就说了这一句话,然后又坐了下来。这种兴高采烈只是短暂的,他的面容很快又恢复了惯常的沉着。③

---

① Herbert Spencer, *An Autobiography by Herbert Spencer*, vol. 2, p. 213.
② 指《社会学原理》第 8 章。
③ David Duncan (ed.), *The Life and Letters of Herbert Spencer*, p. 380.

"综合哲学"系列的完成是当时思想界的一个重大事件,有80多位英国声名赫赫的学者、政治家和文学界人士联署了一封贺信给斯宾塞。信中他们对这一作品体现出的"巨大的智识力量"表示认可,认为其"在思想史上留下了浓墨重彩的一笔",斯宾塞"高尚的道德品质"使他终能成此大业。就连格拉斯通首相也破了自己从不参与签名活动的惯例,在这封信中署上了自己的名字。

除了这些倾泻而来的赞誉声以外,斯宾塞晚年的主旋律是孤独和失意。他的好朋友们——李维斯、埃文斯和赫胥黎——在1878年到1895年间相继去世。赫胥黎去世的那一年,X俱乐部也正式解散。斯宾塞一生中大多数时间都租房居住,从未结婚和生育,也从未拥有自己的房产。他换了一位又一位女管家,其中有两姐妹后来写了回忆录《与赫伯特·斯宾塞的家庭生活》①。斯宾塞迟暮之年的唯一支柱是比阿特丽斯。在他弥留的日子里,比阿特丽斯不时从伦敦前往他在布莱顿的寓所探望,在他去世的那个星期更是一连往返三次。

1903年12月8日,斯宾塞溘然长逝。他的遗体火化后,骨灰埋葬在英国伦敦北郊的海格特公墓(Highgate Cemetery),紧挨着李维斯和埃文斯的墓地,对面就是马克思墓。

小　结

同历史上许多拥有传奇经历和跌宕人生的政治思想家相比,斯宾塞的一生可以说是波澜不惊、平淡无奇。他出生在英格兰中部具有浓厚地方性特色的德比郡,30岁后便常住伦敦。他自小接受家庭教育,

---

① Arthur G. L. Rogers, *Home Life with Herbert Spencer*, Bristol: Arrowsmith, 1910.

没上过大学，除了母语英语之外，他只对法语有一点浅显的了解。他一生中的大部分时间都在伏案写作或口述中度过，交友不多，游历甚少，安于自己熟悉的小圈子和简单的生活方式。在他的思想形成过程中，家人、朋友之间的交流以及地方性的团体和文化起到了尤为关键的作用。然而，他的思想却并未囿于其诞生的这一方狭窄天地。19世纪后半叶，斯宾塞的社会进化学说不仅在英国各个阶层中广泛传播，更是冲破国门代替思想家本人走向全球，风靡欧、美、亚多地，作品被翻译成十余种语言，掀起了一场全球性的知识热潮。这一看似矛盾的现象令人不禁好奇，在19世纪的英国，究竟是怎样的思想资源和知识流动，孕育出了斯宾塞这一具有全球性的学说呢？本书对斯宾塞"社会有机体"概念的探究就是带着这样的思考开始的。

第二章
19世纪英国颅相学运动和反谷物法运动中的"社会"理念

"社会有机体"(social organism)是斯宾塞在描述人类社会及其发展时使用的一个重要概念,其主要内容是将社会类比为一个有机体,认为社会的组织、活动和发展与有机体存在相似之处,遵循相似的规律。虽这一概念曾为众多思想家使用,并非斯宾塞首创,但却很少有人像斯宾塞这样在这上面倾注了毕生的心血,并以此为支点构建出一个复杂而意味深远的理论体系。这一点无论在斯宾塞同时代还是后世的学者中,都是得到公认的。[①]

"社会有机体"概念在1850年的《社会静力学》中首次得到阐发,但这个术语及其所代表的观念,其实早在斯宾塞写于1843年的《论政府的

[①] 例如,19世纪自由主义者约翰·霍布森就曾称斯宾塞为"英国思想家中明确把有机生长的概念应用于社会结构之上的第一人",英国观念论者亨利·琼斯也指出,斯宾塞理论的"主要旨趣和价值就在于他对进化和有机体概念的使用";20世纪的斯宾塞研究者詹姆斯·埃尔维克认为"斯宾塞很大一部分的声望和名气源自他把社会描述成为一个有机体",英国社会学家约翰·奥弗亦指出,"斯宾塞把社会概念化为有机体的做法"至今仍被认为是他对社会学思想所作的贡献之一。参见 John Hobson, "Herbert Spencer", *South Place Magazine*, vol. 9 (1904), pp. 49-55; Henry Jones, "The Social Organism", in David Boucher (ed.), *The British Idealists*, Cambridge: Cambridge University Press, 1997, pp. 3-29; James Elwick, "Herbert Spencer and the Disunity of the Social Organism", *History of Science*, vol. 41, no. 1 (2003), pp. 35-72; John Offer, *Herbert Spencer and Social Theory*, p. 196。

适当范围》中就已经出现了。因此,对这一概念的溯源工作应当至少从斯宾塞20岁之前开始。斯宾塞的思想来源一直以来都是研究者乐于探索的话题。由于他惯于强调原创性,对任何暗示自己的思想受到影响的评论都保持着极高的警惕,因而在晚年撰写《自传》和其他自述性文章时,斯宾塞很少对思想来源给出明确提示①,他的信件也在整理出版前经过了一番仔细筛选,导致许多相关信息被人为抹去。这样,学者们对斯宾塞思想渊源的研究,只能从他的成长、教育和交往经历中找寻蛛丝马迹。在这一方面,许多学者都曾作出开拓性的贡献。例如,约翰·皮尔和大卫·威尔希尔通过考察斯宾塞的家族构成以及他的家乡德比郡的社会环境和政治氛围,建立了英国中产阶级激进政治传统与斯宾塞个人主义政治理念之间的关系②;保罗·埃利奥特和泰勒则探讨了斯宾塞进化哲学的产生和发展,前者认为德比郡的科学团体秉承以伊拉斯谟斯·达尔文为核心的发展哲学传统,深刻影响了斯宾塞对"自然"和"发展"的理解③,后者则在前述研究成果的基础上,突出了孔德和密尔的实证主义思想通过伦敦查普曼沙龙的诸成员对斯宾塞思考进化哲学的关键影响。④ 此外,约翰·奥弗借助博伊德·希尔顿(Boyd Hilton)关于维多利亚时期福音主义对政治和社会思想之影响的研究,还

---

① 保罗·埃利奥特指出斯宾塞早年的很多信息都只是《自传》里的一面之词,且斯宾塞有弱化早年所受影响的倾向,参见 Paul Elliot, "Erasmus Darwin, Herbert Spencer, and the Origins of the Evolutionary Worldview in British Provincial Scientific Culture, 1770–1850", *Isis*, vol. 94, no. 1 (2003), p. 12;泰勒也指出,斯宾塞的《自传》和邓肯为他编写的《斯宾塞的生平和通信》"忽略了许多重要的早期影响",提醒研究者两份文本可能并不完全可靠,参见 Michael Taylor, *The Philosophy of Herbert Spencer*, p. 9。

② John D. Y. Peel, *Herbert Spencer: The Evolution of a Sociologist*, London: Heineman, 1971, pp. 33-81; David Wiltshire, *The Social and Political Thought of Herbert Spencer*, Oxford: Oxford University Press, 1978, pp. 3-45.

③ Paul Elliot, "Erasmus Darwin, Herbert Spencer, and the Origins of the Evolutionary Worldview".

④ Michael Taylor, *The Philosophy of Herbert Spencer*, pp. 7-43.

强调了斯宾塞早年接触的具有神学背景的人士对他的影响。①

在本书接下来的三章当中，笔者将以前述研究成果为基础，探究斯宾塞"社会有机体"概念的形成和发展过程。通过考察从不同方面滋养这一概念的各家学说，本书也希望参与到上述溯源工作中，为斯宾塞思想来源的讨论提供一些新的视角，并在此基础上对一些学者争论的问题作出辨析和回应。在本章中，笔者将考察 1850 年以前对斯宾塞的社会理念产生最重要影响的两场运动——19 世纪上半叶的颅相学运动（phrenological movement）和反谷物法运动（Anti-Corn Law Movement），寻找其中与斯宾塞有联系的关键文本，并与他这段时期内的写作进行比对，勾勒其有机体类比修辞和有机主义思维方式赖以形成的重要语境。同时，通过建立这两场运动及其与有机体理念之间的联系，本章还意在证明，使用有机体类比来阐述一种自由放任（laissez faire）的社会观，并不像许多批评者质疑的那样只是斯宾塞牵强附会的一种理论构造②，而是有着植根在历史中的思想和政治传统。斯宾塞后来明确赋予"社会有机

---

① John Offer, *Herbert Spencer and Social Theory*, pp. 27-61.
② 例如亨利·琼斯认为，个人主义无论如何也产生不出进化和有机概念，后者被斯宾塞"嫁接到一个无法与之相容的哲学上"；厄内斯特·巴克尔认为，斯宾塞在接触科学之前就已经先入为主地有了一个政治观念，但他始终没能克服的一个根本矛盾是，他作为出发点的个人权利概念无法同自然科学所提示的有机进化的国家概念保持一致；福塞·赫恩希尔认为，社会有机体这个进化论的概念在斯宾塞的头脑中与他最初政治观念里的个人原子主义共存了半个世纪之久，两者间的矛盾从未得到解决，因为"作为有机体的社会概念和斯宾塞激进的'自由放任'个人主义本来就没有办法保持一致"；此外约翰·霍布森、大卫·里奇和斯坦尼斯拉夫·安德烈斯基等学者也有类似说法。参见 Henry Jones, "The Social Organism", p. 5; Ernest Barker, *The Political Thought of Plato and Aristotle*, New York: Dover Publications, 1906; Ivor Brown, *English Political Theory*, London: Methuen, 1929, p. 85; Fossey John Cobb Hearnshaw, *Social and Political Ideas of Some Representative Thinkers of the Victorian Age*, London: GG Harrap & Co., 1933, p. 72; David Ritchie, "Mr. Herbert Spencer's Political Philosophy", *Time*, vol. 13, no. 12 (1885), pp. 643-662; Stanislav Andreski (ed.), *Herbert Spencer: Structure, Function and Evolution*, London: Nelson, 1972, pp. 173-174。

体"概念的个人主义意涵,也只有在这样的语境中才能得到更贴近斯宾塞本意的解释。

一、《论政府的适当范围》中的有机体类比

《论政府的适当范围》(以下简称《范围》)是1842—1843年斯宾塞写给初创不久的《不从国教者报》的十二封信件,后来由伦敦布里顿出版社集结成小册子出版。《不从国教者报》的主编爱德华·迈阿尔是斯宾塞的父亲乔治的学生,与斯宾塞的叔叔托马斯也相熟识。斯宾塞在《自传》中称,这些文章的写作缘起是家人的影响和叔叔托马斯·斯宾塞给他的建议:"他[①]对政治有许多兴趣,家庭成员皆是如此。他们的兴趣不是通常那种对政府部门和人员的兴趣,而是对原则和政府措施的兴趣。"这种相似的兴趣使得家庭里形成了"大体上一致的政治观念"——家人们都表现出"个人主义的共同倾向",着眼于"尽可能地实现个体自由",并相应地"限制政府活动",形成了一种"斯宾塞家的精神状态"。[②] 在这种氛围之中,斯宾塞很早就表现出了对政治话题的兴趣,并在叔叔的鼓动和推荐下开始给杂志社供稿。

在构成《范围》的这十二封信件里,年仅弱冠的斯宾塞挥毫批评当时的英国政府对社会事务大包大揽的政策,认为这样做不仅不能解决实际问题,而且还会阻碍整个社会的发展。斯宾塞相信,理性能够揭示出政府的职责,而这一职责应仅限于维持正义,即通过严格执行法律来保障人们的自然权利,除此之外的一切事务皆应留待私人决断:

---

① 指托马斯。
② Herbert Spencer, *An Autobiography by Herbert Spencer*, vol. 1, p. 138.

人们需要政府来做什么呢？不是管理商业；不是教育人民；不是传授宗教；不是管理慈善，也不是修建公路和铁路；而仅仅是捍卫人的自然权利——保护人身和财产、防止强者对弱者的侵害——一句话，维持正义。这才是政府自然的和原初的职责。它不应做得比这些更少，也不应当被允许做更多。①

斯宾塞依次讨论了贸易、宗教、济贫法、战争、殖民、公办教育和公共卫生等问题，认为政府在这些事务上的干涉都是对自然权利的侵害，不仅不符合正义原则，而且无法提升公共福祉。政府替人们去完成本该由他们自己完成的任务，照管他们的财富、信仰、身体的和精神的健康；可是政府的行动错漏百出，根本不可能满足人们的需求，不仅造成了严重的浪费，而且使人养成了依赖的习惯。相反，如果所有人都可以自己决定信仰何种宗教，决定向谁以及是否施舍，决定给子女提供怎样的教育，生病了能够自由地选择治疗方案；如果允许私人的团体远赴海外开展和平的殖民，允许人们自由买卖，那么人们会对自己的事务越来越重视，他们照管自身利益的能力会得到培养，整个国家的素质也会相应地得到提升。

据晚年的斯宾塞回忆，这些早期的文字虽未成体系，却包含了"与后来岁月中阐发的信念体系有所联系"的许多萌芽性思想②，比如，"一个模糊但尚未成形的社会有机体观念"就蕴藏在字里行间。③《范围》的整个文本中，"社会有机体"这个术语仅仅出现过一次，且没有任何

---

① Herbert Spencer, "The Proper Sphere of Government", in Eric Mark (ed.), *The Man versus the State, With Six Essays on Government, Society and Freedom*, Indianapolis: Liberty Fund, 1981, p. 99.

② Herbert Spencer, *An Autobiography by Herbert Spencer*, vol. 1, p. 138.

③ Herbert Spencer, *The Filiation of Ideas*, p. 537.

定义和解释,但通读全文后便不难发现,斯宾塞在讨论社会问题时充满了有机体联想,穿插着各式各样的身体隐喻和医疗隐喻。譬如,在讨论战争问题时,斯宾塞用饮酒对身体的影响来比喻战争对国家造成的危害:"许多人都怀揣着这样的观念,那就是战争本质上来说对共同体是有益的——战争使得社会有机体充满活力。"然而殊不知,战争只是造成"力量增强的假象",它带来的"非自然的活力"是通过"唤起未来的生命供给和能量"产生的,而"兴奋过后紧跟着的就是相应的颓丧"。因此,那些仅凭表面的繁荣就断定战争有益于国家的政治家们,正和那酗酒之人一样,"只因为在酒精饮料的刺激下经历了一阵活力焕发,便得出结论说这东西能让人永久变强",都是犯了同样的错误。[1]

又比如,在讨论《济贫法》时,斯宾塞认为贫困意味着社会安排的某些方面出了问题,应当让这些现象充分表达,以便确定问题所在,而不是用短暂的救济拖延问题,他用医生打比方说道:"在我们看来最仁慈的外科医生,是那个不停使用止痛剂来降低疾病之苦的医生呢,还是那个让患者先受点儿罪,以便症状完全表现出来,然后锁定病痛根源并速战速决的医生呢?答案不言而喻。"不仅如此,在斯宾塞看来,"贫困"正是德行败坏这种"道德疾病"的最佳疗法:"父母具有的不道德倾向传给了他们的子女——这种道德疾病需要治疗——在健康的社会条件下,这种治疗就存在于随之而来的贫困中。疾病都会提供它自己的痊愈之法——济贫法却恰恰阻碍了治疗发挥作用。"[2]

不仅是济贫,斯宾塞认为所有的社会治理都可以和外科医生对病人的治疗相类比,他风趣地写道:

---

[1] Herbert Spencer, "The Proper Sphere of Government", p. 111.
[2] Herbert Spencer, "The Proper Sphere of Government", p. 103.

想象一个不幸的可怜人听信了他的医生的话,认为自己离开了医疗监督就不可能完全享受健康。他服用各种各样的药物、检查和治疗。经过一段长期的治疗,这个可怜人的身体终于出了毛病,永远也好不了了,于是更加需要他的医生的照料来祛瘟止痛。他一身都是病,医生却带着一群乡下人围在他的床榻前,高谈阔论地介绍起人体的复杂功能,它们各自的职责和多种紊乱的可能,并说,"看看吧,让一个人保持健康是件多难的事儿啊"。①

与此类似:

我们国家的外科医生,记不清从何时起就在劝说人们相信,没有他们的干预,社会事务永远不可能正常运转。必须要时刻保持着警惕的监督,才能确保所有国家功能得到健康实现。同时,根据所有这些见解,他们无时无刻不在对这个国家的事务行医问诊,今天以"限制性关税"的名义开出一张节制饮食的药方,明天又让过量的粮食涌入以便弥补先前的匮乏——一会儿对商业活动发放刺激剂,名之曰"鼓励国内制造业",过一阵又强烈抗议,要为过量生产的弊病找寻疗救之法——他们一边为国家道德炮制补药,称之为"国立教会",一边又发动一场战争,不让这些道德获取太多力量——他们在社会身体(social body)的某一部分以"济贫法"的方式涂上减缓疼痛的药膏,在另一部分又用"所得税"的形式造成血流汩汩。经过所有这些精湛的手术,国家已经濒临解体——它表现出令人担忧的衰弱——它的构造被削弱得如此厉害,以至于几

---

① Herbert Spencer, "The Proper Sphere of Government", p. 132.

乎不可能治疗任何一种混乱而不引发更大的混乱——总之，它成了我们现在看到的样子。这时，我们听见这些贤明而自鸣得意的立法者大声叫嚷：'看看吧，治理一个国家是件多难的事儿啊！'"①

这些充满想象力的幽默讽刺，还有诸如"活力""能量""健康"和"疾病"这样的有机词汇，以及"给药""治疗""疗法"和"手术""补药"等医学词汇的使用，表明这种把社会想象成有机体或人体的意识和修辞，应当在1840年初或者更早之前就进入了斯宾塞的思想体系。然而，斯宾塞本人却并未透露他在这方面受到了哪些人的影响。因此，要探究斯宾塞"社会有机体"概念最初的形成和来源，必须要深入到他20岁之前的阅读和教育经历中去寻找与之相关联的文本。在这一点上，罗伯特·理查德斯、罗杰·库特、罗伯特·杨和大卫·斯塔克等学者提示了一条重要线索。他们指出，斯宾塞早期的政治和社会观念，乃至他的有机体修辞，都和19世纪上半叶风靡欧洲的一种伪科学——颅相学——有着紧密的关系。② 学者们找到的最直接的证据是，斯宾塞在《范围》里引用了一部颅相学作品——西德尼·斯密的《颅相学原理》(*The Principles of Phrenology*)③；此外，斯宾塞早年浸淫在德比郡的科

---

① Herbert Spencer, "The Proper Sphere of Government", p. 132.
② Robert Richards, *Darwin and the Emergence of Evolutionary Theories of Mind and Behavior*, Chicago: University of Chicago Press, 1987, pp. 254-256; Roger Cooter, *The Cultural Meaning of Popular Science: Phrenology and the Organization of Consent in Nineteenth-century Britain*, Cambridge: Cambridge University Press, 1984, pp. 121-122; Robert Young, *Mind, Brain, and Adaptation in the Nineteenth Century: Cerebral Localization and Its Biological Context from Gall to Ferrier*, Oxford: Oxford University Press, 1990, pp. 150-162; David Stack, *Nature and Artifice: The Life and Thought of Thomas Hodgskin (1787-1869)*, Woodbridge: Boydell & Brewer, 1998, p. 192.
③ Herbert Spencer, "The Proper Sphere of Government", p. 99.

学团体当中,很小的时候就接触到颅相学的讲座和书籍,并一度对这一学说深信不疑。他在1844年甚至声称"迄今为止我未曾留意过任何形式的精神哲学,除了颅相学"[1];而最为关键的证据是,斯宾塞在《范围》《社会静力学》乃至后来的"综合哲学"系列中表达的许多观点,都能在当时主要的颅相学著作中找到线索。

二、维多利亚时期的颅相学运动

颅相学又被称为"颅检查术"(cranioscopy)、"头骨学"(craniology)或"动物生理学"(zoonomy),是一种通过观察和测量头骨大小、形状和比例推断人的性格的学说。这门学科的创始人是维也纳内科医生弗朗茨·盖尔(Franz Joseph Gall)。1758年,盖尔出生于德国巴登州,早年在斯特拉斯堡读书,后来进入维也纳大学并在1785年获得医学博士学位。在他求学时期,一种名为"相面术"(physiognomy)的医学技术在德国非常流行。这种技术主要由瑞典诗人和哲学家约翰·拉瓦特尔(Johann Lavater)推广,声称可以通过人的面部特征和身体形态与线条判断其性情。"相面术"的源头可以追溯到古希腊思想,其经由中世纪的医疗实践和书写,16世纪时在欧洲又经历了一次复兴。[2] 盖尔从小就对"相面术"十分有兴趣,他通过观察发现,身边的同学们的才能与他们的外形特征之间似乎存在着联系——例如比较聪明的同学都有着突出的眼睛。这让他不禁猜想,眉眼之后的大脑区域有可能是掌管智力的器官之所在。经过几年的观察和实验后,盖尔抛弃了"相面

---

[1] Herbert Spencer, *An Autobiography by Herbert Spencer*, vol.1, p.165.
[2] Terry M. Parssinen, "Popular Science and Society: The Phrenology Movement in Early Victorian Britain", *Journal of Social History*, vol.8, no.1 (1974), p.7.

术",认为真正有联系的是大脑形态和人的性格,由此,他开始发展他自己的一套观察方法。①

盖尔主张"大脑是精神(mind)的器官",而大脑本身亦是由许多不同的脑器官集合而成的。② 这些脑器官具有特定功能,对应着不同的心理"官能"(faculty)。盖尔归纳了人类大脑中 27 个这样的器官,将它们分为人与动物所共有的器官和人独有的器官。诸如"自卫本能""杀戮本能""狡猾""占有欲""虚荣"以及"事实记忆""语感"和"乐感"这样的器官为人与动物所共享,只有程度而没有性质的差别,因而在这些方面人和动物受到同样的法则的约束;而像"形而上精神""智慧""善良""模仿能力"和"宗教情感"这样的器官则是人类特有的,决定了人高于动物的本性。③ 这些器官分布在大脑固定的区域,相互之间有着明显的界限。某器官的尺寸越大,说明其对应的能力或倾向越强,反之则越弱,而所有器官的相对大小就决定了一个人的性格。由于头骨在形成时期就和脑器官的分区一一对应,因此测定头骨的大小和形态,就可以反映脑器官的尺寸,进而判断一个人的性格。比如说,如果一个人头骨大且眉骨饱满,就表明他的智力高度发达;如果他头顶的"宗教情感"器官所在区域很大,那么这个人很可能极为虔诚。

1800 年,当时正在维也纳学习医学的一位德国学生约翰·施普茨海姆(Johann Spurzheim)听了盖尔的讲座,被他的理论深深吸引。1804 年,施普茨海姆成为盖尔的全职助手,并跟随他在德国和邻近地区开展讲学。两人整理并撰写了许多作品,其中最重要的是《神经系统解剖和生

---

① Owsei Temkin, "Gall and the Phrenological Movement", *Bulletin of the History of Medicine*, vol. 21, no. 3 (1947), p. 277.
② Terry M. Parssinen, "Popular Science and Society", p. 4.
③ Owsei Temkin, "Gall and The Phrenological Movement", pp. 283-284.

理学》四卷本①。他们还把经年积累的研究报告提交给了法国科学院（Institute de France）。然而很快，这对师生就因理念不合产生了争执，而他们最大的一个分歧在于：盖尔的 27 个脑区域列表中有一个名为"恶"（evil）的区域，但在施普茨海姆看来，所有的脑官能本质上都是善的，只有在使用不当的时候，才会产生不好的结果。② 施普茨海姆相信人性有臻至完美的可能，美德是可以培养起来的，恶习则是可以被抑制的，这让他与持有悲观论调的盖尔走上了不同的道路。很快，施普茨海姆开始独立出版作品③，并正式把经过自己改良的这一学说命名为"颅相学"。④ 1814—1815 年，施普茨海姆开始在欧洲巡回讲学，英国就是其中一站。自此直到 1832 年去世，他每年都会去英国各地开办讲座。

施普茨海姆的英国听众当中有一位爱丁堡律师，名叫乔治·克姆博。他一开始对这门新科学半信半疑，可是经过了三年的研读后，他被彻底说服，成了颅相学的信徒。⑤ 1820 年，克姆博参与创建了爱丁堡颅

---

① 这部作品全名为 Atomie et physiologie du systeme nerveux en general, et du cerveau en particulier, avec des observations sur la possibilite de reconnazetre plusieurs dispositions intellectuelles et morales de l'homme et des animaux, par la configzlration de leurs tetes, 1810—1819 年在巴黎出版。

② Johann G. Spurzheim, *A View of the Philosophical Principles of Phrenology*, London: Knight, 1825, pp. 133-134.

③ 1815 年施普茨海姆出版了《盖尔博士和施普茨海姆的人相学体系》(*The Physiognomical System of Drs. Gall and Spurzheim*)，20 年代又先后出版了《颅相学的哲学原理考察》(*A View of the Philosophical Principles of Phrenology*)和《颅相学大纲》(*Outlines of Phrenology*)。参见 Johann Gaspar Spurzheim, Franz Joseph Gall, *The Physiognomical System of Drs. Gall and Spurzheim, Founded on an Anatomical and Physiological Examination of the Nervous System in General and the Brain in Particular: And Indicating the Dispositions and Manifestations of the Mind*, London: Baldwin, Cradock, and Joy, 1815; Johann G. Spurzheim, *A View of the Philosophical Principles of Phrenology*, London: Knight, 1825; Johann G. Spurzheim, *Outlines of Phrenology: Being Also a Manual of Reference for the Marked Busts*, London: Treuttel, Wurtz & Richter, 1827。

④ Johann G. Spurzheim, *Phrenology, or the Doctrine of the Mental Phenomena*, Boston: Marsh, Capen & Lyon, 1835.

⑤ Terry M. Parssinen, "Popular Science and Society", p. 3.

相学社(Edinburgh Phrenological Society),这是英国第一个颅相学社团。1823年,他又创办了《颅相学杂志》(*The Phrenological Journal*)并任主编。克姆博积极奔走于英国各地,组织讲座,宣传颅相学思想。他拥有一种以明快通俗的语言叙述复杂事物的天然禀赋,加之笔耕不辍,很快便出版了一系列兼具趣味性和教育性的颅相学作品,广受欢迎。① 在施普茨海姆和克姆博两人的积极推动下,英格兰和苏格兰掀起了颅相学运动。各地纷纷创办起类似的颅相学社团和刊物,吸纳了成百上千的社员。他们大都是受过良好教育,在政治、经济、医学和法律等领域工作的专业人士②,怀着满腔热情投入到这个新科学的研究中——参加定期会议,阅读颅相学期刊文章并和编辑通信,许多人还撰写小册子或者出版专著。③ 数据显示,到1836年为止,全英各地已经成立了30个颅相学社团,相关书籍卖出了64 000册,多达15 000座用作研究和展示的石膏大脑或半身模型被制造出来。④

---

① 克姆博最重要的颅相学作品包括1819年的《颅相学文集》(*Essays on Phrenology*)、1824年《颅相学原理》(*Elements of Phrenology*)、1828年《人的构造》(*The Constitution of Man*)和1840年《道德哲学》(*Moral Philosophy*)等,参见George Combe, *Essays on Phrenology, or, An Inquiry into the Principles and Utility of the System of Drs. Gall and Spruzheim, and into the Objections Made against It*, Edinburgh: Bell & Bradfute, 1819; George Combe, *Elements of Phrenology*, Edinburgh: John Anderson, 1824; George Combe, *The Constitution of Man, Considered in Relation to External Objects*, Edinburgh: John Anderson, 1828; George Combe, *Moral Philosophy; or the Duties of Man Considered in His Individual, Social and Domestic Capacities*, Edinburgh: MacLachlan & Stewart, 1840。

② 帕西宁在一份1826年爱丁堡社团成员名单上发现,120个成员中有40位外科或内科医生、23位律师、12位艺术家和作家、8位牧师、8位会计和商人、6位发明家和科学家、4位军官、2位工程师、2位老师和2名大学生;这种人员构成在英国其他地区的社团里也十分典型(Terry Parssinen, "PopularScience and Society", p. 15)。

③ 在英国流传的其他重要颅相学作品还包括John Epps, *Horae Phrenologicae: Being Three Phrenological Essays*, London: Ebenezer Palmer, 1829; George S. Mackenzie, *Illustrations of Phrenology*, London: Archibald Constable, 1820; Robert Macnish, *An Introduction to Phrenology, in the Form of Question and Answer*, Glasgow: J. Symington & Co., 1836。

④ Hewett C. Watson, *Statistics on Phrenology: Being a Sketch of the Progress and Present State of that Science in the British Islands*, London: Longman, 1836, p. 218.

颅相学在英国的中等阶层中吸引了一批信徒。都柏林的安立甘宗大主教理查德·惠特利(Richard Whately)声称"我相信颅相学是真的,就像我相信现在太阳挂在天上一样肯定"[1];出版商理查德·卡莱尔(Richard Carlile)则热情地称赞颅相学为"一门无信仰者的科学"[2];克姆博1838年去伯明翰作讲座时,"英国合作运动之父"乔治·霍利约克(George J. Holyoake)以成为他的助手为傲[3],并在信件中描述颅相学如何使他接受了自由思想。[4] 阿尔弗雷德·华莱士一生坚信颅相学的真实性将会在20世纪得到验证。[5] 甚至,颅相学的影响还一度波及皇室——维多利亚女王和阿尔伯特亲王曾经两次邀请克姆博前往宫中为孩子们检查头骨。

与此同时,颅相学在下等阶层也受到了热烈的追捧。与受过良好教育的商人、学者不同,普通店员、售货员和手工匠们在遍布全国各地的技工讲习所[6]和漫天飞舞的廉价小册子里接触到了这门科学。[7] 施普茨海姆从1827年开始在伦敦技工讲习所[8]开办讲座,克姆博也是各地技工讲习所争相邀请的演说者。到了30年代末,颅相学课程已经进

---

[1] George Combe, *Testimonials on Behalf of George Combe, as a Candidate for the Chair of Logic in the University of Edinburgh*, Edinburgh, Huddersfield: J. Anderson JUN, 1836, pp. 5-6.

[2] Terry M. Parssinen, "Popular Science and Society", p. 1.

[3] George Jacob Holyoake, *Sixty Years in the Life of an Agitator*, vol. 1, London: T. F. Unwin, 1906, p. 65.

[4] Joseph McCabe, *Life and Letters of George Jacob Holyoake*, vol. 1, London: Watt & co., 1908, p. 18.

[5] Alfred Wallace, *My Life, A Record of Events and Opinions*, vol. 1, London: Chapman & Hall, 1905, pp. 257-262.

[6] 技工讲习所(Mechanics Institutes)是在英国工人运动中诞生的组织,旨在为工人阶层提供成人教育,相当于一个工人大讲堂和图书室。

[7] McLaren, Angus, "Phrenology: Medium and Message", *The Journal of Modern History*, vol. 46, no. 1 (1974), p. 91.

[8] 该学会由英国外科医生、学者乔治·伯贝克(George Birbeck)创建,是伦敦大学伯贝克学院的前身。

入了每个学院的常规课程体系。到了40年代,几乎每个学院都配备一个颅相学的石膏半身像。[1] 各地学院会定期举办颅相学讲座,门票低廉且往往安排在工人们的闲暇时间,便宜的颅相学书籍和"脑官能表"如插上羽翼一般在工人群体中流传。[2]

很多学者都尝试解释过,颅相学的传播为何会在这一时期的英国达到如此盛况,拥有跨行业和跨阶层的广泛吸引力。帕西宁、安格斯·麦克拉伦和罗杰·库特都认为,经过施普茨海姆和克姆博发展的颅相学,完美呼应了维多利亚时期相信"进步"和"自我提升"的观念。[3] 颅相学认为,人是具有身体、精神和道德官能的高度进化的生物,只要人们运用理性,正确认识大脑的组成和各种官能的运作规律,那么就可以通过不断的练习来提升更为高等的官能,同时抑制带有动物性的官能。尤其对于受到激进主义思想影响的人们来说,颅相学有关人的进步性和可塑性的观念为社会改革提供了哲学基础;另外,麦克拉伦还指出,颅相学充当了一种媒介,通过它,18世纪许多只属于上等阶层的观念在19世纪传播到了更加广泛的群体当中。中下阶层的工人、手工艺人、小商人和小工厂主等群体,在颅相学中找到了启蒙认同和科学认同,并将之作为改善生存状况和社会地位的法宝。[4]

此外,颅相学披上了经验科学的外衣,使得实证主义的信徒也为之欢欣鼓舞,因为它把对精神的认识从传统哲学和神学领域转移到了解剖学和生理学领域。人们不必再听信主观主义关于人类心灵构成的悬

---

[1] Mabel Tylecote, *The Mechanics' Institutes of Lancashire and Yorkshire before 1851*, Manchester: Manchester University Press, 1951, p. 237.

[2] Charles Gibbon, *The Life of George Combe*, vol. 1, London: Macmillan, 1878, p. 254.

[3] Terry M. Parssinen, "Popular Science and Society", p. 5; Angus McLaren, "Phrenology: Medium and Message", p. 88; Roger J. Cooter, "Phrenology: The Provocation of Progress", *History of Science*, vol. 14, no. 4 (1976), p. 214.

[4] Angus McLaren, "Phrenology: Medium and Message", p. 87.

想,而是可以将一切奠基在观察和实验的基础上。① 孔德自称在盖尔的作品里发现了"一个纯粹实证的心理学的完美工具论"。他在《实证哲学教程》中写道:盖尔的颅相学"把旧日的哲学从它最后的领地中驱赶出来",建立了一个"对智识的和道德的人进行考察的新体系",这不啻一场"哲学革命"。② 密尔早年和他的老师边沁一样,对颅相学不以为然,直到发现孔德对盖尔的作品大为推崇,于是也改变了态度。在更为实践的层面上,宣称具有科学性的颅相学也提供了一份可靠的性格指南——人人都可以分析和判断"某个佣人是不是值得信赖,一桩婚姻或者生意伙伴是不是合适,以及他自己的职业倾向"。③ 这在急剧变化着的工业社会中,成为人们日常决策的有用指导。

到了 19 世纪中期,不仅是英国人,而且已经没有几个欧洲人能够完全无视这门科学了。奥托·俾斯麦(Otto Bismarck)曾在评价普鲁士元帅库尔特·施维林(Kurt Christoph von Schwerin)时这样说道:"看看施维林的外形,他眉宇上方区域显示其具有迅速集中注意力的本领……但他的前额不够饱满,颅相学家告诉我们,这块区域是'谨慎'集中的地方。"④马克思则在 1868 年写给德国社会主义者路德维希·库格曼(Ludwig Kugelmann)的信中打趣道:"我这儿有一个懂点儿颅相学的朋友,昨天他看到您夫人的照片时说:真是才智过人啊! 所以你瞧,颅相学可不是黑格尔想象的那种没用的伎俩。"⑤在法国,盖尔的颅

---

① Michael Taylor, *The Philosophy of Herbert Spencer*, p. 34.
② Comte Auguste, "*Cours de philosophie positive*", Harriet Martineau (trans.), in Gertrude Lenze (ed.), *Auguste Comte and Positivism, The Essential Writings*, New York: Transaction Publishers, 1975, p. 183.
③ Terry M. Parssinen, "Popular Science and Society", p. 8.
④ Emil Ludwig, *Bismarck: The Story of a Fighter*, E. Paul, C. Paul (trans.), New York, London: G. P. Putnam's Sons, 1927, p. 165.
⑤ Karl Marx, *Letters to Dr. Kugelmann*, London: Martin Lawrence, 1934, p. 59.

相学课程吸引了史学家弗朗索瓦·米涅(François Mignet)和本杰明·贡斯当(Benjamin Constant),后者曾在信中形容颅相学具有"不朽的价值"——"既不像宗教人士假称的那样荒谬,也不像他们宣扬的那样前后矛盾",因为对于灵魂活动的观察就像"用眼看和用耳听一样",可以得出确实无疑的结论[①];在大洋彼岸,施普茨海姆的波士顿讲座座无虚席,克姆博则在1838—1840年美国讲学期间,受到亚当斯(John Quincy Adams)、哈里森(William Harrison)和范布伦(Martin Van Buren)等总统在白宫的接见。[②]

这场席卷欧美各国的颅相学运动也把斯宾塞领进了这个新学问的大门。斯宾塞的家乡德比郡是一个充满活力的哲学与文化中心,这里在1770年之前就已经形成了一个具有相当规模的自然哲学家团体,致力于开展科学活动。1783年,在伊拉斯谟斯·达尔文的参与和支持下,德比哲学社(Derby Philosophical Society)成立,成为德比郡科学文化传播的主要中心。伴随着18世纪末英国中等阶层科学教育普及和发展的浪潮,这样的社团在诸如曼彻斯特、利兹和伯明翰等地方城镇中不断涌现,聚集起一大批对自然科学拥有浓厚兴趣、专业或业余从事研究和实验的中等阶层人士,在英国中部地区形成了一个庞大的科学团体。他们邀请英国和欧陆各国的科学家、哲学家、文学家和牧师等举办巡回讲座、开办学堂、组织科学实验、开展讨论并进行非正式的家庭聚会、读书读报等活动。除此之外,这些社团还建立了许多图书馆,收藏、订购各类科学书籍和报纸杂志,在社员中传阅。斯宾塞的父亲乔治是

---

① Elizabeth Wheeler Schermerhorn, *Benjamin Constant: His Private Life and His Contribution to the Cause of Liberal Government in France, 1767-1830*, Boston: Houghton Mifflin Company, 1924, pp. 299-300.

② Stephen Tomlinson, "Phrenology, Education and the Politics of Human Nature", *History of Education* (Tavistock), vol. 26, no. 1 (1997), p. 1.

德比地区的主要活动家之一,曾任德比哲学社名誉秘书长。在乔治的带领下,年少的斯宾塞辗转于德比哲学社、德比文学与哲学社(Derby Literature and Philosophical Society)和"德比技工讲习所"等各类社团举办的讲座和活动之间,闲暇时间也大都花在了哲学社图书馆和镇上其他几个图书馆里,接受了全方位的科学熏陶。①

德比哲学社早在1815年就开始购入颅相学作品。根据当地的资料记载,欧洲有许多颅相学家都曾到访德比,例如瑞士颅相学家威廉·巴利(William Bally)、英国颅相学家詹姆斯·伦博尔(James Q. Rumball)、托马斯·贝格斯(Thomas Beggs)和斯宾塞·霍尔(Spencer Hall)等。1829年,施普茨海姆曾在德比郡的贝尔珀(Belper)和贝克威尔(Bakewell)两个镇上开办讲座。1832年,德比技工讲习所开设了颅相学班,讲习所的图书馆也在随后的几年时间里添置了许多颅相学作品。当地许多人都对颅相学抱有兴趣,例如和乔治一样活跃在哲学社的约瑟夫·斯特拉特(Joseph Strutt),就曾为技工讲习所和镇博物馆的展览捐赠过许多颅相学的展品和资料。②

1831年,施普茨海姆在英国巡回讲座期间来到了德比哲学社。斯宾塞被带去参加,他在后来的《自传》中记录了当时的情形:

> 那时我大概11岁或12岁的光景,去听了他的讲座。面对他摆在跟前的一排龇牙咧嘴的头骨,我不得不压抑住强烈的厌恶才能好好端详。当然,那个年纪的信仰总是强过怀疑的。我不假思

---

① Paul Elliot, "Erasmus Darwin, Herbert Spencer, and the Origins of the Evolutionary Worldview", pp. 3-4.
② Paul Elliot, "Erasmus Darwin, Herbert Spencer, and the Origins of the Evolutionary Worldview", p. 22.

索地全盘接受了他的话,成了颅相学的信徒,而且保持了很多年。①

1842年,斯宾塞又去听了伦博尔在德比的演讲,并请他给自己看了看颅相,结果得到一份测评表,列出了他的"味觉""色觉""乐感""语言能力"以及"仁爱""自尊""毅力""占有欲""专注力"等40种性格特质和能力的大小。②

这段时期的信件显示,斯宾塞对颅相学的兴趣与日俱增。他不但和朋友们讨论自己的性格特质是否符合测量结果,而且还对特定的几项做了备忘录,记录自己的表现,甚至还画了一幅理想大脑的设计图,显示头骨上怎样的沟壑分布能够带来最佳的性格组合。③ 除此之外,1844年,也就是《范围》出版的次年,斯宾塞还写了三篇颅相学文章,对当时流行的一些理论问题发表见解。《论色欲器官的情况》("On the Situation of the Organ of Amativeness")认为"色欲"可能位于大脑的底部,而不是像盖尔声称的那样位于小脑;《关于好奇器官的一项理论》("A Theory Concerning the Organ of Wonder")认为"好奇"的功能是"再现所有智识印象",是想象力产生的主要媒介,因此这个器官更合适的名称应当是"再现"(Reviviscence)④;《关于仁爱与模仿功能的新观点》则试图挑战当时流行的颅相学观点,提出"仁爱"(Benevolence)并不应当是一个脑器官,而是由"模仿"(Imitation)和"感性"(Senitiveness)两个脑器官组成的名为"同情"(Sympathy)的器官生成

---

① Herbert Spencer, *An Autobiography by Herbert Spencer*, vol. 1, p. 132.
② Herbert Spencer, *An Autobiography by Herbert Spencer*, vol. 1, pp. 132-134.
③ Herbert Spencer, *An Autobiography by Herbert Spencer*, vol. 1, pp. 134-135.
④ Herbert Spencer, *An Autobiography by Herbert Spencer*, vol. 1, p. 162.

的一种情感。① 在理论思考之外,斯宾塞还发明了一种"头描记器"(Cephalograph),希望取代当时仅凭观察和触摸确定颅相的粗糙方法,提高测量的精确度。②

然而,除了《自传》当中的这些记录和早年的理论和实践尝试以外,斯宾塞在他的著作和文章里极少提到颅相学,更别说引用颅相学家的观点学说了。这种缺失可以由斯宾塞淡化其思想受惠处的写作习惯中得到些许解释,还和颅相学的昙花一现以及斯宾塞30岁之前就表示不再信奉有关。③ 从1840年起,颅相学就隐隐有了衰落的迹象。先前被颅相学吸引而希望用实证研究来支持其理论的人们发现,他们的实验数据常与理论预测相左,许多人因此调转了研究方向。④《颅相学杂志》的发行量逐年下跌,一些地方的颅相学社团也不再景气。1846年,伦敦颅相社解散,1847年,杂志停止更新。甚至连克姆博也感到灰心丧气,1846年后他写作和演讲的内容都是与颅相学无关的话题。中等阶层中原先对颅相学推崇有加的人们,后来也很少在自己的写作中对此有所提及——斯宾塞在《自传》中的记录已属少见的坦诚。⑤

不过,颅相学对维多利亚时期观念的影响却持续存在着。对斯宾塞来说,他舍弃的只是颅相学的"具体文本",但他并没有放弃这个学说的"语境"。⑥ 在斯宾塞发展他的进化心理学、生物学、社会学和伦

---

① Herbert Spencer, "A New View of the Functions of Imitation and Benevolence", *The Zoist: A Journal of Cerebral Physiology & Mesmerism and Their Application to Human Welfare*, vol. 1, no. 4 (1844), 381.
② Herbert Spencer, *An Autobiography by Herbert Spencer*, vol. 1, pp. 365-368.
③ Robert Richards, *Darwin and the Emergence of Evolutionary Theories of Mind and Behavior*, p. 251.
④ Terry M. Parssinen, "Popular Science and Society", p. 13.
⑤ Angus McLaren, "Phrenology: Medium and Message", p. 95.
⑥ Robert Richards, *Darwin and the Emergence of Evolutionary Theories of Mind and Behavior*, p. 251.

学的过程中,早年接触到的这些颅相学主题为他持续提供着理论的力量和批判的源泉,形成了理查德斯所谓的"概念环境"(conceptual ambience)。[1] 乔治·丹顿是最早提出斯宾塞的心理学对颅相学有所借鉴的学者。[2] 随后,罗伯特·扬进一步发展了这种观点,认为斯宾塞在颅相学语境中阐述的功能专门化的论点,成了他的心理学的生物和进化基础。[3] 大卫·德·吉斯汀、罗杰·库特和保尔·埃利奥特也主张颅相学对斯宾塞有深刻影响。[4] 泰勒在此基础上归纳了"综合哲学"系列中三个与颅相学有关的主题:其一是一种普遍的自然主义,即试图解释自然和人类精神的一切现象而不诉诸超自然理由[5];其二是将道德置于科学基础之上的做法;其三则是一种自然法则的概念,即认为道德的法则就是自然法则。[6] 最后,理查德斯和詹姆斯·埃尔威克还尝试在斯宾塞的政治和伦理思想与他的颅相学背景之间建立联系,例如他的自由放任观念和对自然权利、正义、幸福的理解等。[7] 具体到文本层面,不少学者把《范围》和《社会静力学》等斯宾塞的早期著作和英国颅相学运动中最著名的一部作品——克姆博的《人的构造》——联系在了一起。

---

[1] Robert Richards, *Darwin and the Emergence of Evolutionary Theories of Mind and Behavior*, p. 253.

[2] George Denton, "Early Psychological Theories of Herbert Spencer", *American Journal of Psychology*, vol. 32(1921), pp. 5-15.

[3] Robert Young, *Mind, Brain, and Adaptation in the Nineteenth Century*, pp. 150-162.

[4] David de Giustino, *Conquest of Mind: Phrenology and Victorian Social Thought*, London: Croom Helm, 1975, pp. 51-55; Roger. J. Cooter, *The Cultural Meaning of Popular Science*, p. 112; Paul Elliot, "Erasmus Darwin, Herbert Spencer, and the Origins of the Evolutionary Worldview", pp. 23-24.

[5] 泰勒认为虽然斯宾塞思想的这一方面还有其他渊源,但颅相学很可能给他提供了最早的启蒙,先于他接触到孔德和密尔的著作。

[6] Michael Taylor, *The Philosophy of Herbert Spencer*, p. 34.

[7] Robert Richards, *Darwin and the Emergence of Evolutionary Theories of Mind and Behavior*, pp. 254-256; James Elwick, *Compound Individuality in Victorian Biology*, pp. 289-290.

三、《人的构造》与乔治·克姆博的有机主义

《人的构造》全名为《在同外部物体的关系中考察人的构造》,是维多利亚时期最为流行的一部颅相学教程。在这本书里,作者克姆博从事物的不同构造出发,构建了一个宏大的自然法则体系,并意图在此基础上建立一门"道德科学"(moral science)。[①] 他认为,物理学最大的成就就在于阐明,上帝通过不可变更的法则来统治世界,而非任何超自然的力量。无论是无机世界、有机世界还是政治和道德世界,都遵循固定的规律。人们一旦认识了这些法则,并且弄清楚了它们之间的关系,就可以通过规范自己的行为来同自然保持和谐,从而不仅可以享受身体和心灵上的快乐,还能通过运用自己的器官和官能达到道德、智识和身体能力的提升。这本书对斯宾塞的思想有深刻的影响,在《范围》和《社会静力学》的字里行间都可以观察到克姆博有关自然法则的论述,以及有关自然法则的奖赏与惩罚、幸福的条件等问题的理解的影子。最重要的是,克姆博从物理和有机法则出发推理道德和社会法则的有机主义类比方法,也被斯宾塞学到了精髓。

《人的构造》是克姆博的第一部颅相学作品,完成于1828年。然而这本书的第一版卖得并不好,1835年再版之后仍旧销量平平。不过就在这一年,克姆博受到了热情支持颅相学的威廉·亨德森(William Henderson)先生的一大笔遗赠,这给了他降低书价的底气。很快,原先作为科学教材而只发行"学校版本"的《人的构造》,开始发行另一种便

[①] George Combe, *The Constitution of Man*, p. ix.

宜得多的"大众版本",受到了普通读者的热烈欢迎。[1] 自此以后,这本书的销量一路飙升,截止到1838年售出了72 000册,到1860年就已经突破10 000册,被那一时期的人们称为"出版奇迹"。这种销售热度一直持续到19世纪后半叶,1874年,苏格兰律师托马斯·科伯恩(Thomas Cockburn)在日记里写道:"颅相学……和与之相关的学说流行到了这种程度,去年一年,乔治·克姆博命名为《人的构造》的那本书就卖出了不下于14 000册。"[2]同时期出版的其他畅销作品,很少有能够超越《人的构造》的,就连达尔文的《物种起源》也难以望其项背。[3] 整个19世纪里,克姆博几乎成了中下阶层家喻户晓的人物——哈瑞特·马蒂诺断言这本书的影响力遍及整个中等和工人阶层:"数以百计头脑灵光的机械工人,还有许许多多中等阶层家庭的一家之主,如果问他们一生中在精神上经历的大事,他们会告诉你,那就是读到了《人的构造》这本书。"[4]英国政治家、斯宾塞父亲的学生约翰·莫利(John Morley)则形容此书为"一项惊人的启示……你能在那些除了《圣经》和《天路历程》以外一无所有的书架上发现它的身影"[5],而书中的观念则"现在已经以某种形式成了为所有具有理性的人们所接受的寻常观

---

[1] 参见 Bill Jenkins, "Phrenology, Heredity and Progress in George Combe's 'Constitution of Man'", *The British Journal for the History of Science*, vol. 48, no. 178 (2015), pp. 455-473.

[2] Lord Henry Cockburn, *The Journal of Henry Thomas Cockburn, Being a Continuation of the Memorials of His Time*, vol. 1, Edinburgh: Edmonston & Douglas, 1874, p. 117.

[3] Alfred. R. Wallace, *The Wonderful Century: Its Success and Failures*, London: Dodd, Mead and Company, 1898, p. 164.

[4] Harriet Martineau, "Representative Men", *Once a Week*, vol. 18 (1861), p. 579.

[5] 哈瑞特·马蒂诺也有过类似的评论:"许多人一辈子都没买过别的什么书,除了这一本。从发行量上看来,大概只有约翰·班扬的《天路历程》以及《鲁滨孙漂流记》和《圣经》能出其右了。"参见 Harriet Martineau, *Biographical sketches 1852-1875*, London: Macmillan, 1876, pp. 265, 272。

念"①。不仅如此,这本书还远销欧洲大陆和北美地区,被翻译成好几种语言。在美国,它的销路甚至比在英国还要好。②

这样一部堪称英国颅相学运动"圣经"的作品③,斯宾塞显然不可能毫不知情。19世纪三四十年代,《人的构造》一直是英国最主要的一本颅相学教科书,如果说紧跟自然科学前沿步伐的德比哲学社完全没有留意,几乎是件不可思议的事。④ 当年少的斯宾塞徜徉在哲学社图书馆那摆满各色科学读物的书架中间时,很可能直接读到了这本书⑤;即便没有亲自阅读,通过与社员的攀谈以及在德比郡科学团体举办的各类活动中,斯宾塞也一定会对这本书的内容有相当程度的了解。⑥ 不仅如此,斯宾塞在《经济学人》编辑部时的上司托马斯·霍吉斯金也是克姆博的忠实读者,他时常在自己的文章和讲演中引用后者的理论。他与斯宾塞交往频繁,也极有可能在平日的攀谈中提到相关内容。除此之外,查普曼沙龙中的许多成员也都与克姆博有联系:由边沁和密尔创办,后来由约翰·查普曼接手的《威斯敏斯特评论》杂志曾接受过克姆博的赞助,埃文斯则在进入圈子以前就与克姆博很熟,还让后者为她做过颅相检查;钱伯斯匿名出版的《自然创造史的遗迹》(*Vestiges of the Natural History of Creation*)使用了克姆博的理论,同时

---

① John Morley, *The Life of Richard Cobden*, vol. 1, London: Macmillan, 1908, p. 101.
② John van Wyhe, *Phrenology and the Origins of Victorian Scientific Naturalism*, Aldershot: Ashgate, 2004, p. 128.
③ Angus McLaren, "Phrenology: Medium and Message", p. 92.
④ Michael Taylor, *The Philosophy of Herbert Spencer*, p. 33.
⑤ 理查德斯在书中写道:"这本书是德比哲学社图书馆的书架上会有的那类书。"参见 Robert Richards, *Darwin and the Emergence of Evolutionary Theories of Mind and Behavior*, p. 251。
⑥ 有学者曾提到斯宾塞曾是《颅相学评论》(*The Phrenological Review*)杂志的会员。参见 David Stack, *Nature and Artifice*, p. 192。

钱伯斯本人也和克姆博是好友,斯宾塞曾与李维斯讨论过此书。① 在这种情况下,不难想象斯宾塞会不时从圈内好友的口中听到克姆博的名字和他的学说,甚至还有可能与他见过面。至于斯宾塞为何从未在他的任何作品中引用过《人的构造》中的文字,也从没有提起过克姆博,泰勒尝试给出了解释:斯宾塞曾经把包括《关于仁爱与模仿功能的新观点》在内的几篇颅相学文章投给了克姆博主编的《颅相学杂志》②,却全部都遭到了拒绝。这些文章后来辗转发表在了约翰·埃利奥特森(John Elliotson)主编的一份推广颅相学和"麦斯麦术"(Mesmerism)③的杂志《活力论者》(the Zoist)上。初出茅庐就受到这样的打击,斯宾塞对这段经历有所介怀也就不难理解了。④

除了这些直接证据以及合理的推测之外,斯宾塞和《人的构造》的更多联系还可以通过互文来展现。在《人的构造》的序言当中,克姆博声称,自己对自然法则的最初观念来自施普茨海姆的一篇未发表的手稿,因此并不具备"概念的原创性"。唯一的新意在于,本文阐释了"得到公认的真理"相互间的关系。因此,写作本书的目的就在于展示自然法则及其关系,以利于"教育的提升和个人行动的完善"。⑤

克姆博认为,世界上的事物可以划分为三大类:物质的、有机的和智慧的。这些事物分别对应着三类自然法则,即"物质法则""有机法则"和"道德和智识法则"。"物质法则"是一切纯粹物质所遵循的法则,例如万有引力定律和化学定律。"有机法则"作用于"拥有专属特

---

① Angus McLaren, "Phrenology: Medium and Message", p. 94.
② 《自传》对此提供了佐证:"目前我正忙着为《颅相学杂志》写一篇文章,内容是关于仁爱和模仿的新理论。"参见 Herbert Spencer, *An Autobiography by Herbert Spencer*, vol. 1, p. 149。第 150 页也有类似说法。
③ 19 世纪盛行的一种催眠术。
④ Michael Taylor, *The Philosophy of Herbert Spencer*, p. 33.
⑤ George Combe, *The Constitution of Man*, pp. vii-ix.

性"的"有组织的物质和存在",植物和动物是其两大分支,与它们的"产生、健康、生长、衰落和死亡"有关的一切现象都展现出稳固不变的规律;"道德和智识法则"作用的对象则是智慧存在,包括一切"拥有明确意识的动物",分为"有智慧的动物"和"有智慧的道德生物"。狗、马和象属于第一类,因为它们"有某种程度的智力和特定的动物习性,但却没有道德感",这三种特质都具备的人属于第二类。① 由于在"造物之尺"上,智慧存在的地位比有机生物更高,后者又比无生命物质更高,因此这三类法则也是有等级之分的,道德和智识法则具有最高地位。

之所以存在这些自然法则,是因为"造物主"赋予了万物不同的自然构造,并把它们置于"同外界物体固定的关系当中"。不论是一块无生命的石头,还是有生命的植物、动物和人,都被规定了某种行动法则。在这个意义上,人的构造也决定了人必定受到自然法则的约束。首先,人体是由骨骼、肌肉、神经和血管组成的,它们的成分都是物质元素,故而在某种程度上都遵循"物质法则"。例如,"根据万有引力法则,身体失去支撑就会掉在地上,容易受伤,就像任何易碎的物质一样;根据化学法则,过分的寒冷会冻住体液,过分的炎热则会使其消散,在任何一种情况下,生命都会走向灭亡"。② 其次,人是一种组织化的生命,一种"从存在于其之前的组织化生命那里获得其存在,依靠食物维持生活,经历生长、成熟、衰老和死亡的生命"。故而人也必须遵从有机法则:例如,有机存在从出生时起就需要食物、光照、空气和其他物质元素维持生命,这些元素必须有足够的量,而且要与它的构成相适宜。③ 最

---

① George Combe, *The Constitution of Man*, pp. 8–11.
② George Combe, *The Constitution of Man*, pp. 23–24.
③ George Combe, *The Constitution of Man*, pp. 27–28.

后,人还是一种"动物-道德-和智识的存在",具有动物性的、道德性的和智识性的力量,因此也受制于"道德和智识法则"。在这一点上,颅相学揭示了人具有的力量。

人的力量被称为"人类官能",分为"感觉"(feelings)和"智识"(intellectual faculties)两类,其中"感觉"又分为"习性"(propensities)和"情感"(sentiments),前者包含"好斗性""破坏欲""掩饰欲""占有欲""色欲"和"爱子"等官能,是人和低等动物共享的;"感情"则包含"自尊""喜爱赞许""谨慎"和"仁爱"等人与动物共享的感情,以及"崇敬""坚定""希望"和"良知"等人独有的感情;"智识官能"则分为"外部感觉""感知存在的智识官能""感知外部事物关系的智识官能"和"比较、判断、甄别的反思官能",其中外部感觉包含"触觉""味觉""听觉"和"光感",而"个体性"(认识存在)、"事件性"(eventuality)、"外形"、"大小"、"重量"属于感知存在的官能,"位置""时间""数字""音调"和"语言"属于感知外部事物关系的官能;"比较""因果""智慧"和"模仿"则是最后一种反思性官能。[1]

克姆博认同施普茨海姆的观点,相信每一种官能在本质上都是好的,但它们都存在被滥用的可能。例如,外部感觉类官能的使用能够"让人与外部事物进行沟通,使他得以享受这些事物",而这些官能的滥用会导致"过度沉溺于感觉所产生的快乐,以至于伤害器官并使精神变得衰弱"。又如,"喜爱赞许"这一官能代表着"渴望他人的尊重,爱听赞美话,追求名声和荣耀",可一旦滥用就会导致"虚荣、野心、渴求赞美而不论是否值得赞美"。[2] 因此,"道德和智识法则"就是关于如何适当地运用和满足各项官能从而达到幸福的自然法则。

---

[1] George Combe, *The Constitution of Man*, pp. 34-39.
[2] George Combe, *The Constitution of Man*, pp. 36-37.

上述三类自然法则,具有四个普遍的特点。第一,不同法则之间是相互独立的,只要满足了特定条件便会产生相应结果,不受其他法则干扰。因此,一个行"欺诈、撒谎、偷窃或凌虐"之事的人,虽然违反了许多道德法则,但如果他"勤谨地遵守节欲和锻炼的有机法则",仍然可以容光焕发;而一个忽略这些有机法则的人可能会因为疾病而憔悴,陷入疼痛的折磨,即便他"把所有精神都献给了人类最崇高的事业"。第二,遵从自然法则将带来奖赏,忤逆这些法则就会招致惩罚——"遵循物质法则保养船只的水手,就会收获航行平安的奖励;而任意偏离这些法则将会遭受沉船的惩罚"。同样的道理,"服从有机法则的人将收获的奖赏就是身体的健康和活力以及精神的轻松和愉悦,违反有机法则的人则会招致病痛、脆弱和倦怠的惩罚"[1];道德和智识领域亦然:

> 服从道德法则的人,得以享受由活跃的道德官能(moral faculties)产生的充盈的内在愉悦;同时,他们还让自己成为其他道德和智慧存在眼中值得喜爱和尊重的对象,并得到后者给予他们的许多其他满足。那些不遵守这项法则的人,会被贪得无厌的欲望所折磨,这些欲望从事物的本性上来说是无法被满足的。他们拥有的任何一丁点儿道德情感都会永不停息地渴求更高的享乐,却永远也达不到,这就是对他们的惩罚;同时,他们也是处于同样状况下的其他存在讨厌和怨恨的对象,后者加在他们身上的恶,正是由他们自己被激发的习性所致。[2]

第三,这些自然法则的运作是普遍的、颠扑不破的和恒定不变的。

---

[1] George Combe, *The Constitution of Man*, pp. 12–13.
[2] George Combe, *The Constitution of Man*, p. 13.

不论在哪一个国度,也不论在地球的哪一个经度和纬度,不论一个人的年龄几何,自然法则都是一样的。如果在中国的一艘船破坏了物质法则,它不会比在英格兰更容易浮起来,而任何一个坚持服从有机法则的人也绝不会"为疾病和痛苦光顾"。

第四,所有自然法则都和人的整个构造相和谐:

> 如果一艘船在符合物质法则的情况下沉没,这就会使因果关系的知觉感到愤怒,同时冒犯仁爱和正义之心;但如果这艘船浮着,那么这种情况下,物质法则就与道德和智识法则相和谐。如果纵情酒色的人却因此获得了健康,提升了幸福,这也会同我们的智识和道德知觉相冲突,与之相反的状况才与我们的知觉保持和谐。①

在《范围》的开篇,斯宾塞以几乎一致的口吻和叙述方式,谈到了无机物、有机物、人类和人类的精神遵循的自然法则:

> 自然界万物都有自己的法则。无机物有动力学性质和化学合力;有机物则更复杂,更容易毁于一旦,也受到它们自己的原则的支配。具有完整形态的单个物质是如此,物质的集合体也是如此。有生命的存在和它们由以产生的物质一样,也有自己的法则。人也是有生命的存在,他有他的功能要去完成,并具备完成这些功能所需的器官;他也有他的本性需要服从,具备服从这些本性所需的手段;只要他完成了这些功能,服从了这些本性,只要他顺应他天

---

① George Combe, *The Constitution of Man*, pp. 13-15.

性的法则，那么他就能保持健康。一切违反和侵犯这些自然命令的行为都会引来自己的惩罚。自然必将被服从。①

同有机与无机的物质一样，精神也受到自然法则的支配：

> 人在物质方面（physically）是如此，在精神方面（spiritually）也是如此。精神和物质一样，都有自己的法则。精神官能（mental faculties）在生命这项伟大事业里有它们各自的活动范围；个体的道德完整和智识健康（intellectual health）就依赖于这些官能的适当发育，以及它们恰如其分地完成各自的职责。精神法则（psychical laws）应当得到服从，正如物质法则应当得到服从一样。前一种情况中的违逆也像在后一种情况中一样，无疑会带来应有的惩罚。②

不过，斯宾塞并没有止步于此，而是在物质、有机和精神法则的基础上，增加了第四类自然法则——社会法则（social laws）：

> 单个的人（man individually）有他的法则，社会的人（man socially）亦是如此。社会就像人一样，当然也有支配它的原则。这些原则或许并非那么容易勾画出来，也没有唾手可得的定义。它们的运转也许更为复杂，也可能更加难以遵守；虽然如此，类比（analogy）仍然告诉我们这些法则必定存在。我们看到，一切被造出来的事物都要服从全能者（almighty）给定的不变规则，那么社

---

① Herbert Spencer, "The Proper Sphere of Government", p. 97.
② Herbert Spencer, "The Proper Sphere of Government", p. 97.

会又怎么会是例外呢?我们还看到,有决断能力的生物只要按照这些规则行动,就会健康又快乐,那么处在集体中的人又怎么能不是这样呢?①

理查德斯认为,斯宾塞在这里是把克姆博的自然法则扩展到了人类社会。② 但这种判断需要作出一些说明。事实上,《人的构造》中也讨论了社会法则,只不过克姆博是将其作为"道德和智识法则"在社会生活中的运作看待的。③ 因此,斯宾塞并没有作出实质性的扩展,而只是把社会法则单独列了出来。

除了这一点小小的改动以外,斯宾塞对自然法则的理解和叙述方式,与克姆博几乎如出一辙。同后者一样,斯宾塞也认为自然法则不仅遍及世间万物,规定了无机、有机和精神世界的秩序,而且对这些法则的服从与否也会带来相应的奖赏和惩罚。其中,奖赏就是机体的健康和随之而来的幸福。克姆博和斯宾塞都对"健康"这个概念作了相当广义的理解。斯宾塞所说的"健康"不仅包含"身体健康"、"智识健康"和"精神健康"④,他还在讨论社会时频繁使用这个词语,例如,他呼吁废除《济贫法》来"重建健康的社会行动",认为所有的不道德在"健康的社会条件下"都会找到它自己的解决方法,以及诸如"国家功能的健康履行"和"健康的国家生活"这样的表述等,都显示斯宾塞把通常对有机体的描述延伸到了更广泛的领域⑤,这同样也是克姆博对这一概

---

① Herbert Spencer, "The Proper Sphere of Government", p. 98.
② Robert Richards, *Darwin and the Emergence of Evolutionary Theories of Mind and Behavior*, p. 254.
③ George Combe, *The Constitution of Man*, p. 220.
④ 相关表述见 Herbert Spencer, "The Proper Sphere of Government", pp. 98, 126, 128, 129。
⑤ 相关表述见 Herbert Spencer, "The Proper Sphere of Government", p. 107。

念的使用习惯：

> 健康的味觉不会感到苦艾的甜味，也不会觉得糖是苦的；健康的眼睛看到一根插在水里的杆子，不会觉得那是直的，因为水会改变光的位置，使得杆子看起来好像弯折了一样；健康的仁爱之心不会为谋杀感到快乐，健康的良知也不会为欺诈感到满意。①

可以看到，克姆博和斯宾塞使用"健康"一词，都是在描述一种事物的正确状态或理想状态。无机物的有序运行是健康，生物机体及其组成器官的良好运转也是健康，精神和道德的合宜乃至社会的秩序的完善，都是一种健康。正是因为这个词语沟通了自然物的不同类别，串起了各类自然法则，克姆博和斯宾塞才可以进一步推理下去，从健康状态中得出人类应当遵守的道德准则。

在什么构成健康或幸福这一问题上，两人的认识也存在着惊人的相似。克姆博在《人的构造》中讨论了人类幸福的来源和保持幸福状态的条件：

> 首要的和最显而易见的条件……是所有享乐都必定源于构成人体的各种系统的活动。骨骼、肌肉、神经、消化和呼吸器官的使用，在同它们的本性保持一致时，就会直接或间接地带来愉快的感受；外部感官和内部官能被激发时，提供余下的所有认知能力和情感。当这些官能组合起来时就构成了生命和理性存在。如果它们一贯沉睡不醒，或者在构造上不活跃，那么以各种享乐为目的的生

---

① George Combe, *The Constitution of Man*, p.11.

命也就消失了,因为这个时候存在会减退为没有意识的植物状态。①

换句话说,幸福的首要条件是官能的充分使用(exercise)或活动(activity)。克姆博认为,人类的每种官能都与特定的外部事物处于明确的关系之中,官能处于内部活跃状态时就会渴望这些事物,而当这些事物被给予时就会刺激官能活动,产生愉悦的感觉。因此,"人类的幸福与不幸都可以分解为一个或更多活跃官能得到或未能得到满足"②。例如,有机法则规定:

> 人应当适当地使用他的器官,这是健康不可或缺的条件。服从这条法则的奖赏便是享受使用功能这一行为本身,在取悦存在之意识的过程中得到乐趣,同时获得借由我们的劳动——或者说力量的使用——取得的无穷优渥与满足;相反,不服从这条法则就会为功能紊乱和迟钝所惩罚,带来行动不便或切肤之痛,众多官能也得不到满足。③

智识法则告诉我们,获取知识是智识官能的乐趣所在:"我们发现个体性官能,以及其他的认知性官能,都渴望了解存在,渴望熟悉外部事物的特质,这是它们获得享乐的方式;反思性官能则欲求了解事物之间的依存关系。"④

---

① George Combe, *The Constitution of Man*, pp. 72–73.
② George Combe, *The Constitution of Man*, p. 39.
③ George Combe, *The Constitution of Man*, pp. 28–29.
④ George Combe, *The Constitution of Man*, p. 76.

克姆博为健康和幸福规定的第二个条件是,所有官能的满足必须彼此和谐(harmony):"为了使一个人快乐,所有官能必须在整体上和谐地得到满足,或者至少,其中一个或几个官能的满足不能对其他官能产生冲击。"①这种和谐状态必须在"道德情感和智识处于至高地位"的时候才能保证,因为每种官能在过度使用时都是"不知餍足的",因此它们都需要得到控制,尤其是低等的动物性官能,要受到更高等级的官能的限制和引导。只有这样,人们才能作出理性的行动,真正的幸福也才会降临。例如,一个身体官能保持着和谐的人,一个把"仁爱""崇高""正义"等高等情感作为"行动的原因和目的"的人,他的精神官能一定充满了愉悦的情感,与此同时这也会带来良好的外部结果——他的社会交往也必定会展现出相应的和谐:

> 仁爱将会在他的心灵中烙下这样的信念,那就是还存在着其他的人类,他们同他一样受到造物主的眷顾,也同他一样有资格获取享乐。他的责任就是,不要追求那些会给他人带来损害的自我满足。相反,他的行动要能够通过日常的努力为他人提供他能力范围内的所有服务。崇高会给他一种要去依赖上帝的力量和智慧的强烈感觉,让他感到这样做有助于他的所有官能得到最高的满足。同时,崇高还会加给他一种习惯性的对于同胞的尊重,把他们视为值得他尊敬的存在,对于同胞们的合理愿望,他一定要心甘情愿地真诚服从。最后,良心(conscienciousness)促使他对他的动物性欲望适用严格的正义标准,抑制和约束每种欲望,从而防止对他的同胞造成哪怕最轻微的违反。②

---

① George Combe, *The Constitution of Man*, p. 40.
② George Combe, *The Constitution of Man*, p. 60.

反之,如果人的习性和低级情感没有受到智识的控制,如果动物性官能"侵占了道德官能的至高地位,成为我们社会交往的主要动因,它们就是无数邪恶的源泉"。① 在这里,克姆博实际上已经暗中从对人类官能的分析过渡到了对社会交往的分析,从科学范畴跨入了伦理范畴,这与他建立道德科学的目标是一致的:道德是"一种科学,违反它的指示会被证明是愚蠢行事,有害于个体的真正利益和幸福,就像逻辑上的错误会带来理解上的反驳一样"。②

同样,斯宾塞在《范围》中也用类似的口吻讨论了幸福的条件:

> 一切有生命的造物都与它生存其中的外部世界处在特定的关系中。从最微小的植形动物,一直到组织化最完善的脊椎动物,全都有某些固定的生存原则。每种生命都有各种各样的身体需求要得到满足——需要食物来获得适当的营养,需要建造一个居所来躲避风寒或防御敌人攻击,需要种种安排来养育一窝幼崽,建造巢穴,喂养和抚育孩子,需要储存食物以度过严冬等等,还有诸种别的自然愿望要满足。为了完成所有这些活动,每个生物都拥有合适的器官和本能——也就是外部器官和内部官能;一切存在的健康和幸福,都取决于这些能力是否活跃以及是否能够得到完善,而这些能力又取决于生物所处的位置。③

同样,人也有多种多样的需求——他被赋予了道德和智识官能,同他与外部世界的复杂关系相称——他的幸福本质上就取决于这些官能的活动。而且就像在其余所有的造物身上一样,他的

---

① George Combe, *The Constitution of Man*, p. 51.
② Herbert Spencer, "The Proper Sphere of Government", p. 203.
③ Herbert Spencer, "The Proper Sphere of Government", p. 128.

官能的活动也主要被他所处条件的要求所影响。①

同样,在《社会静力学》中,幸福也取决于官能的良好状态:

> 幸福意味着人体各种官能都得到满足的状态。一种官能的满足是通过对它的运用产生的。要使人愉快,这种运用必须与官能的力量相称;使用不足就产生不满,使用过度就产生疲劳。因此,要获得完全的幸福,就要把所有官能按其各自发展的比例加以使用;为达到这一目的而对各种环境做出的理想安排就构成"最大幸福"的标准。②

> 人……由一组使他适合于周围条件的官能组成。这些官能的每一种,如果发展正常,在运用时就对他产生一种满足,能够他的幸福的一部分;而且在运用它的行动中做出的某些事会有助于这个人作为一个整体的需要,并对其他官能提供依次履行其各自的只能及产生各自的特殊愉快的机会:所以,当它们健康地得到平衡时,每一官能都有助于所有官能,而所有官能又有助于每一官能。③

幸福的这两个条件——官能的充分运用与平衡(和谐)——之所以重要,是因为斯宾塞正是从中推导出了作为社会生活的首要道德原则的"同等自由原理":

---

① Herbert Spencer, "The Proper Sphere of Government", p. 129.
② 〔英〕赫伯特·斯宾塞:《社会静力学》,张雄武译,商务印书馆2009年版,第5页。本书所引译文在原文基础上均有所改动。
③ 〔英〕赫伯特·斯宾塞:《社会静力学》,第123页。

假如人们对于运用其各种官能所需的自由有同样的要求权,那么每个人的自由必然受到所有人的相似自由的限制。当两个人因追求各自的目的而发生冲突时,其中一人的活动,只有在不干扰另一人的相似活动时,才能保持自由。我们被投入的这个生存范围并没有提供所有的人不受约束地从事活动的空间,可是由于他们的素质,所有的人又都具有进行这种不受约束的活动的相似要求权,唯一的办法只有平等地分配这不可避免的约束。因此我们就得到一个普遍性的原则,即每一个人都有权要求运用他各种官能的最充分的自由,只要与所有其他人的同样自由不发生矛盾。①

虽然没有明确的引用,但这里能够明显感觉到"同等自由原理"隐含的颅相学逻辑。在斯宾塞这里,人类个体被想象成单个的官能,官能的充分活动构成每个人的自由,官能之间的和谐构成理想的社会关系——也就是秩序。既然身体的健康取决于每个器官充分而相协调的使用,精神的健康仰赖于每种官能彼此和谐地发挥作用,那么如果人类社会要处于健康状态(这也是人的幸福的必要条件),就必定要求每一个体都自由地发展自身,同时不影响其他个体同样的自由,这就是自由和秩序的统一。所不同的是,在克姆博的体系中,维持官能互不侵犯并保持和谐的是来自道德和智识情感的最高权威,也就是说,人的各项官能以及各类自然法则之间有分明的等级关系;而在斯宾塞的体系中,无论是在人的身体和精神构成,还是在人组成的社会中,都不存在这样一个等级的维度。官能之间没有优劣之分,正如人与人的平等关系一样。人们能够保持和谐,是因为社会有"出色的自我调节原则",能够"让所

---

① 〔英〕赫伯特·斯宾塞:《社会静力学》,第34页。

有元素保持均衡(equilibrium)"。① 在这个问题上的观点差异也在某种程度上预示了斯宾塞后期与颅相学的分道扬镳。

此外,对于违反自然法则所招致的惩罚,即"疾病"或"不幸",斯宾塞也和克姆博有相似的理解。"健康"是事物的一种正确的和有秩序的状态,"疾病"则代表了一种错误的和失序的状态,而惩罚的目的正是让事物回归正常。换言之,惩罚"意在促使人们加强对自然法则的注意和服从",从而"逃脱因违反造成的不幸,恢复遵守规则的好处"。例如,一艘沉船带来的惩罚应使旁观者牢记,下次出海前的仔细检查是绝对必要的,而"当疾病和痛苦伴随着堕落而来时,它们的作用就是劝人更加小心地遵守有机法则"。同样,"当不满、恼怒、憎恨和其他精神的烦扰由于违反道德法则而产生时",这种惩罚也意在诱使违反者重新服从。甚至,连死亡也具有一种目的,那就是在"任何自然法则被过度违反,以至于不可能再回归服从状态"的情况下,把人从"对他再无益处的持续的惩罚中解脱出来"。例如,因船只失事而溺水的人们,在靠岸无望的情况下,"尽快溺亡以终结生命,从而摆脱更多痛苦,对他们来说倒是好事"。同样,如果一个人至关重要的器官,如心脏、肺或大脑,受到严重损坏,那么他便不能存活,这正是因为中止生命和结束痛苦是更好的结果。②

到了斯宾塞这里,这一点就成了强调个人责任的自然法则基础。他批评济贫法的理由之一就是它妨碍了惩罚发挥作用:

> 十个人当中,有九个人的不幸都是这个人或其父母的违反行为所致,我们是否要取消对于这些违反行为的公正的惩罚

---

① Herbert Spencer, "The Proper Sphere of Government", p. 99.
② George Combe, *The Constitution of Man*, pp. 15–16.

呢?……不道德之人的罪行会降临到他的孩子身上,延续三代甚至四代之久。这会表现为精神错乱、身体疾病或现世生活的匮乏。父母要么把恶劣的道德倾向传给孩子,在他们的构造中留下污点,要么就让孩子陷入极度不幸的状况之中。①

在这个意义上,贫困不仅不应当被人为消除,还应该被允许充分表达,因为对"道德疾病"(moral diseases)的治疗就存在于疾病本身当中。人们只有承担自己的行为带来的后果,让因果关系在社会中充分表现,才有助于培养正确的行为方式。同样的道理,公共医疗也无助于人们的长远健康和幸福:尽管许多人都曾深受"药商的处方和庸医的药物"之害,要么身体变得虚弱,要么直接丧命,然而一旦考虑到这种伤害对后代的作用——让人们学会对自己的健康负责,就会发现"任由事物发展"才是"最聪明的办法":"一个人的不幸是几千人的教训——总的来说,世界从它的错误当中学到的东西比成功更多。正是通过不断规避错误、困难和危险的努力,社会才变得越来越有智慧。"②

至此,斯宾塞和克姆博都从构建一个自然法则体系出发,阐明了人类社会的道德准则。在这种推理过程中,一个重要的环节就是对类比的使用。在《人的构造》中,克姆博时常用有机体的内部关系来推导人与人之间的关系,主张社会法则就是自然法则,社会生活也遵循着人的构造所要求的法则;他在论述中自如地于物质、有机、精神和社会各个维度之间切换,用遵守规则带来奖赏(健康、幸福、繁荣)和忤逆规则导致惩罚(疾病、不幸、灾难)这两个原则打通了所有领域。尤其是在论述社会与国家的法则时,他甚至直接用拟人化的方式来表述,例如美国

---

① Herbert Spencer, "The Proper Sphere of Government", p. 107.
② Herbert Spencer, "The Proper Sphere of Government", p. 128.

独立战争在他看来就是：

> 英国想要以她大西洋彼岸的殖民地为代价来满足她的占有欲和自尊心，而不顾仁爱和正义的反对。这就激起了后者的动物性愤怒，于是两个国家的低级官能发生了冲撞，也就是说，他们彼此开战了。英国要维持主权，指望通过赢得战争变得富有强大，但这直接与规范世界的道德统治的原则相敌对；美洲则要坚持高等情感的最高地位，争取自由和独立。

同样，类比的推理方式也在《范围》中随处可见。比如斯宾塞会告诉读者，社会法则确有其事，因为"类比表明它们一定存在"[①]；或者主张道德健康和身体健康都依赖同样的条件。通过类比方式，斯宾塞不仅把自然法则扩展到了人类社会，甚至还在诸种社会政策之间找到了统一性。例如，斯宾塞会说国家教会和公立的慈善机构之间存在类比，因为正如教会用"公共礼拜、圣餐礼仪、什一税和教会税"的形式取代了"良心"的真正运用一样，慈善机构也用"支付救济税"的形式取代了"仁爱"和"道德义务"的运用。[②] 又如，反对公办教育和反对公立医疗也是一样的道理，如果主张政府不能为人们的身体健康立法，那么也就不应当允许其为人们的精神健康立法。[③] 诸如"同样地"（likewise）、"以同样的方式"（in like manner）、"以类似的方式"（in like fashion）这样的词汇，也频繁地被用来连接两个独立领域发生的现象，暗示其互为佐证。对于斯宾塞来说，类比似乎已不仅仅只是一种增强论证效果的

---

① Herbert Spencer, "The Proper Sphere of Government", p. 97.
② Herbert Spencer, "The Proper Sphere of Government", p. 105.
③ Herbert Spencer, "The Proper Sphere of Government", p. 126.

修辞策略,而是在某种程度上成了论证本身。

这种用类比进行论证的合法性源于克姆博在《人的构造》中表达的有机主义观念。如果相信存在着一个全能的"造物主""上帝"或"全能者"规定了所有的自然法则,那么它们之间必然存在统一性。如此一来,在任何一个领域起作用的法则,一定会以另一种形式表现在其他领域中,类比就是叙述这种统一性的最好形式。因此,当克姆博声称社会的构造遵循着和人的构造一样的规律时,当斯宾塞主张社会如同一切生命体一样能够自我调节时,他们可以无须提供其他证据,而是完全依赖类比本身的论证力度。斯宾塞在19世纪末的许多敌人以及后世的一些研究者批评他的"社会有机体"仅以类比为依据因而毫无说服力[1],原因正是没有看到这个赋予类比以强大论证力量的自然主义前提。

克姆博的《人的构造》深刻地影响了斯宾塞早年的思想,使他自始便习惯于从一种统一的、综合的和良善的自然法则体系出发,看待人类社会的政治、经济、宗教乃至国际关系和战争等众多事项,并对这些事项都有一种内在一致的理解。《人与构造》当中的许多观点构成了斯宾塞理论不同侧面的思想雏形——克姆博对自然界"物质-有机-道德和智识"的划分,启发斯宾塞建立起"无机-有机-精神-社会"的自然序列,最终在1854年的《科学的源起》中定型为"无机-有机-超有机"的

---

[1] 例如鲍桑葵批评斯宾塞时称,"将从植物和低等动物的生活中归纳出的不恰当概念应用到人类的生活中,我们收获甚微";罗伯特·麦金托什认为有机类比"只是斯宾塞学说中臃赘的装饰物,而不是什么基本的或者重要的部分";比阿特丽丝·韦伯更是直言斯宾塞"把社会学法则建立在有机体的类比之上,而这种类比……在我看来纯属假设"。参见 Bernard Bosanquet, "Socialism and Natural Selection", in David Boucher (ed.), *The British Idealists*, Cambridge: Cambridge University Press, 1997, p. 56; Robert Mackintosh, *From Comte to Benjamin Kidd: The Appeal to Biology or Evolution for Human Guidance*, London: Macmillan, 1899, pp. 101-102; N. Mackenzie (ed.), *The Letters of Sidney and Beatrice Webb*, vol. 1, Cambridge: Cambridge University Press, 1978, p. 22。

进化序列；他对自然法则统一性的追求，也为斯宾塞提供了寻找事物发展统一原则和构建"综合哲学"系列的原初动力；除此以外，克姆博有关自然法则惩罚与奖赏的观念，影响了斯宾塞的政治和伦理思想，在政治上呼应了他自由放任和反对政府干预的立场，在伦理上则强化了"奖勤罚懒"和注重个人责任的意识；克姆博有关健康和幸福的构成条件的论述，尤其是对官能的充分使用与相互之间保持和谐的强调，成了斯宾塞幸福观的两大基础——自由和秩序，并最终借助功利主义的方式推导出了人类社会的首要原则——同等自由原理；最后，克姆博的有机主义思想和他依靠有机类比来进行推理的论证方式，也被斯宾塞视为一种自洽自足的理论工具，频繁运用在论述的各个层面。正是在这一有机主义的土壤中，斯宾塞的"社会有机体"概念产生了思想的萌芽。只不过，这个萌芽还要经历另一场社会思潮的洗礼，才能最终生长为完整的"社会有机体"概念。

四、反谷物法运动与"社会"的自然和谐

《人的构造》在这一时期的英国思想界产生了广泛影响，它不仅成了英国颅相学运动的一面旗帜，激起了维多利亚时期的人们对科学研究的热情，同时也有力地传播了19世纪中期的一个核心理念：世界上存在一种良善的道德统治，它的法则能够被人们所认识，从而让人们获得行动的指导，使人们获得物质、精神和道德的提升。如果人类被灾难、战争、贫困和不幸侵蚀，那么必定是由于其某些行为违背了自然法则。因此，一切不和谐因素都是自然给人的一种提醒和惩罚，人类要进步，必须谨守自然的命令。这种理念深刻触动了19世纪的一批信奉自由放任的中等阶层激进派。他们在克姆博的有机主义中找到了如意的

武器,试图证明自由放任乃是一项自然法则,有利于人类社会的进步和道德提升。他们声称社会各个阶层和团体的利益是和谐一致的,工业社会产生的一切问题,例如粮食短缺、价格波动、大规模失业等,都是不遵守自由放任之道的结果。只要放开对于人类活动的一切限制,社会就可以在不牺牲任何一部分的前提下完成进步。这种"社会的自然和谐"论调,成了19世纪英国反谷物法运动当中最响亮的一种声音。

反谷物法运动是英国19世纪自由贸易运动的一个重要组成部分,其导火索是1815年英国议会颁布的《谷物法》①。拿破仑战争期间实行的大陆封锁政策,切断了英国的谷物来源,使得国内谷物价格飞涨,地主阶级从地租中获得了巨大的利益,同时也把大量资金投入到土地开垦和耕种当中。战争结束后,谷物价格开始回落,谷物生产商和地主的利润不复从前,甚至面临着无法收回投资的风险。为了稳住粮价,议会在这一年通过了谷物法,规定只有在国内小麦价格达到每夸脱80先令时才能进口外国粮食。在党内压力下,1828年这一严格禁令被浮动税率取代,改为根据国内小麦价格的高低制定相应的进口税,外国粮食得以流入,但粮食价格仍旧居高不下,即使国内出现供应短缺也不予放松。谷物法遭到了城市工业家的广泛诟病,他们认为谷物法为了维护农业部门而牺牲了社会其他部门的利益,称其为"阶级的立法"。这一时期,英国的工商业阶层已经有了相当程度的实力,随着工业革命的基本完成,英国成为世界上第一个工业国家,工业产值常年位居世界首位。在此情形下,商人和工厂主越发感受到自由贸易受到的桎梏,要求国家放开一切监管,允许商品和劳动力完全自由的流动。然而,工商业者的政治权力却并不足以达成他们的愿望。尽管1832年议会进行了

---

① 为行文连贯,以下提及谷物法时均不加书名号。

改革，但"直到1839年，下议院仍有五分之一的议员来自土地阶层"[1]。议会仍旧牢牢掌握在贵族手中。为了对抗顽固的保护主义者，代表城市工商业利益的人们集合起来，与谷物法展开了斗争。

1836年，伦敦的一批激进派议员成立了"反谷物法联合会"（Anti-Corn Law Association），致力于游说政府废除谷物法，但是由于成员普遍缺乏组织民众的经验，联合会并没有产生太大的影响。[2] 两年之后，曼彻斯特成立了一个新的联合会，吸引了许多人加入，这当中就有当地的一位印花布厂主理查德·科布登（Richard Cobden）。科布登加入联合会后，积极参与决策制定和行动策划，并很快起草了一份请愿书，呼吁议会废除对外国进口谷物和其他必需品征收的关税，贯彻真正的自由贸易原则。在科布登等人的努力下，联合会有了较为完整的组织，也有了清晰的行动方针——"用尽一切合法及合宪的手段，例如组建地方联合会、开展讲座、分发小册子、向议会递交请愿等，来争取谷物法尽快地全面废除"[3]。1839年2月和3月，自由党下院议员查尔斯·维利尔斯（Charles Villiers）两度向下院递交再审1815年谷物法的动议，却都遭到了拒绝。[4] 这一打击让当时在伦敦聚会的各地联合会代表们下定决心要组建一个永久性的联盟。在曼彻斯特联合会执行委员会的主导下，一个全国性的"反谷物法同盟"（Anti-Corn Law League）成立了，总部设在曼彻斯特。

同盟的自由贸易者们开展了大规模的反对谷物法、宣传自由贸易的运动，如雇佣演说员前往英国各地，向群众分发小册子，散发传单，召

---

[1] John Morley, *The Life of Richard Cobden*, vol. 1, p. 161.
[2] John Morley, *The Life of Richard Cobden*, vol. 1, p. 155.
[3] John Morley, *The Life of Richard Cobden*, vol. 1, p. 159.
[4] A. C. Howe, "Anti-Corn Law League", *Oxford Dictionary of National Biography*, published online, 2008, p. 1.

开群众会议和演说,其中最有名的便是每周一次在伦敦考文特花园(Covent Garden)的群众集会。据资料记载,仅1843年一年内,同盟就分发了9百万份小册子,进行了650场讲座,派出了156个议会代表团。为了加强内部联系,同盟创办了自己的报纸,于1839年成立《反面包税周报》(Anti-Bread Tax Circular),1841年成立《反谷物法周报》(Anti-Corn Law Circular),1843年又成立了《同盟》(The League)杂志。① 此外,同盟的策略还上升到议会层面,包括递交请愿、推选支持废除谷物法的议员和参与选举等。为了得到足够多的选票,同盟在各地运作,按照选举资格的要求向支持自由贸易的人们出卖或出租财产,提高自由贸易派议员的胜率。所有的这些宣传、游说和选举策动都受到了曼彻斯特企业家群体的大力支持,后者为同盟提供了充裕的经费。数据显示,1843年同盟的经费达到5万英镑,1844和1845年达到10万英镑,1846年则达到25万英镑。②

一开始,要求废除谷物法的理由集中在社会公平问题上,认为谷物法保护土地利益而损害了工商业利益。在"反谷物法同盟"对谷物法提出的几项主要指控中③,有一条认为谷物法限制英国的谷物进口,致使粮价上涨,这会对工厂主主要造成两个影响:一方面,许多工业加工流程依赖谷物作为原料,尤其是纺织业,在纺纱织布过程中需要利用小

---

① A. C. Howe, "Anti-Corn Law League", p. 1.
② 尹建龙、陈雅珺:"工业化时期英国企业家群体与自由贸易转向——以'反谷物法同盟'为例",《江西社会科学》2019年第2期。
③ 其他的主要指控还包括:认为谷物法将会阻碍工业品出口——谷物法颁布后,外国进口商无法从向英国出口粮食当中获利,欧洲各国随即纷纷开启报复性关税,致使英国工业品出口受阻,市场被迫缩小;认为谷物法会加快英国竞争者的工业化进程——由于无法用粮食换取英国的工业品,会迫使美国和德国这样的国家将其生产资源从粮食领域转移到制造业领域,过早地开启工业化,而不再专注于生产粮食。这样,英国就面临着失去经济霸主地位的潜在威胁。参见 A. C. Howe, "Anti-Corn Law League" 及 John Morley, *The Life of Richard Cobden*, vol. 1, p. 153。

麦面粉调和成的"糨糊"增加纱布的强度①,这样一来谷物价格就关系到生产成本;另一方面,提高了工人的生活成本,工资也需要上涨,利润则会随之下跌。这一论断的理论依据是大卫·李嘉图(David Ricardo)的价值理论。1815年谷物法颁布时,李嘉图发表了《论谷物低价对资本利润的影响》一文,讨论征收谷物税对资本家利益的危害。李嘉图认为,实际工资增长会带来实际利润下跌,因为工业品销售收入分为工资和利润两部分:利润取决于工资的高低,工资取决于必需品的价格,必需品的价格则主要由食品价格决定。工资和利润的这种关系就决定了谷物法将会推高工人工资,从而对资本家的利润构成损害,而最终获得的税收都会流入地主的腰包。② 这种论证使得"反谷物法同盟"中的许多人认为地主是唯一的斗争目标,同盟的抗争是为了保护工商业者特殊的阶层利益。例如,曼彻斯特商会1839年提交议会的请愿书中,就抱怨现存谷物法使工厂主在国内市场买进的粮食比在国际市场上贵一倍,同外国竞争者相比处于明显的劣势。③ 科布登也曾在信件中坦言:

> 恐怕我们中的大多数人在加入到这一斗争中来时,都相信这里涉及我们的一些特殊的阶层利益,而我们要做的就是通过在此彰显我们的意志来支持这项利益,以此对抗共同体其他部分的意志和共识。④

---

① 尹建龙、陈雅珺:"工业化时期英国企业家群体与自由贸易转向——以'反谷物法同盟'为例"。
② 参见 David Ricardo, *An Essay on the Influence of a Low Price of Corn on the Profits of Stock*, London: John Murray, 1815。
③ John Morley, *The Life of Richard Cobden*, vol. 1, p. 158.
④ John Morley, *The Life of Richard Cobden*, vol. 1, p. 152.

然而，这种论调让"反谷物法同盟"在各地的宣传活动中受到了阻碍，尤其是农民和工人群体。他们把同盟视为工商业利益，尤其是为同盟提供资金的企业家群体利益的代言人，拒绝进行合作。宪章运动对同盟的宣传持抵制态度，以扩大选举权为宗旨的"完全选举权联盟"①也表现得十分消极。在农村，同盟的宣讲员甚至遭到了农民的殴打。

但这并不是科布登所希望传递的信号。科布登把谷物法设想为一种整体上的弊病和妨害的一部分，认为贸易议题背后是有关国家阶层关系，乃至文明世界中国与国之间关系的道德观念，而不仅仅是阶级利益。② 1841 年 8 月，科布登取代了原先担任执行委员会主席的乔治·斯密（George Smith），成为同盟最关键的政治家，极力要把"反谷物法同盟"打造为"英国政治中的一支道德力量"。③ 作为同盟的"首席战略师"，科布登对颅相学的兴趣却比对经济学大得多。④ 他有关谷物法和自由贸易的许多观点，都与早年同克姆博的接触密不可分。科布登少年时期就读到了克姆博的书，对后者极为崇拜。他评价《人的构造》"就好像是我自己思想的副本一样熟悉"⑤，其对于颅相学体系也深信不疑。1835 年，科布登参与成立了曼彻斯特颅相学社，次年去信克姆博邀请他前来演讲。他在信中说，曼彻斯特的颅相学社正处于衰落境地，希望请克姆博来为曼彻斯特民众的心灵播下启蒙的种子。克姆博欣然应允，与妻子一同来到了曼彻斯特。科布登招待克姆博夫妇住在自己家，两人相谈甚欢，自此结为密友。⑥ 科布登与克姆博在许多问题上都有着相似的看法。比如，两人都以颅相学有关道德官能的理论为

---

① 斯宾塞曾在 1842—1843 年参与过这个联盟的活动。
② John Morley, *The Life of Richard Cobden*, vol. 1, pp. 153-154.
③ A. C. Howe, "Anti-Corn Law League", p. 1.
④ David Stack, *Nature and Artifice*, p. 186.
⑤ Charles Gibbon, *The Life of George Combe*, vol. 2, p. 2.
⑥ John Morley, *The Life of Richard Cobden*, vol. 1, p. 131.

基础倡导公立教育；他们都相信自然的良善统治，并且对人类和社会自我完善的前景表示乐观。① 在自由贸易问题上，两人的意见也不谋而合——克姆博在《人的构造》中，用自然构造的和谐来解释自由贸易原理：

> 如果造物主对世界的构造是与高等情感的命令相和谐的，那么每个国家的最高繁荣都应当完全能够同别的国家的繁荣相共存。这就是说，通过孜孜不倦地耕耘自己的土地，从事工业发展，在仁爱、崇高和正义的原则之上建立内部机构并使它们远离侵略战争、征服和一切商业垄断的自私打算，英国就能拥有自然所容许的最大程度的繁荣和享乐。而她离经叛道的每一步，都会带来无法逃避的惩罚。法国和其他诸国亦是如此。同时，根据这项原则，造物主应当赐予每一国家独特的土壤、气候、环境或天赋优势，使其得以和其他国家进行有益于彼此的商品交换，从而开展友好交往。
>
> 可是，英国作为一个国家却完全蔑视了这条法则。她把习性（propensities）当成了立法和建立机构的指引，并在实际行动中予以贯彻。英国发明了贸易限制，并将其推行到极致；她征服殖民地，对它们的统治出于完全的自私；她鼓励博彩，发展奴隶贸易，把纸币和商业生产与投机的最贪婪的精神推向最高点……这一切都是直接和道德法则的最高地位相龃龉的。②

克姆博是把自由贸易当作一个道德问题而非经济问题来分析的，取消对于贸易的所有政府限制是与自然界的构造相一致的。这一点很

---

① John Morley, *The Life of Richard Cobden*, vol. 1, pp. 103, 131.
② George Combe, *The Constitution of Man*, pp. 237-238.

快就在科布登的反谷物法倡议中体现出来。科布登认为,自由贸易原则应当和一切科学原则一样得到推广,因为人们对它的认识极度欠缺:

> 对亚当·斯密在半个多世纪前出色阐释的这门科学,我们的研究却几乎止步不前,这是很值得震惊的。我们遗憾地看到,没有任何人建立社团来传播有关贸易的正当原则的知识。尽管英国的每个城市都有自己的植物学、颅相学或机械学的协会,这些协会还拥有自己的期刊……可我们却没有商人联合会,不能用一个共同的目标将他们联合起来,让世界认识这么一个鲜为人知而又饱受毁谤的问题——自由贸易。①

在科布登看来,商业是一剂万能的灵丹妙药——"就像一项造福于人的医学发现一样,将会把健康和节约的文明情趣灌输到世界的所有国家"。商业为"不甚开明的共同体"带去了丰富的思想的种子——参观我们的工厂的商人们,带着"自由、和平和善治的使命"返回他们的祖国;驶往欧洲每个港口的蒸汽轮船和所有国家都在啧啧称奇的"我们奇迹般的铁路",正是"我们开明制度的证明和宣传"。②

在这种信念的指引下,科布登极力主张废除谷物法的道德基础。他在1838年10月写给自己兄弟的一封信中说道:"在我看来,似乎可以把一种道德的甚至宗教的精神融入这个主题③,如果可以像从前的奴隶制问题那样来策动(这场运动),一定是难以抗拒的。"④在科布登

---

① Richard Cobden, *England, Ireland and American, by a Manchester Manufacturer*, London: James Ridgway and Sons, 1835, p.30.
② Richard Cobden, *England, Ireland and American*, p.45.
③ 指反谷物法。
④ John Morley, *The Life of Richard Cobden*, vol.1, p.137.

的带领下,同盟开始将反谷物法与更深层次的社会问题联系起来。1841年,英国经历了严重的经济萧条,许多人游走在生活难以为继的边缘,同盟利用这一机会,向工人们宣传谷物法是造成工人群体苦难的重大来源:"在支持谷物法时,你们支持的是一个造成人民贫困的法律";又劝说农民和农场主相信,谷物法是经济恶化的罪魁祸首。在竭力争取工人和农民支持的同时,同盟还在寻求动员宗教意见。1841年同盟在曼彻斯特举办了一次牧师大会,受到许多曝光,一些不信国教牧师也开始关注并支持同盟。① 斯宾塞的叔叔托马斯也积极响应,加入了"反谷物法同盟"。托马斯虽然是安立甘宗牧师,但他在贸易、济贫和选举权等问题上持有的激进观点让他对这一议题充满了热情。

从19世纪30年代开始,政治经济学家开始普遍拒绝李嘉图的理论体系,尤其是他的价值理论。② 原因在于,李嘉图有关人口过剩、收益减少、利润的自然下跌以及工资和利润的反比例关系等种种"不和谐的和消极的暗示",都是和资本主义的进步不相容的。伦敦政治经济学俱乐部(London Political Economy Club)的成员开展辩论,反对一切"对全能者的目的和能力表示怀疑"的理论。经济学家乔治·斯科洛普(George Poullett Scrope)、塞缪尔·里德(Samuel Read)和芒梯福特·朗菲尔德(Mountifort Longfield)等人都相信,任何一种"暗示资本主义下势不可挡的进化的可能性受到限制的理论"都是不真实的;如果某个学说"给人们灌输有害的原则",如果它否认自由竞争下的财富流向其适当的主人,那么这个学说就一定是错误的。③ 这种对经济利益和谐的乐观态度,也与克姆博的学说中的自然和谐观念保持一

---

① A. C. Howe, "Anti-Corn Law League", p. 3.
② Ronald Meek, *Ecnomics and Ideology an Other Essays: Studies in the Development of Economic Thought*, London: Chapman and Hall, 1967, p. 67.
③ Ronald Meek, *Ecnomics and Ideology an Other Essays*, p. 71.

致——利益对抗有违"神的良善设计",不和谐是非自然的。李嘉图宣扬"阶级对抗"的理论不仅会导向社会冲突,更"对我们有关人类未来进步的希冀竖起了藩篱",因而无法成为行动的指导。[①]

在道德信念和政治经济学思想的双重影响下,"反谷物法同盟"的论证理路也发生了转变:主张社会利益冲突的声音逐渐弱化,一种"社会的自然和谐"观念开始占据主流。一部分同盟成员试图证明,废除谷物法并不只是工厂主反对农场主的斗争;相反,自由贸易是有利于所有人的,将会为整个社会带来福利,而谷物法则是整个社会的敌人。1842年,科布登在一次议会辩论中竭力抨击谷物法问题上的错觉,利用他在工人群体中的调研数据反驳工资与利润的李嘉图式论点:议会内部无论是支持还是反对谷物法的人都相信,粮食价格决定工资水平,所有的争论因而都建立在这一基础上——支持者认为通过谷物法维持粮食价格高位,可以提高工人的工资水平,而代表工商业利益的反对者则认为这会减少他们的利润。但事实上,"如果真正熟悉工人的现状,如果看到1815—1819年,伦敦和英国北部的工人如何高举'不要谷物法'的标语举行集会,看到工人过去三年的工资下降了多大的幅度,就绝不会再幻想谷物法会给劳动者带来任何好处"。不仅如此,随着工人工资的下降,工厂主的利润最终也会下跌,因为若是放任工人陷入贫困,那么整个工业劳动者这一庞大的群体将不仅在体力上,而且在创造力上也会急剧恶化,这将对生产和商业造成严重影响。[②] 据此科布登极力表明,"反谷物法同盟"倡导废除谷物贸易限制,并非出于提高自身利润的目的,其并非一项源于自私的请愿,而是以社会上所有人的福

[①] Ronald Meek, *Ecnomics and Ideology an Other Essays*, p. 84.
[②] Richard Cobden, "The Corn Laws Speech", in the House of Commons, on Feburary 24, 1842.

祉为旨归的：

> 让我们记住，共同体的每一个阶层都会从谷物法的废除当中得到直接补偿——我的意思是每一个与农业联系着的阶层——除了牧师。如果价格降低，提高的产量会让地主受益，农民和劳动者也一样。①

在这种论证过程中，有机体类比也彰显出了它的修辞威力。1839年，苏格兰律师詹姆斯·威尔森出版了一本篇幅很长的小册子，名为《论〈谷物法〉的影响——及于共同体所有阶层，尤其是土地利益》（以下简称《影响》）。威尔森②虽然此时没有正式加入同盟，但他的兄弟乔治·威尔森（George Wilson）早在"反谷物法联合会"时期就是执行委员会的核心成员。威尔森本人信奉自由放任，主张公共事业最好交由个人自己管理，因为政府对经济事务的干涉会破坏财富创造的"自然平衡"。在《影响》中，威尔森极力反对废除贸易保护政策会损害土地阶层利益的观点，他指出：

> 现行的谷物法……已经对共同体的所有阶层都产生了不利的后果，对整个土地和农业利益更是如此。认为在谷物贸易中实行自由政策会给（土地）利益带来毁灭性打击，并因此怀有害怕与恐惧，是毫无根据的。③

---

① Richard Cobden, "On the Total and Immediate Repeal of the Corn Laws, January 15, 1846", in John Bright, J. E. Thorold Rogers (eds.), *Speeches on Questions of Public Policy by Richard Cobden, M. P.*, London: T. Fisher Unwin, 1908.
② 除特殊说明外，下文威尔森均指詹姆斯·威尔森。
③ James Wilson, *Influences of the Corn Laws, as Affecting All Classes of the Community, and Particularly the Landed Interests*, London: Longmans, 1840, pp. 5-6.

威尔森的理由是,无论粮价被抬高到何种程度,在竞争的作用下最终都只会产生与社会必须产量的成本相应的回报。土地所有者不但不能从更高的价格中获利,而且在谷物法带来的价格剧烈波动下,土地利益反而会受到更大的损害。[1] 因此,谷物法对所有阶层都是有害的,从地主到劳动者,皆是如此。[2]

威尔森对同盟中盛行的"李嘉图主义"感到很不满,斥其为一派胡言。[3] 在他看来,人们之所以会在谷物法的议题上产生分裂,原因就在于没有看到"社会不同部分的真正利益",更没有认识到"只有共同体的各部分都繁荣兴盛,整个共同体才能获得与之相称的富足;而所有这些部分也只能从彼此的良好发展中获得自身的发展"。他认为,这才是"国家利益唯一的真正理论":

> 任何东西如果危害到一个部分,就不可能对整体有好处;也没有什么东西可以对一个部分有害却对另一个部分有利。既然整体仅由其部分所组成,并且各个部分只能通过充当媒介的其余个别或所有部分获得利益,那么任何一个部分都只能在为其提供支持的其他所有部分实现繁荣的情况下才能实现自身的繁荣;这些部分之间的联系是如此紧密,以至于任何外来的重量或压力都不能只在一个地方起作用,却不对整个联系链(chain of connexion)有或多或少的影响。[4]

---

[1] Scott Gordon, "The London Economist and the High Tide of Laissez Faire", *Journal of Political Economy*, vol. 63, no. 6 (1955), pp. 464–465.
[2] James Wilson, *Influences of the Corn Laws*, p. 3.
[3] Scott Gordon, "The London Economist and the High Tide of Laissez Faire", p. 465.
[4] James Wilson, *Influences of the Corn Laws*, p. 49.

在这个由相互利益勾连起的联系链的作用下,对任何部分的作用都会被扩大为对整体的作用:"不论是多么微不足道的一点损失,都不会只局限于一隅而不影响整体,也不可能有什么东西只给某一部分带来裨益,却没有增进整体。"①在此基础上,威尔森相信,国家的经济利益是一体的,其"自然的和必然的流动"是任何立法都不可能限制的:

> 神的法则(the laws of Providence)和自然法则就是相互依赖(mutual dependence)的——这项原则意在将共同体的所有阶层和部分以最牢固的和谐凝聚到一起。任何分裂这些相互利益和依赖的立法的企图,就算可能对社会体系的整体基调和安排以及共同体的繁荣带来过最不利和最不幸的指导,也从未成功达到其所希望的目标。②

《影响》问世同年,英国统计学家乔治·波特也出版了一本篇幅更小,但内容与前者十分相似的小册子:《谷物进口限制的影响——以土地所有者、农民和劳动者为例的思考》。波特认为,近段时间社会上有关谷物贸易限制是否应当废除的纷争,"多半都被疑心为具有私人动机"③,但他希望以一种"免于所有私人性格的成见与偏见之嫌"的态度,对谷物法及与社会各阶层的利益进行一番考察。④ 波特的分析显示,农场主对自由贸易的恐惧并无合理依据,因为自由贸易既不会给他们带来灾难性的结果,让他们难以同外国农场主竞争,也不会导致土地

---

① James Wilson, *Influences of the Corn Laws*, p. 44.
② James Wilson, *Fluctuation of Currency, Commerce and Manufactures Referable to the Corn Laws*, London: Longmans, 1840, p. 163.
③ George Porter, *The Progress of the Nation: In its Various Social and Economic Relations from the Beginning of the Nineteenth Century*, vol. 1, London: Charles Knight, 1912, p. 3.
④ George Porter, *The Progress of the Nation*, vol. 1, p. 4.

荒置,致使大量劳动人口被解雇。相反,"人为的保护政策存在一日,这个国家的农业阶层就一日享受不到永久的繁荣"。[1]

科布登、威尔森和波特的论证起到了很好的效果。有机主义不仅弥合了工人和工商业阶层,甚至把土地利益也纳入了进来,展现出一幅社会利益环环相扣、和谐融洽的图景。在这种宣传策略的作用下,"反谷物法同盟"逐渐吸引了更广大的受众,赢得了工人阶层甚至一些贵族的支持。原先对同盟抱有敌意的宪章运动也一度有所缓和。[2] 而在工人群体中,托马斯·霍吉斯金也采用类似的方式,劝说工人们相信废除谷物法是劳动者的首要目标。霍吉斯金是戈德温无政府主义思想的信徒,他支持自由贸易和工会运动,批判资本主义,从 19 世纪 20 年代就开始在伦敦技工讲习所向工人发表演说,撰写了大量运用政治经济学原理分析工人阶级状况的报刊文章和小册子,常以"一名劳动者"(A Labour)的笔名发表文章,被西德尼·韦伯夫妇称为"马克思的先驱"。[3] 和"反谷物法同盟"一样,霍吉斯金对谷物法的态度也经历了一番转变——一开始,霍吉斯金并不认为谷物法是工人运动的首要议题。他 1826 年写给《贸易报》(*Trades Newspaper*)的一篇文章中认为,比起维持资本家苛捐杂税的各种立法,谷物法给劳动者带来的伤害并不显著。相反,废除谷物法还可能导致过度投机。由于资本家只会满足劳动者维持生存和延续所需的最低标准,因此工人的工资只会随着谷物法的废除而降低。反谷物法运动不过是资本家受不了进口关税掀起的反抗,其影响对劳动者来说微乎其微。[4]

---

[1] George Porter, *The Progress of the Nation*, vol. 1, p. 12.
[2] Lucy Brown, "The Chartists and the Anti-Corn Law League", in A. Briggs (ed.), *Chartist Studies*, London: Macmillan, 1959, pp. 342–371.
[3] Scott Gordon, "The London Economist and the High Tide of Laissez Faire", p. 469.
[4] *Trades Newspaper*, 12 Feb. 1826.

不过1840年后，出于拉拢宪章运动和"反谷物法同盟"的需要，霍吉斯金开始奔走于这两个组织之间，呼吁双方结成同盟。在给工人的演说中，他也越来越多地强调谷物法对工人阶级的危害，并像科布登一样宣扬工厂主利润和工人工资可以共同进步。[1] 对霍吉斯金来说，作出这种话语上的转变并不困难。霍吉斯金是自然神论者，对克姆博极为仰慕。1828年《人的构造》刚出版他就买下了一本。在自己的文章中，霍吉斯金经常引用克姆博，并且同后者一样相信社会发展受到自然法则的统辖。他曾在伦敦技工讲习所的讲座上说道："调节财富生产的规律是上帝的创造物的一部分，对于上帝的这种创造物，我们在其构思中看到的只是仁慈，而在其执行中看到的则只是和谐。"[2] 在霍吉斯金看来，自由贸易就是这样一项具有普遍意义的自然法则，如果商人和工厂主能从贸易限制的开放中获利，那么工人阶层也同样如此。

1843年，霍吉斯金在伦敦发表著名的"关于谷物法的自由贸易"演讲，劝说工人支持谷物法的废除。[3] 和前述"反谷物法同盟"的成员一样，霍吉斯金也极力表明，谷物法不应该被视为广大阶层间的纷争，或者仅仅是地主和工厂主之间的争斗，而与其他人无关；相反，废除谷物法涉及整个共同体的幸福，甚至关系到整个人类种族的福祉。[4] 他相信，废除谷物法除了有利于心灵手巧而又含辛茹苦的工厂主、深谋远虑的商人和勇于开拓的发明家，对于农民、劳动者，甚至地主和牧师都是

---

[1] *London Telegraph*, 21 Apr. 1848.
[2] 这些讲座后来被集结为《通俗经济学》出版，参见〔英〕托马斯·霍吉斯金：《通俗政治经济学》，王铁生译，商务印书馆2014年版，第253页。
[3] Thomas Hodgskin, "A Lecture on Free Trade, in Connexion with the Corn Laws", in the White Conduit House, on Jan. 31, 1843, London: G. J. Palmer, 1843.
[4] Thomas Hodgskin, "A Lecture on Free Trade, in Connexion with the Corn Laws", p.4.

有益的(霍吉斯金把科布登排除在外的牧师阶层也包括进去了)。① 事实证明,谷物法给整个社会带来了不幸——甚至包括它颁布时所要惠及的那些人群。贫困泛滥、罪犯横行,所有阶层都在受罪,以至于保守派的《先驱晨报》(*The Morning Herald*)发出如此悲叹:"从头到脚,政治体重病缠身。"②对于组成社会最大一部分的劳动阶层,谷物法不但没有增加他们的报酬和提升他们的品格,反而让他们陷入了糟糕透顶的状况:

> 14 或 15 年前,克姆博这样写道:"这个岛上有种奇特的景象,千百万的人辛苦劳作到了人类的极限,只为少得几乎不足以糊口的一点收入。织布工每天工作 14 到 16 个小时,却只赚得 8 个便士,而即便是这样条件的工作也常常是找不到的。其他工匠被艰苦的差事累得半死;商人和工厂主为了财富劳动,焦虑不安,一会儿满怀希望,相信他们的所有期待都会成真,一会儿又陷入绝望,任由破产的犁铧从他们身上碾过。地主和佃户今天从他们的地产上获得难以估量的收益,明天又在商品泛滥中跌入贫穷。这更像是对神圣法则的侵犯带来的惩罚,而不是服从法则带来的奖赏。"③

霍吉斯金表示,克姆博所描述的这种状况,现今仍在继续,而且在

---

① Thomas Hodgskin, "A Lecture on Free Trade, in Connexion with the Corn Laws", pp. 5–6.
② Thomas Hodgskin, "A Lecture on Free Trade, in Connexion with the Corn Laws", p. 8.
③ Thomas Hodgskin, "A Lecture on Free Trade, in Connexion with the Corn Laws", p. 9.

很多方面变本加厉。虽然英国享受着得天独厚的条件——"国家内部没有暴动,没有叛乱,也没有内战。我们也没有遭受过大的全国性灾难",同时在自然丰沛的给予下,她的繁荣也令世人羡慕不已——"我们勤劳的人民对物质的知识和机械的技艺的掌握,比太阳底下的任何人民都要出色。地球的内部和海洋的深处,慷慨地为我们无所畏惧的矿工和勇敢坚韧的渔民提供着宝藏。我们农夫的劳作从不会被土地辜负,而是时常获得丰厚的回报"。然而就是这样一个秩序井然的国家,却有"一种要命的疾病侵袭着它的心脏,蚕食着它的结构,吸取着它的血液,时时刻刻用足以致死的痛苦使它抽搐扭曲"。[①]

霍吉斯金极力表明,社会上的这些不幸状况绝非自然现象,而是人为的结果。他再次引述克姆博的话:

> 迄今为止,人们都认为电闪雷鸣或地动山摇是对他们过错的惩罚,并且相信,既然大海没有将他们吞噬,或者山峰没有轰然倒下把他们压得粉碎,那么老天一定没有注意到他们的企图;然而事实上,在他们犯错之前,全能、全知和绝对正确的上帝已经安排了足够的报应,就在他们侵犯行为的结果当中。一旦人们受到造物的法则的教导,他们就能比以往更加准确地区分自然的和人为的恶,并对后者更加难以容忍。[②]

那么人们究竟违反了怎样的造物的法则,才会招致如此残酷的惩罚呢?克姆博把一切归咎于人们没有听从道德和智识情感的命令,而

[①] Thomas Hodgskin, "A Lecture on Free Trade, in Connexion with the Corn Laws", pp. 9–10.
[②] Thomas Hodgskin, "A Lecture on Free Trade, in Connexion with the Corn Laws", p. 9.

在霍吉斯金这里,问题的根源就在于我们的不完美的自由——在已经取得或几乎要取得的个人自由、行动自由、信仰自由和出版自由以外,我们还欠缺一项最关键的自由:工业自由。

霍吉斯金认为,一方面,工业自由的缺失首先是一种"对自然命令的亵渎",因为对外贸易是"宇宙秩序的一部分"——"人被创造出来就是自由的,可以与他喜欢的任何人、在任何时间和地点进行买卖",人的这种"原初状态——由其所愿自由买卖——在任何时候都是符合自然的"。因此,限制贸易和工业自由是违反自然的命令的,"构成对世界的神圣统治"的系统性违反,也是对"上帝的荣耀"的反对。由此引致的"社会的忧患、贫困和痛苦",就是这种违反的证明。①

另一方面,工业自由的缺失也违反了政府的首要原则:公民政府是为保护财产而设立的——"在这个基础上,也只有在这个基础上,政府才可以声称它值得人们服从……一旦政府侵犯了其臣民的财产,这一基础就不再稳固"。而当政府对人们的自由交换加以限制时,它就是在侵犯人民的财产权。在这一点上,霍吉斯金又引述了一段极具颅相学色彩的文字加以解释:

> 在人可以拥有的各种的财产当中,他的精神官能和身体力量最为明确无疑的是他自己的。因而他应该被允许凭他自己的决定来享受——也就是使用或发挥——这些力量。故而,当一个人被禁止从事特定的某一桩生意时,他的权利受到的侵害,就好像他生产或积累的财产被剥夺了一样。②

---

① Thomas Hodgskin, "A Lecture on Free Trade, in Connexion with the Corn Laws", pp. 10–12.
② Thomas Hodgskin, "A Lecture on Free Trade, in Connexion with the Corn Laws", p. 14.

由此,霍吉斯金得出结论:自由贸易是一项自然的命令,谷物法的问题是"一个道德问题、一个普遍立法的问题",不仅限于谷物这一特定的领域,也不仅对地主或工厂主等特定阶层有影响,而是对所有人的道德和福祉都有着持续的影响。废除谷物法不是阶级利益的博弈,而是对自然秩序的纠正,攸关整个社会,尤其是劳动者阶层的进步与繁荣。①

同样在废除谷物法中看到进步与繁荣的还有科布登。在1846年议会废除谷物法前夕,科布登在演讲中激昂陈词:

> 我在自由贸易原则中看到了作用于道德世界的原则,正如宇宙中的万有引力原则一样。它把人们凝聚起来,把种族、教义和语言的敌对抛掷一旁,以永久和平的纽带统一全人类。我看得还要更远。我想象,也许是梦想,在看不分明的未来,不,一千年以后,我想象这项原则的结果会取得多么辉煌的胜利。我相信,世界的面貌将会被改变,会有一个与现如今流行的政府完全两异的政府体系……那个世界的政府体系将会恢复到类似地方自治的体系!②

在这种进步主义的激情澎湃的热望中,反谷物法运动取得了最终胜利。1846年罗伯特·皮尔(Robert Peel)政府主导议会通过了分阶段废除谷物法的决议,同年6月,王室御准废除法案。虽然对于皮尔最终作出的决定,"反谷物法同盟"究竟在多大意义上起到了作用还有待商

---

① Thomas Hodgskin, "A Lecture on Free Trade, in Connexion with the Corn Laws", p. 5.
② Richard Cobden, "On the Total and Immediate Repeal of the Corn Laws", p. 8.

权。[①] 但不可否认的是，这场反谷物法运动使自由贸易的理念深入人心，并在颅相学思想的滋养下，通过一种自然法则的道德叙事将自由放任与人类进步和社会繁荣相关联，普及了一种以"自然""进步"和"和谐"为特征的社会观，在社会的各个阶层、贸易中的各方利益乃至参与国际贸易的各国之间建立了统一性。在工业革命进程不断撕裂着社会的 19 世纪中期，这种自然和谐的观念为社会凝聚提供了一种想象，并通过关键性的人物、文本和机构，持续影响着人们对社会的理解。

五、《经济学人》与自由放任原则

尽管斯宾塞并没有直接参与反谷物法运动，但他的叔父托马斯以及后来的终生好友理查德·波特夫妇，都曾积极地参与或支持过这项运动。[②] 他在德比的"完全选举权联盟"担任秘书时，也和"反谷物法同盟"的一些成员如约翰·布莱特（John Bright）等打过交道。[③] 不过，真正把斯宾塞和这场运动联系起来的，是在运动的高潮中成立的一家报社——《经济学人》。1848 年，斯宾塞在叔父托马斯的举荐下，被聘任为《经济学人》助理编辑。正是在这儿工作的五年时间（1848—1853）里，斯宾塞接触到了反谷物法运动的两位关键人物——威尔森和霍吉斯金，并在同两人的交往以及《经济学人》的编辑工作中，经受了自由放任思想的洗礼。这期间斯宾塞不仅写完了《社会静力学》，而且陆续

[①] A. C. Howe, "Anti-Corn Law League", p. 5.
[②] 托马斯的相关情况见 Herbert Spencer, *An Autobiography by Herbert Spencer*, vol. 1, pp. 27, 30；波特夫妇的相关情况见该书第 170 页。
[③] Herbert Spencer, *An Autobiography by Herbert Spencer*, vol. 1, p. 145.

发表了《人口新论》①《论过度立法》②和《发展假说》③等对于今后的理论形成有重要影响的文章。更重要的是,斯宾塞少年时期在克姆博的颅相学作品中领会到的有机体理念,以一种更为贴近现实的方式再次出现在他的眼前,并与自由贸易的言说明确地结合在一起。在某种程度上可以说,正是这条从克姆博到威尔森和霍吉斯金的有机主义思想线索,透过反谷物法运动孕育的《经济学人》,共同晕染了斯宾塞"社会有机体"概念的底色。

1843年,《经济学人》在伦敦成立,全名是《经济学人暨政治、商业、农业和自由贸易杂志》(The Economist, or the Political, Commercial, Agricultural, and Free Trade Journal),创始人威尔森任总主编。威尔森支持自由贸易,他1839年的小册子《影响》受到了"反谷物法同盟"领导者的青睐,后者把他视为潜在的盟友,多次邀请他在同盟的集会上发表讲话。④ 不过,威尔森并不擅长在公众面前高谈阔论。比起组织游说活动和街头演说,他更希望通过自己的方式传播自由贸易原则。他曾在给妻子的一封信中表示,他设想中的报纸"一定是纯然哲学的、沉着的和温和的——除了纯粹的原则它什么也不是"⑤。这份报纸虽然与"反谷物法同盟"拥有共同的信念,但应当同后者保持独立。⑥ 1843年9月,《经济学人》第一期印刷出版,宣称其公开的目的是激起

---

① Herbert Spencer, *A New Theory of Population, Deduced from the Ceneral Law of Animal Fertility*, New York: Fowler and Wells, 1857.

② Herbert Spencer, "Over-Legislation", in Herbert Spencer, *Essays: Scientific, Political and Speculative*, vol. 3, Library Edition, London: Williams and Norgate, 1891, pp. 129-157.

③ Herbert Spencer, "The Development Hyphothesis", in Herbert Spencer, *Essays: Scientific, Political and Speculative*, vol. 1, pp. 7-10.

④ Scott Gordon, "The London Economist and the High Tide of Laissez Faire", p. 468.

⑤ Emilie I. Barrington, *The Servant of All, Pages from the Family, Social, and Political Life of My Father, James Wilson*, vol. 1, London: Longmans, 1927, p. 69.

⑥ Emilie I. Barrington, *The Servant of All*. vol. 1, pp. 67-68.

"每一位和这个国家利害攸关的人"亲自学习和考察公共事务,用事实检视一切观点和教条。[1]《经济学人》面向工商业和政界人士,邀请著名的学者、政府官员和社会上其他绅士名流为其撰稿,这也标志着反谷物法的宣传范围扩大到了上等阶层。

《经济学人》成立的这一年,也是斯宾塞在写作上极为多产的一年。除了前文提到的三篇颅相学文章之外,构成《范围》的通信稿也在这一年发表完毕并集结成册。斯宾塞的这本小册子,在五年之后成了他进入《经济学人》编辑部的敲门砖。1848年,斯宾塞的叔父写了一封信,向威尔森举荐自己的侄儿,并随信附上了《范围》。威尔森很快有了回复,邀请斯宾塞前来家中喝茶。斯宾塞后来在一封给朋友的信中称威尔森"对我彬彬有礼"。[2] 这次会面的三个星期后,斯宾塞获得了面试机会。

威尔森对《范围》中的自由贸易观点印象深刻,据斯宾塞回忆,他对文章的主要内容表示赞同,但还是指出了一些不足之处。几个月之后,威尔森去信斯宾塞,决定聘任他为《经济学人》助理编辑。信中他透露,这个职位"有大概70个应聘者——但我谁都没有答复"。[3] 可以说,威尔森对斯宾塞相当欣赏。

对于自己的这位上司,斯宾塞在《自传》中是这样回忆的:

> 威尔森先生原本是生意人,后来才到这里工作。《经济学人》是"反谷物法同盟"设立的一个宣传机构,就像新创办的报社时常会有的情况那样,《经济学人》很长时间里也有严重亏损,我想这

---

[1] Scott Gordon, "The London Economist and the High Tide of Laissez Faire", p. 468.
[2] Herbert Spencer, *An Autobiography by Herbert Spencer*, vol. 1, p. 214.
[3] Herbert Spencer, *An Autobiography by Herbert Spencer*, vol. 1, pp. 215-216.

也令它的出资人足够头疼:让他们痛下决心亏本出售。威尔森先生写过一本《论反谷物法的影响》,估计他和同盟的领导人也有密切联系,也许还曾为《经济学人》写过社论和其他书面材料,觉得这份报纸前途光明。我不清楚具体的交易情况,但报纸最后到了他的手里,于是他既是所有者又是主编。他不知疲倦地为这份报纸工作,住在《经济学人》办公室,这样就能把全部时间都花在这上面。他是一个有着敏锐的商业判断力、充足的文学能力和广博的商业与金融知识的人,很快就让《经济学人》成了商业界的笔杆子,在相当短的时间里扭亏为盈。①

显然,斯宾塞实际上并未弄清威尔森就是《经济学人》的创始人,以为他是从别人手中买下了这份报纸。除了这些有限且并不准确的了解,仅从《自传》中来看,斯宾塞在编辑部期间与威尔森的接触也确实不多——"每个月和威尔森先生见面不超过一次"②。相比之下,斯宾塞和编辑部的另一位重要人物——霍吉斯金的接触,就要深入得多了。

霍吉斯金早在1844年就开始为《经济学人》撰稿。③ 那时他还在《纪事晨报》(*Morning Chronicle*)工作,引起威尔森对他的注意的,很可能就是他1843年的《反谷物法演讲》。在反谷物法问题上,霍吉斯金和威尔森一样,都从一种有机的自然主义观点出发,主张社会各阶层利益的天然和谐,相信自由贸易是一项能够给所有人带来好处的自然法则。同时,威尔森深知霍吉斯金在20多年的记者生涯中练就了一流的

---

① Herbert Spencer, *An Autobiography by Herbert Spencer*, vol.1, p.214.
② Herbert Spencer, *An Autobiography by Herbert Spencer*, vol.1, p.221.
③ 哈勒维在1844年10月12日的《经济学人》上找到了霍吉斯金的一篇文章,但戈登则认为同年4月20日的一期上就已经有了霍吉斯金的手笔,见Scott Gordon, "The London Economist and the High Tide of Laissez Faire", p.474.

文笔,他支持自由贸易的名声也与《经济学人》的创刊宗旨若合符节,因而鼎力邀请后者加盟。1846 年,霍吉斯金正式加入《经济学人》,很快成为主力写手。在两人的不懈努力下,《经济学人》也成了斯宾塞口中的"商业界的笔杆子"。

霍吉斯金比斯宾塞年长 30 岁。在《自传》中,斯宾塞对他的记载极为有限,有关两人来往的更多资料,目前主要来源于埃利·哈勒维写于 1903 年的传记作品《托马斯·霍吉斯金》[①],以及 20 世纪 70 年代马克·弗朗西斯在美国盖尔斯堡的诺克斯学院(Knox College)档案馆中发现的斯宾塞与霍吉斯金的通信。哈勒维对两人关系的记述,主要依赖霍吉斯金的女儿玛丽·霍吉斯金提供的信息。在一封 1903 年寄给哈勒维的信中,玛丽回忆道:

> 我记得有一次我在房间(霍吉斯金的书房)里待了几分钟。我当时进去很可能是为了给赫伯特·斯宾塞再多拿一盏台灯过去,因为我记得他一个人坐在桌子一边,周围全是纸笔和书籍(我父亲的书桌旁没有多的位置给另一个人用)。我清楚地记得父亲指着书架说,"你要的书可以在这里找,在这个和这个架子上,斯宾塞"……我想有可能,斯宾塞第一次来我们家是这样的缘起:他可能在办公室向我父亲提了什么问题,然后我父亲回答"来我家吧,在我的书里头找找你要的东西",然后

---

① Élie Halévy, *Thomas Hodgskin (1787–1869)*, Paris: Société Nouvelle De Librairie Et D'Édition, 1903. 哈勒维写作时利用了《经济学人》的记录和霍吉斯金的家庭信件,但前者在二战中由于编辑部付之一炬而损毁,后者则已经轶失,见 Mark Francis, "Herbert Spencer and the Myth of Laissez-Faire", *Journal of the History of Ideas*, vol. 39, no. 2 (1978), p. 320。

第二章 19世纪英国颅相学运动和反谷物法运动中的"社会"理念　109

他们就讨论起来。①

在玛丽的记忆里,斯宾塞是家中的常客,这一点也可以从斯宾塞1849年10月写给霍吉斯金的一封信中得到佐证:两人有固定的"周五晚间辩论",斯宾塞会到霍吉斯金的书房借书。② 斯宾塞在《自传》中也提到晚上时常和霍吉斯金待在一起。③ 玛丽回忆说斯宾塞与他们一家共度圣诞节和新年。④ 如此种种,表明两人之间已经是超越同事关系的友谊。斯宾塞还提到对霍吉斯金的著作《自然和人为财产的比较》(*Natural and Artificial Rights of Property Contrasted*)有过粗略的浏览:"我翻开了您有关'自然和人为财产权'的专论,不禁双手有些颤抖。我想既然手头这部作品的目的很大程度上是要为'权利'建立哲学基础,那么我也许会发现我自己的一些主张已经被您抢先说出来了。"⑤

更重要的是,斯宾塞在撰写《社会静力学》的过程中得到了霍吉斯金的大量指导。在撰写主体内容时,斯宾塞几乎每日都就书中的某些观点和问题与霍吉斯金探讨,后者也倾囊相授,给出了许多建议。《社会静力学》中有许多核心观点都带有霍吉斯金的烙印,例如有学者就曾指出,两人对自然权利的思考存在很多共同点。霍吉斯金在《自然和人为财产的比较》一书中,从古典自然权利理论出发批判边沁功利

---

① Letter from Mary Hodgskin to E. Halevy, London, 22 Mar. 1903,转引自 Arthur J. Taylor, "The Originality of Herbert Spencer: A Footnote to "Herbert Spencer and His Father", *The University of Texas Studies in English*, vol. 34 (1955), p. 103。

② Letter from Herbert Spencer to Thomas Hodgskin, 22 Oct. 1849 Knox College, Galesburg, III,转引自 Mark Francis, "Herbert Spencer and the Myth of Laissez-Faire", p. 321。

③ Herbert Spencer, *An Autobiography by Herbert Spencer*, vol. 1, p. 225。

④ David Stack, *Nature and Artifice*, p. 190。

⑤ Letter from Herbert Spencer to Thomas Hodgskin, 22 Oct. 1849,转引自 Mark Francis, "Herbert Spencer and the Myth of Laissez-Faire", p. 321。

主义,并试图达到一种新的综合,在自然法则观念的基础上检验各类社会机构。他坚持财产权是自然权利(natural right)——一种人生而就有的权利,而不是功利主义所主张的人为权利(artificial rights)——一种由个人以政府或商业的名义施加的、与自然权利相对抗的暴力。斯宾塞在《社会静力学》中也同样把他的论述建立在对边沁主义立场的批判之上。① 甚至《社会静力学》这一题目也是在霍吉斯金等人的建议下最终确定的。② 1851年,斯宾塞把完成的书稿拿给霍吉斯金审阅,并附信一封表达感谢之情:

> 我终于可以荣幸地给您寄去我写了许久的作品。请允许我以此向您给予我的帮助表达真挚的感谢——您的帮助让我更正了作品里的诸多不准确之处,如此便更有机会达到批评者的要求。日后若能有所回报,敬候差遣。③

霍吉斯金也并不掩饰对这部作品的欣赏。1851年2月,他在《经济学人》上发表了一篇极尽溢美之词的书评。在书评中,霍吉斯金评价斯宾塞"不是一个普通的思想家,也不是一个平常的作家",称赞他用一种"充满美感的语言"提供了"有关人在社会中的权利的全面而完整的阐述",标志着"科学道德研究中的一个新纪元"。④ 这篇评论也帮

---

① Arthur J. Taylor, "The Originality of Herbert Spencer".
② 最初,斯宾塞给这本书设想的题目是"社会与政治道德体系"(A System of Social and Political Morality),但朋友们都认为这个题目不那么引人注目。尔后斯宾塞又想到了用"Demostatics"作为题目,但霍吉斯金和查普曼都不认可,认为这会误导读者。斯宾塞后又询问霍吉斯金对"社会静力学"这个题目的意见,后者对此大为赞赏,参见Herbert Spencer, *An Autobiography by Herbert Spencer*, vol. 1, p. 229。
③ Letters from Spencer to Hodgskin, 13 Jan. 1850, Knox College, Galesburg, III,转引自 Mark Francis, "Herbert Spencer and the Myth of Laissez-Faire", p. 321。
④ *The Economist*, 8 Feb. 1851.

助斯宾塞为更多读者所知。①

除此之外,斯宾塞也能够通过《经济学人》的版面接触到威尔森和霍吉斯金的思想。斯宾塞在编辑部工作的大部分时间只需要收集整理事实性材料。威尔森虽然承诺为报纸撰写头条有额外收入,但斯宾塞希望把更多时间花在《社会静力学》上,因此只写过一篇讨论水资源的头条。自由宽松的工作环境给了斯宾塞更多阅读和研究的时间。在《经济学人》创刊初期,威尔森承担了绝大部分版面内容的撰写。即使在1847年威尔森当选自由党下院议员后,他也仍然不间断地为其供稿。②《经济学人》上的文章均不署名,不过威尔森在1847年出版的《资本、货币与银行业》(Capital, Currency and Banking)一书收录了他在《经济学人》上发表过的许多文章。霍吉斯金的文章观点和行文风格辨识度较高,且哈勒维和斯科特·戈登也辨认出了他的一些代表性文章。③ 总体而言,《经济学人》的整体导向基本是由威尔森和霍吉斯金控制的。

《经济学人》秉持自由放任的原则,将约翰·洛克和亚当·斯密作为导师,高扬人的自然权利和劳动价值理论。这一时期的许多文章中,都能看到与威尔森1839年和1840年两部作品相似的论断。例如,"利益冲突"之类的观点总会受到责难,"反谷物法同盟"则被称赞为"使人领会和明了一个重要真理,即一切利益都可由自由贸易来满足"。④《经济学人》对私人逐利充满信心,1848年4月22日的一篇文章中称:

---

① Michael Taylor, *The Philosophy of Herbert Spencer*, p. 13.
② Ruth. D. Edward, "Wilson James", *Oxford Dictionary of National Biography*, published online, 2004.
③ 参见 Halévy, *Thomas Hodgskin*; Scott Gordon, "The London Economist and the High Tide of Laissez Faire"。
④ Scott Gordon, "The London Economist and the High Tide of Laissez Faire", p. 479.

自爱(self-love)是个人幸福最好的指引；共同体的幸福不过就是许多个体的幸福。个体与公共的福祉是同一的。在这些原则上，我们为自由贸易而战，因为我们相信每个批发商和经销商，每位资本家和工匠，都是他自身利益的最佳裁判人；当他作为一个诚实的人时，他认为对自己有利的东西，也会对国家有利……在这些原则上我们为自治而战……在这些原则上，我们始终坚持自由放任是正确的和唯一的政策。①

自由放任不仅仅是一个经济学说，也是一种政治和国家的理论，更是伦理和道德世界的准则：

自由放任和自由贸易，当然并不仅限于买卖。如果自爱的原则在商业中是值得信赖的，那么在道德上也一定不会有缺陷。如果我们可以依靠个体来促进公共福祉，眼看他们作为商人、银行家、工厂主和农民获得成功，那么为什么不在所有的家庭家务以及大部分人际关系当中依靠同样的原则呢？②

就像反谷物法运动一样，《经济学人》对自由贸易的支持，也建立在一种自然和谐观点上：自然赋予了社会一个整体的秩序，一种即使凭借"最浩瀚的智力"也难以调控的秩序，一种"无论多么强大的政府都万难构想或实施"的秩序，但这种秩序却无处不在。

无论是从具体细节还是从最一般的方面来看，人类工业的所

---

① "New Means and New Maxims", *The Economist*, 22 Apr. 1848.
② "New Means and New Maxims".

有大的分支都充满秩序,从个体自利的活动中生长出来的、遍及整体的秩序。经验已经证明,当这一秩序遭到国家的强制干预时一定会被扰乱。因此,自由放任或是商人、工厂主和农民未加指导的行动都不是混乱,政府的干预才是。①

社会的这种秩序,正如自然界一切有机和无机的造物一样,都可以进行完美的自我调节。在1847年2月13日的头条中,霍吉斯金向读者说:

> 回想一下物质力量和动物生命赖以维持的无数机械和化学的机巧吧——它们都由自动运转的法则来调节——有抑制机制来对每一次滥用行为加以谴责,每一次对自然法则的违反都能得到惩罚;社会的道德架构也是一样完美——拥有自我运转的法则和抑制机制,丝毫不逊色于人体的物质架构。
>
> 自然法则包括强烈的自我保存天性、自然感情、喜爱赞誉、自尊、对不幸和痛苦的同情,以及一种对上帝和我们的邻人的责任心。这全部的或其中的任何一条法则都可能被违反、滥用或忽视;但这样做不可能不伴随着或多或少的痛苦和麻烦。
>
> 我们不可能认识不到,社会受一套自然法则体系的调节,如同在人类架构中一样完美;也不可能认识不到,在这两种情况下,滥用和忽视都必定会造成它们自己的惩罚,需得由它们自己的抑制机制来抵消。②

这里,我们先前在克姆博的书中早已熟悉的自然法则理论,包括那

---

① *The Economist*, 1 Sep. 1849.
② *The Economist*, 13 Feb. 1847.

些代表脑部官能的颅相学术语,又在《经济学人》的文字里复活了。不过此处借助克姆博不是为了论证道德法则的至高地位,而是要为自由放任提供基础:

> 所有寻求提升商业繁荣、供养人口或促进私人利益的立法活动,它们失败的真正秘密就在于,其不仅在预期要达到的目的上可悲地毫无效率,而且主要是因为它们干涉并且人为地取代了神意为世界的道德统治授予的完美得多的法则。①

不仅如此,《经济学人》还延续了威尔森和霍吉斯金的有机体理念,把人类社会刻画为一种自然的"生长"(growth)。社会是由上帝植入人体的"天性"(instinct)中生发出来的,如果任其自由生长,就像所有的自然现象一样,它会自然地朝向完善进步。与此相对,政府则被视为一种人造物,是由另一个比"天性"低级得多的官能——"知识"所产生的。② 在1850年4月27日的一篇书评里,社会被描述为"上帝最高尚的创造",政府则被贬低为"人类贪婪和野心的最不幸的流产"。因此,政府对社会的任何干预都是"对自然进步的神圣计划的干涉",政府的角色只应限制在保护生命和财产之内。③

《经济学人》的这种以"自然""进步"与"和谐"为特征的社会理念,不仅暗合了斯宾塞在《范围》中主张社会具有自我调节能力的观点,同时也强化着社会和政府的对立形象,使斯宾塞在19世纪50年代时谈到社会都将其作为一种善,而谈到政府则视其为一种恶。④ 在

---

① *The Economist*, 13 Feb. 1847.
② Scott Gordon, "The London Economist and the High Tide of Laissez Faire", p. 481.
③ "Chamber's Paper for the People, vol. 1", *The Economist*, 27 Apr. 1850.
④ Mark Francis, "Herbert Spencer and the Myth of Laissez-Faire", p. 326.

1853年的《论过度立法》里,"社会有机体"和"政府机器"的对立成了全文的论述基础,推导出两种截然不同的政策取向、社会机制、社会机构的类型和秩序;诸如"社会具有自我矫正的能力""必须允许恶的充分表现"和"人应当承受自己行为的惩罚"等《经济学人》津津乐道的主题,也在这篇文章中得到一而再的强调。虽然说斯宾塞并不是第一次接触到这些观点,但不可否认的是,《经济学人》进一步确证和丰富了斯宾塞的已有思想,促使他构建更为系统的社会理论;最重要的是,斯宾塞早年通过颅相学接触到的有机主义的思考和论说方式,在这些倡导自由贸易的文本中再一次出现,使他更为笃定地在"社会有机体"与在经济、教育、宗教、慈善、卫生、殖民、外交和战争等事务上反对政府干预的立场之间建立联系,用一种自然和谐的社会理念为自由放任正名。

到这里,本章还可以尝试回答学者长期争论的一个问题,即霍吉斯金对斯宾塞的影响究竟几何。哈勒维在霍吉斯金传记中视霍吉斯金为斯宾塞的一个重要思想来源。显然,由于斯宾塞在维多利亚思想界所具有的显赫地位,玛丽和哈勒维都希望这种联结能让霍吉斯金显得更有影响力。继哈勒维之后,也有不少史学家利用他给出的材料得出相似的结论,至少,他们也强调霍吉斯金在斯宾塞撰写《社会静力学》的过程中曾起到关键性的作用,对斯宾塞早年的思想有着举足轻重的影响。例如,皮尔认为霍吉斯金的思想是斯宾塞在撰写《社会静力学》时受到的主要影响,威尔希尔甚至断言霍吉斯金是对斯宾塞的思想产生最大影响的人。[1] 然而,对于这一点,斯宾塞本人曾经竭力反对过。19世纪90年代末,玛丽请斯宾塞为哈勒维的传记提供信息,但斯宾塞拒绝了。他在给玛丽的信中否认对霍吉斯金有过多了解,表示两人在

---

[1] John D. Y. Peel, *Herbert Spencer: The Evolution of a Sociologist*, p. 76; David Wiltshire, *The Social and Political Thought of Herbert Spencer*, p. 48.

《经济学人》共事时也没有多少深入的交流。① 对于哈勒维的相关论断他更是极力否认。斯宾塞的理由是,《社会静力学》的主要观点来自《范围》,且在他前往伦敦之前,这本书就已完成了四分之一。对此,玛丽解释为斯宾塞的记忆出现了缺失,更多的史学家则将此视为斯宾塞过于强调原创性而故意掩盖思想渊源的习惯所致。② 只有斯塔克在1998年的《自然和人为财产的比较》中为斯宾塞辩解,指出斯宾塞与霍吉斯金的思想,尤其是在社会理念上存在着实质性的差异。③

本章的叙述表明,仅就斯宾塞的社会理念来看,他对玛丽和哈勒维的激烈反应并不是没有道理的,因为早在认识霍吉斯金之前,斯宾塞对社会的理解就已经在克姆博理论的滋养下形成了,而霍吉斯金、威尔森和《经济学人》的贸易文本则更像一针催化剂,让斯宾塞更加确信自己对社会的理解,同时更加坚定这种理解将会导向自由放任的社会理论。当然,除了社会理念之外,斯宾塞思想中还有其他诸多元素,例如在《社会静力学》文本中,我们还能辨识出洛克传统的自然权利学说,以及政治经济学的思想轨迹,这些都毫无疑问地带有霍吉斯金和《经济学人》编辑部那段岁月的烙印。因此,本章的结论同前述霍吉斯金对斯宾塞的影响的研究并不完全相左。

---

① 斯宾塞在1903年写给玛丽的一封信中否认霍吉斯金"对我们的观点产生了任何影响",见 Letter from Spencer to Mary Hodgskin, 22 Mar. 1903,转引自 David Stack, *Nature and Artifice*, p. 190。

② Mark Francis, "Herbert Spencer and the Myth of Laissez-Faire"; Arthur J. Taylor, "The Originality of Herbert Spencer", p. 103; David Wiltshire, *The Social and Political Thought of Herbert Spencer*, p. 50.

③ David Stack, *Nature and Artifice*, pp. 191-195.

小　结

"社会有机体"概念在《社会静力学》中首次亮相之前,斯宾塞已经展现出较为明显的以有机方式讨论社会的意识。在这种有机的社会理念的形成背景中,一场从欧洲传入、在19世纪上半叶的英国颇具影响力的颅相学运动,以及另一场受到该运动尤其是核心人物乔治·克姆博影响的反谷物法运动,扮演了重要角色。此番道德科学与现实政治的联姻,孕育出了一种独特的自由放任式的有机社会理念,融合了"自然""和谐"和"进步"等概念,成为该时期一种主流社会理念的高度凝练的表达。通过对颅相学的研究,斯宾塞形成了一个统一的自然法则体系,并习得一种从自然法则推理道德和社会法则的有机主义思维。这种思维方式在《经济学人》编辑部的智识环境中得到再一次强化和具体化,成为具有较为稳定的理论和现实取向的有机社会理念,具备了反对政府干预的批判力。虽然克姆博、威尔森和霍吉斯金等人没有明确使用"社会有机体"这一概念,然而他们作品中讨论社会的特定方式,特别是用有机体理念来论证社会的自然和谐的方式,深刻地影响了斯宾塞的思想和语言习惯,形塑了他在《范围》《社会静力学》和《论过度立法》等早期作品中秉持的观点。因此,斯宾塞的"社会有机体"从产生之初就是和谐的、进步的,而且是自由放任的,带有深刻的伦理思考与现实关怀。

第三章
"社会有机体"概念的诞生和发展

  1850年,斯宾塞的处女作——《社会静力学》由伦敦书商查普曼出版。在这部作品里,斯宾塞第一次阐释了他对"社会有机体"的理解,并用这一生物学类比来描述人类社会的组织结构和起源发展,从中推导出了"同等自由原理"这一社会状态的首要原则。其后的十数年间,斯宾塞不断追问着有机生命的定义,探索宇宙万物发展变动的规律,从欧洲各国的哲学、政治经济学、生物学和生理学思想中吸取养分,对这一概念进行了不同层面的深化,不断完善着他对有机体和社会发展变化的理解。在本章中,笔者就将对这一时期斯宾塞文本中的"社会有机体"概念加以细致考察,重点关注在不同阶段斯宾塞表述"社会有机体"时所采用的术语和论述方式,同时结合斯宾塞自己和研究者提示的思想来源线索,考察相关术语和论述方式从什么地方、以何种方式进入斯宾塞的语言系统。这项概念重建工作旨在展现"社会有机体"概念在斯宾塞文本中呈现的真实样态,厘清其在1850—1860年发展演变的脉络轨迹,以概念史的方式勾勒传统政治哲学和思想史研究中不容易被发掘的思想谱系,以期较为全面地反映斯宾塞早期的社会进化观念。

一、概念的诞生——1850 年《社会静力学》

将斯宾塞写于 30 岁的这部作品视为"社会有机体"概念的诞生地,需要做一点小小的解释。正如第一章第一节所示,无论是"社会有机体"这个术语本身,还是它所代表的思想观念,在《社会静力学》当中都并非首次出现。1843 年的《范围》就已经包含了许多关于社会的有机体联想,并且第一次出现了"社会有机体"这个术语①,斯宾塞自己也把社会有机体观念的源头定位在这部作品当中。② 而在 1845 年发表于《舵手》杂志的一篇文章《诚实乃最佳政策》中,已经出现明确的有机体类比:"一个社会的生命和健康就是一个生物体的生命和健康。同样一种活力(vitality)贯穿在整个集合体当中。当某一部分受到损害时,其余部分也绝不可能最终毫发无伤。"③尽管如此,1850 年的《社会静力学》是斯宾塞第一次真正在概念的意义上使用和阐述"社会有机体"。另外,包括斯宾塞自己在内的很多人都认为,《社会静力学》包含着后来成为进化论重要支柱的诸多观点的雏形,是斯宾塞政治、社会、科学和伦理思想的滥觞之地。因此,选择这部作品作为概念梳理的开始应是较为适当的。

《社会静力学》全名为《社会静力学:或幸福的基本条件的详细说明,以及其中的第一项原理的发展》。正如题目所暗示的,斯宾塞在这本书中意图寻找人类幸福得以实现的必要条件。由于社会生活是人类

---

① Herbert Spencer, "The Proper Sphere of Government", p. 111.
② 在斯宾塞 1899 年自述其思想历程的文章《想法的来源》("The Filiation of Ideas")中,他提到早在 1842—1843 年的政论文章《范围》就已经"含有一个模糊的社会有机体观念,虽然尚未成形",参见 Herbert Spencer, "The Filiation of Ideas", p. 537。
③ Herbert Spencer, *An Autobiography by Herbert Spencer*, vol. 1, p. 167.

的必然处境,因此这种探寻也必然要以对社会起源和性质的追问为前提。书中的许多地方,斯宾塞都借助有机体类比来说明人类社会的某些特性和规律。他把社会比作"动物有机体""有机体""活的有机体"或"活的生物体"①,认为社会在许多方面都与后者有相通之处。譬如,动物体内"柔软的部分决定坚硬的部分",而社会中"法律和制度"等看上去坚硬固定的东西也是由"品格"(character)这样似乎绵软无力的东西决定的。② 又如,有机体在发育过程中会产生一些过渡性结构,当这些结构完成了其特定阶段的使命后即会消失。同样,社会在原始时期的某些制度(如奴役、武力征服等)也有其特定的历史使命,当进化后的社会不再需要这些制度时,它们也会随之消亡。③ 再比如,"社会活力"(social vitality)的总量是一定的,这就好像在生物体内,要让某一个器官活性增强以使其功能更加完善,那么就势必要降低另一个器官的活性;与之类似,某一社会部门的迅速生长也必然是以另一部门停止生长为代价的。④

不过,把社会描述为有机体,绝不仅仅只是为了方便叙述。在斯宾塞看来,社会与生物个体之间的相似性远远超乎想象:

> 我们通常把一个国家比作一个活的有机体。我们谈到"政治体",谈到它各部分的功能、它的成长和它的疾病,似乎它是一个人,但是我们通常使用这些表达方式作为比喻(metaphors),很少想到这种类似有多么接近,可以贯彻到什么程度。然而,一个社会

---

① Herbert Spencer, *Social Statics: Or, The Conditions Essential to Happiness Specified, and the First of them Developed*, London: John Chapman, 1851, pp. 150, 239, 272, 275.
② Herbert Spencer, *Social Statics*, p. 150.
③ Herbert Spencer, *Social Statics*, p. 256.
④ Herbert Spencer, *Social Statics*, p. 239.

与一个个别的人一样,是完全按照相同的体系组织起来的,以致我们可以感到他们之间有着超过类比的某种东西。①

这种"超过类比的某种东西"体现在这样两个方面。其一,生物机体同社会一样,也是由"无数极微小的有机体合成的"。这些微小的有机体具有"一种独立的生命力",可以独立地生活、生长和繁殖。它们一方面"执行为维持其本身及所有其余个体所必需的某一功能",另一方面又"从血液中吸收它的一份营养"。这正如在社会里,"每个人在帮助满足某种公共需要的同时,也从流通到他家门口的一大堆商品中吸收了一部分"。② 所以,社会可以看作一个大的有机体,而生物机体则"完全可以看作单细胞的一个联邦(a commonwealth of monads)";③

其二,除了组成上的一致性,社会与生物机体在从低级到高级的发展过程中,也经历了相似的组织形态变化:

> 低级形式动物的组织不过是许多相似部分的集合……接下来,我们在依次追踪高于它的各个等级所具有的形态时,会发现相似部分的数目在逐渐减少,而不相似部分则成倍增加。在(这种发展的)一个极端上,(生物体的)功能很少,且每一功能由许多相似的机构(agency)承担;而在另一个极端上则有许多功能,承担每一功能的相似的机构却很少。④

---

① 〔英〕赫伯特·斯宾塞:《社会静力学》,第 261 页。原文 analogy 张译为"类似",本书统一改为"类比"。
② 〔英〕赫伯特·斯宾塞:《社会静力学》,第 262 页。
③ Herbert Spencer, *Social Statics*, p. 273.
④ Herbert Spencer, *Social Statics*, p. 273.

类似的过程同样发生在社会中:"最早的社会有机体几乎全部由同一成分的不断复制而组成。每一个人既是战士,又是猎手、渔人、建筑工人、农夫、工具制造者。共同体的各个部分执行与每一其他部分相同的职责。"①进入下一阶段,社会单位将会被分成不同的阶层(class),形成了战士、僧侣和劳动者;接下来,劳动者又会被分成不同的等级(caste),他们有了特殊的职业,从事不同的生产。这样不停地分割下去,一直到"我们自己的复杂而更加完备的社会"。可见,社会与生物机体一样,在发展中都会表现出"相似部分的结合"(coalescence of like parts)和"不相似部分的分离"(separation of unlike ones),后一过程在生物体内造成了"不断增加的功能再划分"(subdivision of function),在社会中则带来了"愈来愈精细的再分工(division of labour)"。②

　　伴随着上述过程,社会和生物有机体的"敏感性"(sensitiveness)也会产生相应的变化:由于"低级有机体"建构在"相同成分的复制"上,在被分割成碎片后,其每一部分都能继续存活,并且具有成长为完整生物体的能力——"这显然意味着每一部分都含有生命所需要的一切器官";反之,"以比较高级的方式组织而成的生物的任何组成部分在和其余部分分离时就不能够生存,其原因就在于它未包括所有的生命要素,而要依靠与它相分割的那些部分来供给它营养、神经能量、氧气等等"。③ 社会也是一样,野蛮人的部落可以被"分割和再分割",各个部分却照样能够自给自足,并且很快会形成一个新的独立部落。而在我们现在生活于其中的共同体当中,这是无法想象的:

---

① 〔英〕赫伯特·斯宾塞:《社会静力学》,第264页。
② Herbert Spencer, *Social Statics*, pp. 273-275. 译文引自〔英〕赫伯特·斯宾塞:《社会静力学》,第264—265页。
③ 〔英〕赫伯特·斯宾塞:《社会静力学》,第265页。

把用来分配商品的机构消灭吧,那么在能够建立起另一个分配机构以前,许多其余的机构就会灭亡。如果突然间把制造业部分和农业部分分割开,那么前者就会立即消灭,后者则将长期在贫困和痛苦中苟延残喘。这种相互依赖的关系每天都表现在商业的变化上。让工厂工人减少工作时间吧,伦敦和利物浦的殖民地产品市场马上就会变得萧条。店主忙还是闲,要看小麦收获的数量。而一次土豆歉收就可能把经营英国统一公债的商人毁掉。①

正是这种组织结构和发展变化两重意义上的相似性让斯宾塞相信,社会和生物体"适用相同的生命定义":这种由许多人构成一个共同体的联合过程;这种原来独立的各单位间不断增强的相互依赖关系;这种公民们逐渐组成具有互利功能的不同团体的分离过程;这种包含不相似部分的整体的形成;这种一部分受到伤害不能不使其余部分也感觉到伤害的有机体的成长——所有这些相伴而行的过程都可以用一个原则来概括,那就是"个体化法则"(the law of individuation)。②

何为个体化法则呢?斯宾塞是这样解释的:社会的发展、人的发展和一切生命的发展一样,都展现出一种"个体化倾向"(a tendency to individuate),即努力"成为一物"(to become a thing)的倾向。③"个体化"意味着将自身与周围环境中的其他无机体和有机个体区分开来,朝向一种分离性进步。在低等生物中,个体的各个部分之间没有太大差别,每个部分都可以承担多种生命活动,即使从整体上割除也可以独立生存,因此它们的分离性很低——"几乎不比一块无生命的物质表

---

① Herbert Spencer, *Social Statics*, p. 275. 译文引自〔英〕赫伯特·斯宾塞:《社会静力学》,第 265—266 页。
② Herbert Spencer, *Social Statics*, p. 275.
③ Herbert Spencer, *Social Statics*, p. 276.

现出更多的个体性",也"并不比由它分割而成的碎片具有更大的完整性"。随着等级的提升,有机体逐渐具有了较为完整的个体性,这时的个体化法则体现在结构的完善之中:有机体内原先承担多种职责、相互间几乎没有差别的各个部分,被"个体化"为不同的器官,逐渐在性质和功能上具有了较大的区别。这个过程被称为"器官的个体化"。经过这种变化,各部分由于相对于其他部分有了更高的特异性,因而具备了更大的个体性。由它们组成的有机体也因之展现出更高的活力——"具有更多样的感觉、本能、力量和品质——在性格和属性方面更加复杂",因而"更能区别于一切其他事物;或者说表现出更加显著的个体性"。在高等类型的有机体中,"个体化法则"进一步体现为自我保存的能力:"有机体愈低级,它就愈加完全受外界环境的摆布。它不断地容易遭受自然力、食物匮乏和敌人的毁坏",这是由于"它缺乏保存其个体性的能力"。相反,高等有机体有充分的"力量、聪慧、敏捷(所有这些都是高级结构的象征)"来防止其个体性被轻易破坏,因而,它的"个体化就更加完全"。[①]

在这里我们看到,斯宾塞对"个体化"和"个体性"等词语有着相当复杂的理解。在他细致入微、充满专有术语的生物学和生理学描述中,"个体性"似乎与"分离性""特异性"和"完整性"这些词有着相近的含义。向着"个体性"的发展,就是追求不断地与周围事物相分离、将自身同其他个体区分开的过程。这种区分不仅意味着具有愈发独特的形态,更意味着专注于进行某种特定的活动,而把其他活动交由别的个体来完成。从一个单独的细胞,到有机体内的器官,到产生了复杂结构的生物体,再到人类社会,无论是哪一种意义上的有机体,无一例外都遵

[①] Herbert Spencer, *Social Statics*, pp. 275–276. 译文引自〔英〕赫伯特·斯宾塞:《社会静力学》,第 251—253 页。

循这一"个体化"过程。它可以是生物体内器官分化而具有彼此相异的形态、承担彼此相异的功能的过程,也可以是生物体逐渐独立于环境和其他个体形成其独特性的过程,亦可以是"社会有机体"中的人在劳动过程中逐渐专注于某项活动的过程。"个体化"的程度越高,有机体就越发达,生命力也越旺盛,同时表现出越强的迥异于其他存在的个体性。

在人类身上,"个体化倾向"表现得更为彻底,更为重要的是,人可以认识到他自身的"个体性",也即具有一种"个体性的意识"(consciousness of individuality)。他不仅知道应当动用各种手段保存他的个体性,同时拥有相应的脑力和体力来完成这项任务,而且也日益认识到,他可以对"个体性的适当发展所必不可少的行动范围"提出要求,并具有提出这种要求的相应愿望。这种要求使他感到,他的个体性"充分展开所需的外界条件"理应得到尊重。这一不断增长的要求,就是"不断增长的关于个人权利的主张",也就是每个人的"个人权利本能"或"自由本能"。[①]

那么,主张个人权利的限度在哪里呢?斯宾塞认为,既然组成社会的所有人都追求个体性的发展,那么只有当每个人的个体性受到其他人个体性的限制时,社会才能够保持和谐:

> 既然行动自由是运用官能的首个必要条件,因而也是幸福的首要条件,而当这个条件不是应用于一个人,而是应用于许多人时,它的形式就变成了每个人的受到所有人的同等自由限制的自由。由此断定,这种受到所有人同等自由限制的每个人的自由,正

[①] Herbert Spencer, *Social Statics*, p. 268. 译文引自〔英〕赫伯特·斯宾塞:《社会静力学》,第253—254页。

是社会组织形成所必须要遵守的法则。如果说自由是个人正常生活的先决条件,那么同等自由就是社会正常生活的先决条件。①

由此,斯宾塞便推导出了人类社会的第一原理——"同等自由原理"(Law of Equal Freedom):"每个人都有做一切他愿做的事的自由,只要他不侵犯任何他人的同等自由。"②作为"正确社会关系的法则",这项原理是一切社会、政治和道德安排的起点,人们具有的一切权利,包括财产权、"思想的财产权",土地使用权、交易权、言论自由权和一切政治权利,都是该原理的推论。它是"社会有机体的关键法则",也是"个体化达致完善"的原理。③ 在同等自由原理所规定的条件下,最终"每一个体的个体性都能充分展开,只以其他同等个体的个体性展开为限"。这一状态是"所有人朝向它进步的状态",也是"整个宇宙所趋向的状态"。在同等自由原理所担保的进步下,"未来对于人类个体性的一切限制——无论是政府规制还是人们彼此展现的攻击性——都将不复存在……能够全方位张扬个体性的物种将首次在世界历史上出现!"④

对于这一原理,研究者通常从政治哲学和伦理学等角度进行分析。然而,当我们还原了斯宾塞推导出这一原理的过程,就会发现他走的是与此前的政治思想家迥异的一条道路,一条生物主义的道路。用斯宾塞自己的话来说:"我们称之为道德的东西,……基本上是一种体现自然法则的真理——事实上它是超自然的生理学(transcendental physiol-

---

① Herbert Spencer, *Social Statics*, p. 58.
② 〔英〕赫伯特·斯宾塞:《社会静力学》,第 54 页。
③ Herbert Spencer, *Social Statics*, pp. 268-269.
④ Herbert Spencer, *Social Statics*, p. 268;这段话在 1890 年修订版中已删去。

ogy)的一个种类。"①斯宾塞以自然界有机生命的发展变化规律为线索,从最低等的生命形式出发,一步步历数自然界的物种演变,从结构简单的单细胞生物到结构复杂的哺乳动物和人,再到人的神经系统和意识的产生,最后结束于由人组成的社会。在这个过程中,最关键的概念便是"个体化",一项适用于社会和自然界其他一切有机体的变化规律。在生物由低级到高级的过程中,"个体化"在自然界不断生成形态和结构的完善,生成生命的多样性和复杂性,在人的身上生成了自我保存的意识和能力,在社会中则生成了人与人彼此的尊重和依赖,最终导向"同等自由原理"。可以说,"个体化"是斯宾塞沟通有机体和社会的第一次尝试,也是他理解社会及其内部关系的关键概念。

然而,这一"个体化法则"在斯宾塞的整个理论体系中却只是昙花一现。随着思考的加深,斯宾塞很快发现"个体化倾向"并不是一个准确的"生命定义",于是两年之后他就抛弃了这一说法,转而寻找新的定义。②"个体化"和"个体性"等词汇作为描述社会的概念,在斯宾塞后来的作品里基本销声匿迹了。不过,它们的重要性却不容小觑。其一,虽然斯宾塞不再用"个体化"来描述人类社会的发展,却仍然视其为生物发育和物种进化的一个重要过程,在后来的《人口新论》和《生物学原理》等作品中都对此有进一步的发展。考虑到"社会有机体"的类比性质,很难说斯宾塞的社会理论完全摆脱了"个体化"观念。其二,奥弗曾经一针见血地指出,"个体化法则"在很大程度上就是斯宾塞进化论的前身。③《社会静力学》中描述的构成"个体化"的种种过

---

① 〔英〕赫伯特·斯宾塞:《社会静力学》,第 250 页。
② Herbert Spencer, "The Filiation of Ideas", p. 543.
③ John Offer, *Herbert Spencer and Social Theory*, p. 198; Michael Taylor, *The Philosophy of Herbert Spencer*, p. 62.

程,例如"生长"、"联合"、"分离"或"分割"、"再分离"或"再分割"以及"相互依赖"的增长等,伴随着斯宾塞进化论体系的一步步搭建和完善,也被一步步整合进了这个最终以"进化"为名的宏大进程中。可以说,"个体化"和"进化"这两个概念,在斯宾塞的文本中是一脉相承的。虽然在博采各家学说,尤其是英国、法国和德国生物学家和生理学家理论的过程中,斯宾塞所使用的词汇发生了巨大变化,原先与"个体化"有关的概念群,也随之被带有浓重实证色彩的科学名词,如"整合"(integration)、"分化"(differentiation)、"分隔"(segregation)等所取代,但是,斯宾塞对社会和有机体发展变动规律的理解却是一以贯之的,经历了时间的洗礼而仍旧"初心未改"。① 也因此,《社会静力学》在很多研究者眼中是进化论的发源地。

那么,"个体化"如何最终演变为"进化",两者间有何内在的一致性,斯宾塞的这套语言又是从哪里获得的呢? 本章余下的几节将会试图解答这些问题。

---

① 奥弗认为,《社会静力学》里描述为"个体化"的过程,后来在《第一原理》中被表述成"整合"与"分化",参见 John Offer, *Herbert Spencer and Social Theory*, p. 198,其构成"进化"的主要和次要方面;对此泰勒有不同观点,他认为与"个体化"对应的只是"整合"过程,而斯宾塞对"分化"的理解则来自德国学者冯·拜尔的胚胎理论——"同质向异质变化",这两个方面最终在《第一原理》中得到统一,参见 Michael Taylor, *The Philosophy of Herbert Spencer*, p. 62。在这两位学者的观点中,笔者更倾向于认同前者,因为从《社会静力学》中与"个体化法则"相关的文本来看,"个体化"不仅包括了有机体内各部分之间的依赖越来越紧密的过程——所谓"整合",也包括了各部分承担的功能逐渐彼此相异的过程——后来的"分化"。尽管这里的词汇和语言还相对粗糙,但很显然,"个体化"理论在提出时就已经囊括了构成"进化"两个方面的思想萌芽。这同时也表明,早在1852年接触到冯·拜尔的理论之前,斯宾塞就已经对有机体中的组织分化过程有所认识了,这与早年接触到的政治经济学著作向他提示的"劳动分工"理论有密不可分的关系。

二、柯勒律治的"个体化"理论

《社会静力学》里,斯宾塞引入了"个体化"理论,将其描述为人、社会和自然界的一切生命都会表现出的"成为一物"的倾向,是社会有机体类比成立的基础之一。斯宾塞是一位不喜欢注明观点出处的作家。比起承认从前辈思想家那里得到某种启发或受到某些影响,他更热衷于强调原创性。这也与斯宾塞少年时期就养成的不重权威、凡事仰赖独立判断的习惯有关。不过"个体化"理论却是一个难得的例外,斯宾塞在《自传》里有这样一段回忆:

> 我大概在1849年和1850年关注到一些严肃书籍,虽然我都不记得了。只有一本我翻过的书留下了点印象。那就是柯勒律治的《生命观念》(Ideas of Life);据说,理论的主旨是从谢林那里借鉴过来的。其中的个体化学说让我很是着迷,现在看来,它也确实作为一个因素进入了我的思想。[1]

塞缪尔·柯勒律治(Samuel Coleridge)并没有一本名为《生命观念》的著作。不过《社会静力学》里的一段引文给出了线索:

> 柯勒律治提出的一项关于生命的理论为这一概括铺平了道路。他说:"用生命这个词,我处处都是指生命的真正的概念,或生命本身向我们显示的包括一切其他所有形式的最一般的形式。

---

[1] Herbert Spencer, *An Autobiography by Herbert Spencer*, vol. 1, p. 227.

我曾把这一形式叙述为个体化的倾向;生命的各种程度或强度就在于这一倾向的循序渐进的实现。"[1]

这段内容出自柯勒律治的作品《对于更全面地阐述一种生命理论所作的提示》[2],通常简称为《生命理论》,斯宾塞应该是记错了书名。柯勒律治是英国诗人和文学批评家,与好友威廉·华兹华斯(William Wordsworth)同为英国浪漫主义运动的领军人物。其作品和思想对当时的文学、艺术、宗教和哲学思潮都产生了深远影响。柯勒律治深受德国古典哲学影响,通过他的著述和演讲,以康德、谢林和费希特为代表的德国观念论传播到英国,为众多学者带去了新的思想元素。《生命理论》就是这些作品中的一部,它的雏形是 1819 年柯勒律治在伦敦的演讲,后经补充和整理于 1831 年完稿。不过直到柯勒律治去世之后,这本书才于 1848 年在英国首版。

该书意在探寻一种对于生命的准确定义。柯勒律治首先驳斥了当时盛行的几种生命定义,认为它们都是从一种流行的微粒说(corpuscular philosophy)出发,落入了机械主义的窠臼。微粒说预设了一个由微粒或原子组成的"第一物质"的存在,这些粒子具有延展性、不可贯穿性等一系列特质,它们之间的某种特定组合就产生了生命。对此,柯勒律治表示难以认同,因为他觉得所谓原子只是一个抽象概念,并不是实际存在的。如果把生命视为一些特质或功能的组合,都仅仅是把生命当作了一个简单的事物,忽略了它的内在活性。[3] 然而生命"不是一样

---

[1] 〔英〕赫伯特·斯宾塞:《社会静力学》,第 264 页。
[2] Samuel Coleridge, *Hints Towards the Formation of a More Comprehensive Theory of Life*, Gutenberg Ebook, 2008, p. 40.
[3] Samuel Coleridge, *Hints Towards the Formation of a More Comprehensive Theory of Life*, pp. 17–19.

东西——不是一个自在的命题(a self-subsistent hypostasis)——而是一种行动,一个过程"①,这个过程就是朝向"个体化"的趋近:

> 我把生命定义为个体化的原则,或者说是一种力量,它把被给定的一切都统一进一个整体,而这个整体是它的所有部分的先决条件。把整体和部分结合起来并在两者当中四处活动的环节,都当然地被这种个体化倾向所定义。②

"个体化"是"一系列不断上升的过渡阶段,每一阶段中也发生着类似的渐进过程",它是生命的最高表现。在"个体化"过程当中,生命对其内部的多种力量予以改变并加以统合,使后者服从于它。凭借这种力量,生命得以将诸多特质合并为一个单独的个体,使得构成它的各种元素协同活动。从这个意义上说,生命也可以被视为是一种"多样中的统一"原则。③ 柯勒律治认为,构成生命的力有三类:磁力、电力和化合力。生命本身不是任何一种力量的单独作用,而是三种力量的联结和变动。有时磁力占主导,有时电力占优势,有时又是化合力占上风。这样一来,不同的生命形式就表现出不同的活动能力:例如在植物当中,磁力占据绝对的优势地位,其表现就是植物旺盛的"生殖"能力;当电力占优势时,生物的"应激"(irritability)能力开始发展,形成了肌肉系统;而当出现第三种力时,生物的敏感性(sensitivity)被唤醒,神经系统开始发育。在这三种力的作用下,生命不断进行着"个体化"的活

---

① Samuel Coleridge, *Hints Towards the Formation of a More Comprehensive Theory of Life*, p. 72.

② Samuel Coleridge, *Hints Towards the Formation of a More Comprehensive Theory of Life*, p. 30.

③ Samuel Coleridge, *Hints Towards the Formation of a More Comprehensive Theory of Life*, p. 30.

动,而"个体化"的程度——"包括强度和广度"就形成了物种序列,决定了生命在自然界中的位置。①

为了说明一切自然过程——从矿物、动物和植物的最初形态到作为生命的圆满顶点的人类——都体现着"逐步的个体化倾向",柯勒律治以无机世界为起点,展开了一段充满德国自然哲学色彩的论述。柯勒律治认为,"自然的最初的和最简单的差异化活动"是从磁力开始的。他假设有一个预先存在的"无边无际的同质化液滴"(one vast homogeneous drop)②,作为生命之前的混乱状态。在磁力的作用下,从无差别中第一次产生了差别,物质有了独立的存在,例如铜矿的结晶和地质层的形成。这就是"个体化"在无机世界中的序曲。最后,终于在有机世界最低等的阶段,"个体性迎来了首次黎明":

> 珊瑚和一种尺蠖蛾科生物不断地形成钙质的泥,似乎它们存在的所有活动和目的就是将动物与无机世界相连。因为珊瑚不过就是水螅,它们的特征就是不断死去然后分解为自己先前分泌的泥,这些动物就如同分离(detachment)的第一次微弱努力。似乎力从无机世界中跨出一步,只是为了再次跌落回去,但却是以一个新的形式,受到磁力的更活跃一极的主导作用。③

在这个阶段,个体性还是相当微弱的。这不仅体现在生命容易灭失,使个体重新退回无机世界,还体现在生物无法独立生存,需要结成

---

① Samuel Coleridge, *Hints Towards the Formation of a More Comprehensive Theory of Life*, pp. 35, 72, 75.
② Samuel Coleridge, *Hints Towards the Formation of a More Comprehensive Theory of Life*, p. 51.
③ Samuel Coleridge, *Hints Towards the Formation of a More Comprehensive Theory of Life*, pp. 53-54.

共生关系,导致个体性很难分辨:"它们的形状都一样,有很大一部分动物的形式是共生动物。个体交相融合,生物的属也交相融合。这些生物能在不知不觉中相互转化,以至于整个目形成了一个网络。"不仅如此,这些生物的生殖方式也表明了"个体化的尝试有多么微弱"——水螅之间是否存在实际的交配很值得怀疑,因为它们自身就能无限增殖。同时,它们还能通过分割的方式生殖,即一条水螅断裂后就能形成两个新的水螅个体。组成它们的胶状体"很容易分解为自己的分泌物,就像它们形成时那样容易"。①

在下一阶段的软体类动物中,个体达到了完全的独立,也具有了较为明显的器官的分离。在这个类别更高级一点的物种中还依稀能辨认出神经的雏形。在蜗牛和贻贝这样的生物中,出现了"流动部分和固体部分的分离"。下一个阶段是昆虫,它们的体内首次形成了肌肉系统(也就是"应激性器官")和神经系统(也就是"敏感性器官"),"个体化"的强度进一步上升;鱼类开始有了内部的骨骼系统,虽然还只是不完全的软骨形态。同时,它们的神经系统也比在昆虫当中更加活跃;在鸟类当中,神经系统发展得更为充分,这使其具有了啼鸣甚至模仿人类说话的能力;跨入哺乳动物行列,包括兽类和人类在内,都具有一个遍布全身的完整神经系统。② 最终,"个体化"在人的身上达到了最高点:

> 人类拥有最完美的骨骼结构……全部的有机力量都获得了一种向内的和向心的方向。整个世界与他对应,他自身也包含了一个完整的世界。现在,在生命金字塔的顶点,人(Man)首次和自然

---

① Samuel Coleridge, *Hints Towards the Formation of a More Comprehensive Theory of Life*, pp. 54-55.
② Samuel Coleridge, *Hints Towards the Formation of a More Comprehensive Theory of Life*, pp. 50, 57-58, 63-64.

(Nature)站到了一起。但人这个词是一语双关,他是自然的纲要——是一个小宇宙!……在人的身上,自然的所有向心的和个体化的力量本身也被汇聚到一处,被个体化了——他就是自然的彰显!从此以后,他指涉他自身,向他自己的命令交出自身,最独立自主且最坚定的人,就是最有个性的人,因而也最真实的人。①

在《社会静力学》里,斯宾塞也使用了非常相似的语言,来说明"个体化倾向"在自然界的表现形式和发展趋势。他的论述从有机世界开始:

> 如果把我们的例证限于动物界,并从生命的属性最模糊的地方开始,我们就发现——比方说,多孔类动物——仅仅由无定形的、半流质的胶状物组成,支撑在角质的纤维(海绵)上的动物。这种胶状物不具有感觉,没有器官,从渗透到它的团块内的水中吸收营养,而且,假如把它切成碎片,每一部分都会像以前一样地继续活下去。所以,这个"胶状膜"——如它曾被称呼的那样——几乎不比一块无生命的物质表现出更多的个体性;因为,和无生命的物质一样,它并不具备部分的独特性,同时,也和无生命的物质一样,它并不比由它分割而成的碎片具有更大的完整性。在排列于它之后的某种复合水螅——柯勒律治就是由此开始研究的——身上,向个体性的进步显现出来了;因为这时各个部分之间已经有了区别。在原来的有管道贯穿其中的均一的胶状团块上,我们又加上了一些消化囊,还有伴随的口和触手,这就是海鸡冠。显然这是一个不完全的分离为个体的过程——一种朝向分离性的进步。营

---

① Samuel Coleridge, *Hints Towards the Formation of a More Comprehensive Theory of Life*, p. 65.

养仍然是完全共有的,虽然每个水螅都已经具有一定程度的感觉和收缩力。①

接下来,斯宾塞用相当长的篇幅描绘了一种共生型水螅,并指出这是被柯勒律治所忽视了的低等动物向高等动物的过渡阶段。这段内容的引文显示,斯宾塞参考的是伦敦国王学院自然史教授托马斯·琼斯的《动物界大纲》(*A General Outline of the Animal Kingdom*)。斯宾塞认为,这些共生生物很好地展现了"个体化倾向"——结合在一起的水螅总是努力想要挣脱束缚,成为个体,却始终不能成功。只有到了更高的阶段,个体才能完全分离。②

在这之后,斯宾塞继续回到柯勒律治的线索,开始讨论更高等级的生物:

> 有机体达到完全的分离后,这一法则可以从结构的连续改进中看出来。一切具有高度活力的动物,通过各部分的较大个体性——通过这些部分在性质和功能上的较大差异,而与具有较低活力的动物区别开……器官的个体化可以在动物生命的整个范围内看到。③

和柯勒律治一样,斯宾塞也把神经系统的出现视为"个体化"的一个重要的环节。这里,他又引用了托马斯·琼斯的《动物界大纲》来阐明这一过程:

---

① 〔英〕赫伯特·斯宾塞:《社会静力学》,第251页。
② Herbert Spencer, *Social Statics*, p. 267.
③ Herbert Spencer, *Social Statics*, p. 267. 译文参照〔英〕赫伯特·斯宾塞:《社会静力学》,第252页。

神经系统形态的连续变化最能说明这种器官的个体化。前面提到的所有属的生物都由同一个纲所包含,这就是无神经系动物,它们体内"迄今没有发现神经纤维或团块,神经碱或神经物质应该是以分子状态分散在身体当中"。它们之后相邻的纲中,我们发现长角亚目生物的神经系统迈出了个体化的第一步:"神经物质明显聚集成了纤维。"在单神经元生物中,神经物质进一步集中为一些大小相等的小型团块——神经节。而在多神经元生物中,一部分小型团块聚集成更大的团块。最后在脊椎动物中,更多的神经中心联合起来形成大脑。身体的其余部分也同时发生着同样的凝聚过程,形成特定的系统——肌肉、呼吸、营养、分泌、吸收和循环等,这些系统内又形成具有特殊功能的分离的部分。[①]

这些结构上的变化也带来了相应的活性改变——高等生物"具有更多样的感觉、本能、力量和品质——在性格和属性方面更加复杂,就更能区别于一切其他事物,或者说表现出更加显著的个体性"。[②] 最后,"个体化倾向"也在人类身上达到了最高点:

在人类身上我们看到这种倾向的最高表现。由于他的结构的复杂性,他最远离个体性最小的无机世界。再者,他的智力和适应能力通常使他能够把生命维持到老年——完成他的生存的周期;也就是说,完完全全占有这种个体性的范围。此外,他是有自我意识的;也就是说,他认识到他自己的个体性。而且,如最近所表明

[①] Herbert Spencer, *Social Statics*, p. 267.
[②] 〔英〕赫伯特·斯宾塞:《社会静力学》,第252页。

的,甚至人类事务中可以观察到的变化也仍然是趋向个体性的更大发展——仍然可以描述为"一种个体化的倾向"。①

我们可以看到,除了使用"个体化倾向"来描述同样的生命过程,斯宾塞对这一概念的理解和论述方式,和柯勒律治大体上也是保持一致的。另外,两人所使用的关键词汇也基本类似:柯勒律治和斯宾塞都用"分离"(separation)这个术语来表达"个体化"的一个关键方面——性质上相异的结构的产生,斯宾塞还用了"差异性"(distinction)和"分离性"(separateness)表述相同的意思。② 柯勒律治的更多影响则是在斯宾塞后来的文章里浮现的。例如,1860年的《社会有机体》里,斯宾塞使用了"感受性"(impressibility)和"伸缩力"(contractibility)描述神经系统和肌肉系统原始状态时的特性,还将其类比为人类社会的指挥系统和执行系统分别所具有的两个特性——才智和力量。这和柯勒律治的敏感性和应激性的划分基本一致。还有,柯勒律治这种自然史的叙述风格,从《社会静力学》开始生长,最终成为斯宾塞日后演绎进化论的基本模式。③ 最后,斯宾塞在发展进化论的过程中,还在探寻和思考造成普遍进化的原因,他最终的思考结果是:宇宙中无所不在的力(force)是进化的终极原因。④ 时隔多年,这个观念是否直接由柯勒律治启发尚难以定论,但至少《生命理论》中用力诠释生命的做法,构成了斯宾塞早期启蒙的一部分。

更为关键的是,无论是在柯勒律治还是在斯宾塞这里,"个体化"

---

① 〔英〕赫伯特·斯宾塞:《社会静力学》,第253页。
② Herbert Spencer, *Social Statics*, pp. 266, 267, 274.
③ 例如《进步:其法则及原因》(*Progress: Its Law and Cause*)、《社会有机体》(*The Social Organism*)和《第一原理》(*The First Principle*)第2版的相关内容。
④ Herbert Spencer, *First Principle*, 2nd ed. pp. 109-113, 226-227.

都不是一个线性的单一过程,而是同另一个与之对立的过程紧密相连。柯勒律治将其表述为"连接倾向"(tendency to connect)——"没有相反的连接倾向,个体化倾向是无法被理解的",这是因为"个体性"本身就意味着内部的依赖:"由自来相互依赖(interdependent)、互为目的和手段的不同部分组成的一个整体,就是一个个体;当部分对整体有最大的依赖,同时整体对部分也有最大依赖时,这个个体的个体性就最强。"因此,"个体化倾向"和"连接倾向"是同步发生的——"分离是为了保留或再次生产连接"。柯勒律治认为,这就是自然的终极目标:通过"个体化"产生"最高级的和最全面的个体性"。[①]

类似的表述也出现在《社会静力学》的总结部分:

> 可是这种最高的个体化必须与最大程度的互相依赖相结合。虽然这说法看起来好像自相矛盾,进步确实是同时朝向完全的分离和完全的联合。但是这种分离是一种与为了满足社会需求而进行的最复杂的结合相一致的分离;而这种联合是一种不阻碍每一个性的完全发展的联合。[②]

从这一观点出发,两人也得出了相似的伦理结论。在柯勒律治看来,"个体性"与"依赖性"的相得益彰,在社会中就体现为自由与服从的辩证关系:

> 社会和政治生活的顶点是相互依赖(inter-dependence);道德

---

① Samuel Coleridge, *Hints Towards the Formation of a More Comprehensive Theory of Life*. pp. 32, 36–37.
② 〔英〕赫伯特·斯宾塞:《社会静力学》,第254页。

生活的顶点是独立自主（independence）；智识生活的顶点是天赋（genius）……有自由就必须有对法律的敬畏，有独立自主就必须有对于最高意志（supreme will）的服侍和服从，有理想的天赋和原创性，也必须要有对现实世界的顺从，要有对自然的同情（sympathy）和与自然的交流。①

同样，对斯宾塞而言，"个体性"和"相互依赖"得到最完美统一的时候，就是社会最理想的状态，也是人道德进化的最高点：

> 将要获得的正是这种个体性：它在最高度组织起来的共同体中找到它表现的最适合的场所；在每一社会安排中找到符合它自身的某种机能的条件；如果置于别样的环境中，它事实上根本无法发展。最终的人将是其私人需要与公众需要相吻合的人。他将是这样的人：他在自发地满足自己的天性时，附带地执行一个社会单位的职能；而且只有当其他所有人都这样做时，他才能这样满足自己的天性。
>
> 毫无疑问，人类的进步，的确和趋向更完全的个体化一样，也趋向更多的相互依赖；毫无疑问，每一个人的福利每天都更多地包含在全体人们的福利之中；因此，毫无疑问，尊重所有人的利益是每个人的利益之所在。②

这样一种对于人及其发展的理解，源自一种独特的哲学观点，柯勒

---

① Samuel Coleridge, *Hints Towards the Formation of a More Comprehensive Theory of Life*, pp. 65-66.
② 〔英〕赫伯特·斯宾塞：《社会静力学》，第 255 页。

律治称之为"两极性"(polarity)——"个体化倾向的最一般法则是什么？我的回答是——两极性，或称自然的本质二重性，产生于自然的生产性的统一(productive unity)之中，却总要以均衡、无差别或同一(equilibrium, indifference, or identity)的形式来重新肯定这个统一体"。① "两极性"的观点认为，自然的整全(oneness)必须要通过对立的两极来彰显自身，才能够被人所理解。因此自然的过程就是无止息的冲突、调和和再次的冲突。② 这一点可以用磁铁来形象地说明：

> 对立的两极相互构成，同时又是构成磁铁中同一个力量的活动。或许我们可以说，磁铁的生命存在于它们的联合当中，却又要在它们的冲突(strife)当中活着(活动或展现自身)。③

"两极性"在自然界当中无所不在，表现在万物当中。不论在无机还是有机世界，永远存在着彼此排斥却又相互生成的元素，结合在同一进程中，孕育着更大的和谐。例如，像引力(gravity)、磁力和电力这样的力量都是统一了吸引和排斥两个相反的原则；又如，"植物化"(vegetation)和"动物化"(animalization)也是两种相反的方向："前者主要是磁力占主导——其最高形式就是生殖，后者则是电力占主导——其加强状态就是应激。"也就是说，静止不动的植物的"生殖"和四处活动的动物的"应激"，代表了"有机生命的对立的两极"，但它

---

① Samuel Coleridge, *Hints Towards the Formation of a More Comprehensive Theory of Life*, p. 37.
② Samuel Coleridge, *Hints Towards the Formation of a More Comprehensive Theory of Life*, p. 53.
③ Samuel Coleridge, *Hints Towards the Formation of a More Comprehensive Theory of Life*, pp. 36-37.

们又通过这种对立的方式共同彰显着有机生命。① 简言之,"两极性"就是生命的过程,指导着个体性一次次的进展,或者毋宁说,它就是自然本身的过程:

> 我们把生命视为正题和反题(thesis and antithesis)的连接,观点和对立观点(position and counterposition)的统一——生命本身在两方面都为真,同时,相对立的两者是生命展现自身的必要条件……因而,生命存在于两个相对力量的同一(identity)当中,但它又由两者的冲突构成。两种力量调和之际,生命死去的同时又重生为新的形式,它要么回到整体的生命当中,要么从头开始个体化进程。②

"两极性"是柯勒律治哲学观念的基础,也是他理解自然、人与社会的基本方式。在文集《朋友》(The Friends)③当中,柯勒律治解释自己是在科学现象中领会到了这一点:"我对电现象的思考得出了统治自然的法则,即两极法则,或者通过对立的力量表现一种能力。"他把这一法则推广开来,认为"自然和精神的每一种能力都必须发展一个对立面,作为它显现的唯一方式与条件:所有的对立都是一种重新结合的趋向,这就是普遍的极性或基本二元论法则"。柯勒律治用符号 H 来表示两极,认为不论是自然现象、人文精神还是概念语词,都可以化约为两极。"两极性"代表了一种有机主义的思维方式,它所批判的正

---

① Samuel Coleridge, *Hints Towards the Formation of a More Comprehensive Theory of Life*, p. 53.
② Samuel Coleridge, *Hints Towards the Formation of a More Comprehensive Theory of Life*, p. 38.
③ 斯宾塞也读过这部文集,见 Herbert Spencer, *Social Statics*, p. 32,注释 a 的引用。

是建立在笛卡尔哲学和牛顿物理学之上的机械论:"机械主义认为总体就是部分之和,如同算术加法一样精确。这是死亡的哲学,只能适用于死气沉沉的自然。在生命中,在生机论哲学中,两种针锋相对的力量其实互相渗透,产生了一个更高级的第三者,涵盖了前面二者。"① 因此,虽然《生命理论》中的生命叙述是从力和无机世界的现象开始,但这种力已然不是机械论中的概念,而是生成的、进行中的、活跃的和以"两极性"来体现自然统一性的力。

柯勒律治是英国浪漫主义运动的代表人物之一,深受德国思想影响。柯勒律治本人对此虽然有所提及,但许多学者的研究都揭示出,他对德国哲学家的理论和文本的依赖远比他愿意承认的更大。② 事实上,《生命理论》中有关电、磁和化学现象的描述和实验,以及这些无机现象在有机世界中的对应——生殖、应激和感受,还有上述现象所反映的生命过程和自然统一性等观念,都是同一时期德国自然哲学(Naturphilosophie)中的经典主题。③ 这一流派的领军人物谢林曾

---

① 白利兵:"论柯勒律治的有机整体思维",《英语研究》2014年第2期。
② 约瑟夫·比奇(Joseph Beach)在《柯勒律治对德国学者的借鉴》("Coleridge's Borrowing from the German")一文中梳理了相关研究(pp. 38, 45),发现 J. L. 哈尼(J. L. Haney)最早考察德国思想对柯勒律治尤其是他的诗歌产生的影响;W. K. 普莱夫勒(W. K. Pleifler)指出柯勒律治有关亚洲和希腊神话的讲座大量借鉴了谢林的一场讲座;W. W. 拜尔(W. W. Beyer)则发现柯勒律治文学作品中的"古代水手"意象可能与德国诗人克里斯多夫·维兰德(Christopher Martin Wieland)的诗篇《奥伯龙》(Oberon)有许多关联;安娜·亥姆霍兹-菲兰(Anna Helmholz-Phelan)和 A. C. 邓斯坦(A. C. Dunstan)发现,柯勒律治的美学理论极大地受惠于康德、席勒、赫尔德和施莱格尔的思想。瑞士学者亨利·尼德盖赫(Henri Nidecker)通过搜寻和考证柯勒律治在德国思想家作品中的批注,以及比较柯勒律治的文本和众多德语原始文本,建立起了扎实的思想和文本联系;另外,比奇在文中还指出,柯勒律治的《对反思的帮助》(Aids to Reflection)利用了康德关于"理性"和"理解"的学说,《朋友》借鉴了康德和谢林,《文学生涯》(Biographia Literaria)里逐字翻译了谢林《先验唯心论体系》中的许多篇章。
③ Harry Snelders, "Romanticism and Naturphilosophie and the Inorganic Natural Sciences 1797-1840: An Introductory Survey", Studies in Romanticism, vol. 9, no. 3 (1970), pp. 193-215.

在许多作品中阐述过他的"两极性"(Polarität)观念,称其为"一般世界法则"①。他在《论世界精神》(*Von der Weltseele*)曾中表示:"两极性和二元性是自然的哲学原理的首要原则。"②这种观念在当时欧洲自然科学界有非常广泛的影响。柯勒律治的"两极性"理论,基本上是对谢林的重述,而他有关生命的观点也与谢林和他的弟子亨德里克·史蒂芬斯(Hendrick Steffens)有深刻联系。《生命理论》全文只字未提两人的名字,但约瑟夫·比奇(Joseph Beach)借助瑞士学者亨利·尼德盖赫(Henri Nidecker)的未刊研究表明,柯勒律治有关"个体化""多样性中的统一性"乃至"两极性"观点,均出自谢林和史蒂芬斯的文章,尤其是谢林的《动力过程的一般演绎》(*Allgemreine Deduktion des dynamischen Processes*)和《自然哲学观点》(*Ideen zu einer philosophie der Natur*),以及史蒂芬斯的《论地球内部的自然史》(*Beytraege zur innern Naturgeschichte der Erde*)和《哲学的自然科学的基本特征》(*Grundzuege der philosophischen Naturuissenschaft*)。③ 除了观点上的雷同,柯勒律治还在一些地方大段直译原文篇章。《生命理论》在阐述磁力和电力的原理时,有一段长达四页的关于电磁实验的讨论④,比奇发现这是谢林《动力过程的一般演绎》中的原文;而柯勒律治叙述动物界"个体化倾向"的一段内容,从蠕虫到昆虫再到鱼类、鸟类和人类的演化过程⑤,则

---

① Harry Snelders, "Romanticism and Naturphilosophie", pp. 197.
② 原文为"Es ist erstes Princip einer philosophischen Naturlehre, auf Polaritat und Dualismus Von der Weltseele, eine Hypothese der hoheren des allgemeinen Organismus" (1798),转引自 Harry AM Snelders, "Romanticism and Naturphilosophie", p. 199。
③ Joseph Beach, "Coleridge's Borrowings from the German", *ELH*, vol. 9, no. 1 (1942), p. 46.
④ 见 Samuel Coleridge, *Hints Towards the Formation of a More Comprehensive Theory of Life*, pp. 71–74。
⑤ Samuel Coleridge, *Hints Towards the Formation of a More Comprehensive Theory of Life*, p. 56.

完全取自史蒂芬斯的原文,所涉及的科学数据和对数据的解释都和原文一模一样——甚至借用了后者相当多的论辩技巧。从观点到文本,从论据到修辞,柯勒律治对德国哲学家的这种"明目张胆、连篇累牍"的借鉴,在他还在世时就已然臭名昭著,被英国文学批评家托马斯·德·昆西(Thomas de Quincey)讥讽为"厚颜无耻的抄袭"①,就连斯宾塞本人也曾将柯勒律治称为"剽窃者"。②

当然,斯宾塞没有透露他从何处了解到谢林的理论,从而使他能够作出上述评价。除了孔德的《实证哲学教程》和密尔的《逻辑体系》,斯宾塞几乎没有接触过西方哲学的经典作品。泰勒认为,他有关哲学"仅有的一点知识"可能来自好友李维斯的《哲学传记史》。③ 这是李维斯于19世纪40年代出版的一本通史性作品,从古希腊时期开始对历代著名哲学家的生平和主要思想进行介绍,斯宾塞大概在50年代读到这本书。书中有关于谢林的一章,还有几处脚注提到了柯勒律治对谢林和施莱格尔观点的借鉴和大段翻译。④ 斯宾塞在1890年《社会静力学》修订本引用柯勒律治后的一个脚注中称,"在我写这一节时,我还不知道柯勒律治的这一思想是受益于谢林"。⑤ 因此,至少可以推知斯宾塞是先接触了柯勒律治,而后了解到谢林的观点后,方才意识到两人思想的继承关系。

无论是在柯勒律治的《生命理论》和《朋友》中,还是在对谢林观点的把握中,斯宾塞都一定会对"两极性"有相当程度的认识。而他此后

---

① Joseph Beach, "Coleridge's Borrowings from the German", pp. 41-49.
② 斯宾塞在《心理学原理》中提到"谢林以及他之后的剽窃者柯勒律治都把生命定义为个体化的倾向",参见 Herbert Spencer, *The Principles of Psychology*. p. 211。
③ Michael Taylor, *The Philosophy of Herbert Spencer*, p. 18.
④ George Lewes, *The Biogrphical History of Philosophy*, London: George Routledge and Sons, 1892, pp. 705-715,另见第708—709页脚注及第542页脚注。
⑤ 〔英〕赫伯特·斯宾塞:《社会静力学》,第250页。

的作品也表明,这一来自德国哲学的独特认识论,很可能自此就在他的思想中扎下根来,并没有随着"个体化"概念被弃置不用而消失。《社会静力学》已经清楚展现了"个体性"与"相互依赖"这对二元概念之间紧密而复杂的关系,并且点出了这种关系所带来的政治和伦理意涵——理想社会中私人利益和公共利益的完美统一。① 我们在斯宾塞理论后续发展之路上的不同阶段都能发现类似这样相互矛盾又彼此不可分割的二元概念。例如,1852 年《人口新论》中,斯宾塞用大量的生物学案例来说明"个体化"和"生殖"是相对抗的两个过程,前者意味着生物个体性的保存,表现为物质的"聚集倾向",对个体而言是有利的;后者则意味着个体性的破坏和更多个体的产生,表现为物质的"分散倾向",对种群而言是有利的。这两个过程对物种的存续来说都必不可少,必须要在中间寻求平衡。② 又如,19 世纪六七十年代的一系列作品里,斯宾塞经常使用"合作"(cooperation)和"对抗"(antagonism)这组概念来说明有机体内各部分之间的关系,即不同的系统、器官和组织,甚至单个的细胞之间都既要争夺营养又要互相协作。这种辩证关系也同样展现在"社会有机体"中③,而在"综合哲学"的最后两部作品《社会学原理》和《伦理学原理》里,则可以看到斯宾塞对人的"自利"(egoism)和"利他"(altruism)本性、社会的"强制合作"(compulsory co-operation)与"自愿合作"(voluntary co-orperation)模式的理解。④ 在这

---

① Herbert Spencer, *Social Statics*, p. 276.
② Herbert Spencer, *A New Theory of Population*. pp. 18-19.
③ Herbert Spencer, "Specialized Administration", in Herbert Spencer, *Essays: Scientific, Political and Speculative*, vol. 3, pp. 225-226.
④ Herbert Spencer, *The Principles of Ethics*, vol. 1, Indianapolis: Liberty Classics, 1978, pp. 126-143. 德国社会学家滕尼斯曾在一篇评述斯宾塞理论的文章中称,斯宾塞的社会学阐述是建立在一种"对立概念的类型学"(a typology of opposites)上的,即"强制或自主形式的合作"(forced or voluntary types of co-operation)。

个意义上，包括"社会有机体"在内的许多斯宾塞使用过的重要概念，或多或少都需要放在一种二元结构中来理解，因为它们都包含着两种力量持续的紧张和调和。或许，这种二元思维最集中的体现，是斯宾塞对"进化"的复合过程——"整合"与"分化"的精妙阐释。这一内容笔者将在本章最后一节进行处理。

不过，正像所有具有独创性的思想家一样，斯宾塞也并没有完全接受柯勒律治的观点，彻底按照观念论的方式构建自己的有机原则。相反，《社会静力学》中的"个体化倾向"，已经在斯宾塞手中发生了微妙却关键的变化。这就是斯宾塞和柯勒律治两人对"依赖性"的不同强调和理解。《生命理论》里，柯勒律治虽认为"整体"和"部分"之间具有依赖性，但"整体"无论在时间上还是在逻辑上，都是先于"部分"并且决定了"部分"的，下面这段话清楚地表明了这一点：

> 由素来相互依赖、互为目的和手段的不同部分组成的整体，就是一个个体；当部分对整体有最大的依赖，同时整体对部分也有最大依赖时，这个个体的个体性就最强；前者（也就是部分对整体的依赖）是绝对的；后者（也就是整体对部分的依赖）是和部分对整体而言所具有的重要性相称的，也就是指部分的活动或多或少延及自身以外的程度。[①]

可见，对柯勒律治而言，"整体"和"部分"并非同位概念，而是一对上位和下位概念，"部分"对"整体"的依赖是绝对的，"整体"对"部分"的依赖则是有条件的。因此，柯勒律治的"依赖性"有横向和纵向两个

[①] Samuel Coleridge, *Hints Towards the Formation of a More Comprehensive Theory of Life*, p. 32.

维度,即"部分"相互之间的依赖以及"部分"对"整体"的绝对的依赖。正是后一点导致了人有服从的义务,一种对比他更大、更整全的存在的承认和敬畏。这种典型的唯心主义观点,在斯宾塞的"个体化"理论中却并不存在。斯宾塞对"整体"着墨极少,似乎对它是否实际存在也持有含糊的观点,后来在《社会学原理》中,他还认为有必要专门用一节来讨论社会是否可以被当成一个实体。① 在描述社会和有机个体时,斯宾塞更在意的都是组成"整体"的"部分"之间的关系,他的"相互依赖"也更多的是横向维度上的关系,即一种由"劳动分工"或"功能再分化"导致的合作关系。虽然斯宾塞也会谈到"整体"和"共同体",谈到"所有人的福利"和"所有人的利益",并且也意识到"人们自己是共同体的成员,无论什么事物影响共同体都会影响他们"②,所以人被要求服务于共同体,但这也仅仅是因为服务共同体和他人与每个人自身的利益是相符的。斯宾塞从不认为人有绝对的服从义务,他始终从"个体"出发谈论"整体",就像从组成物质的元素出发谈论物质,从细胞出发谈论生物体一样。③ 同时,这一本体论上的差别也预示着,斯宾塞的理论将会沿着不同的方向发展下去。30 年之后,斯宾塞还将再次遭遇这种观念的另一个变体——英国观念论。在大卫·里奇(David Ritchie)、亨利·琼斯④(Henry Jones)和伯纳德·鲍桑葵(Bernard Bosanquet)等人对斯宾塞"社会有机体"概念的批评中,"整体"和"部分"的关系也是双方分歧的一个重要方面。⑤

---

① Herbert Spencer, *The Principles of Sociology*, vol. 1, New York: D. Appleton and Company, 1898, p. 447.
② 〔英〕赫伯特·斯宾塞:《社会静力学》,第 255 页;Herbert Spencer, *Social Statics*, p. 269。
③ 例如 Herbert Spencer, *Social Statics*, pp. 272-273。
④ 本书出现的"琼斯"除特殊说明外,均指亨利·琼斯。
⑤ 详见本书第五章第三节。

除了《生命理论》以外,《社会静力学》中的引文显示,斯宾塞还读过柯勒律治的文集《朋友》。斯宾塞曾谈到他的阅读习惯,称"对于我不认同的观点便没有兴趣再读下去"。可见,柯勒律治的文章至少在当时是颇对他胃口的。更有意思的是,斯宾塞对这一思想流派的青睐其实在40年代初就已现端倪。1843年到1844年间,斯宾塞读到了美国哲学家和诗人拉尔夫·爱默生(Ralph Emerson)苏格兰哲学家托马斯·卡莱尔(Thomas Carlyle)的作品,而两者都曾受到柯勒律治的深刻影响。[1] 爱默生熟读柯勒律治的多部著作,热情洋溢地赞其"拥有一种只比伟大稍逊几分的语气——一个多么鲜活的灵魂,多么渊博的知识!"[2]1833年,爱默生首次到访欧洲,在英国见到了柯勒律治、华兹华斯和卡莱尔。此后几人之间又有数次会面,爱默生还与卡莱尔保持了一生的通信和来往,在大西洋两岸互相推介彼此的作品。爱默生在美国引领的超验主义运动(Transcendental Movement)很大程度上就是对柯勒律治思想的发扬。

1844年,爱默生的第一本《随笔集》在英国出版,卡莱尔为其作序。同年,斯宾塞在给自己好友爱德华·洛特(Edward Lott)的一封信中描述了对于此书的印象"我读了爱默生的书……不时遇见我很喜欢的段落,但整体而言它对我来说太过神秘……不过我非常敬仰此人的精神,尽管对他的许多杰出观点我都不能苟同"。随后,斯宾塞自述又读了爱默生的其他随笔和讲座选集,对他的一些观点——例如个人主义、自然观和两性观等——均印象深刻。[3] 此外,德比文学与科学社和德比

---

[1] 有关柯勒律治对爱默生的影响,见 Frank Thompson, "Emerson's Indebtedness to Coleridge", *Studies in Philology*, vol. 23, no. 1 (1926), pp. 55-76; Smantha Harvey, *Transatlantic Transcendentalism: Coleridge, Emerson and Nature*, Edinburgh: Edinburgh University Press, 2013。

[2] Harvey, *Transatlantic Transcendentalism*, p. 11.

[3] Herbert Spencer, *An Autobiography by Herbert Spencer*, vol. 1, p. 160.

哲学社曾在 40 年代联合邀请过爱默生来开办讲座。① 斯宾塞应该在这段时间里时常向家人和朋友提起这位诗人,《自传》中记载他曾向友人朗读后者的一篇文章②,以至于他的父亲乔治曾在一封信里表示,斯宾塞的很多观点可能来自爱默生。对此斯宾塞自然是不予认同:"我的理性主义信念是许多年来不知不觉地缓慢形成的……爱默生和卡莱尔的写作只是向我展示了我自己的信念的其他方面。"③斯宾塞晚年到访美国时,还曾参观过爱默生的故居。④ 至于卡莱尔,斯宾塞翻译过他的《拼凑的裁缝》(Sartor Resartus)和《克伦威尔书信演讲集》(Oliver Cromwell's Letters and Speeches)⑤,还曾在李维斯的引荐下见过卡莱尔本人。⑥ 不过斯宾塞对他的评价以负面居多,尤其是卡莱尔在《论英雄和英雄崇拜》(On Heroes and Hero-Worship)中表达的伟人史观,经常成为斯宾塞批评的靶子。⑦

这些早年的阅读经历表明,至少在 19 世纪四五十年代,斯宾塞思想中一直存在着活跃的浪漫主义和德国观念论的元素。由于这段时期也是斯宾塞思想成形的关键时期,我们有理由相信,这些元素会在日后对他的思想产生直接或间接的影响。然而,这个线索在斯宾塞研究中长期没有得到足够的重视。究其原因,一是斯宾塞自己很快就抛弃了"个体化"理论——斯宾塞在 1852 年的《人口新论》中声称,"个体化倾

---

① Paul Elliot, "Erasmus Darwin, Herbert Spencer, and the Origins of the Evolutionary Worldview in British Provincial Scientific Culture, 1770-1850", p. 14.
② Herbert Spencer, An Autobiography by Herbert Spencer, vol. 1, p. 160.
③ Herbert Spencer, An Autobiography by Herbert Spencer, vol. 1, p. 203. 这是斯宾塞在面对他人评价其思想来源时的一贯应对方式,即把这种影响降低为对自己已有思想的确证和强化。我们在后文还会经常看到类似的说法。
④ Herbert Spencer, An Autobiography by Herbert Spencer, vol. 1, p. 262.
⑤ Herbert Spencer, An Autobiography by Herbert Spencer, vol. 1, pp. 152, 159, 193.
⑥ Herbert Spencer, An Autobiography by Herbert Spencer, vol. 1, pp. 248-250.
⑦ 见本书第四章第一节和第三节中对"伟人史观"的反驳。

向"作为生命定义还不够完善,并提出了一个新的"活动的协调"(the coordination of actions)概念来代替。① 此后"个体化"一词就很少在他的作品中出现了。另一个可能的原因是,斯宾塞的术语体系后来发生了很大变化,遮蔽了早年受到的这种影响。50年代斯宾塞受法国和德国自然科学影响,主要采用的都是来自生物学和生理学的有机概念,但在从1857年《进步:其法则和原因》到1862年《第一原理》的过渡期间,斯宾塞转向了力学语言,开始把"力的持续性原理"作为一切现象的基础,并试图用"力"与"运动"的关系来解释进化过程中发生的一系列变化。这种机械的和物质的表象也使得人们很难再把这一时期的斯宾塞与倡导有机的和精神的观念论哲学联系起来。然而,正如本章最后一节将要展示的,这些元素只是被一套看似没有生命的科学语言包裹,其内核却从未消失。

三、亨利・米奈-爱德华兹的"生理性劳动分工"概念

斯宾塞表述有机进化的语言体系,在19世纪50年代经历了第一次重大转变。《社会静力学》出版次年,斯宾塞接触到了"生理性劳动分工"(physiological division of labour)概念,认为它非常形象地描绘了发生在有机体和社会当中的相似过程,为"社会有机体"类比提供了有力的佐证。"生理性劳动分工"是19世纪自然科学家运用社会科学概念的典范,最早由法国动物学家亨利・米奈-爱德华兹(Henri Milne-Edwards)提出和阐释。米奈-爱德华兹把有机体内的生命活动设想为

---

① Herbert Spencer, *A New Theory of Population*, p. 11.

工厂车间里的劳动,并发现越是高等的生物体内,生命活动就越是精细地分配在各个结构当中,这与社会中发生的"劳动分工"过程如出一辙。正如在斯密的理论中,"劳动分工"的发展意味着社会的进步一样,"生理性劳动分工"也被当成了动物分类和等级的新标准。斯宾塞正是在此种政治经济学和生命科学互相取法的环境中了解到这一带有双重色彩的"劳动分工"理论。对他而言,"生理性劳动分工"不仅能够呼应《社会静力学》中描述的"个体化"过程,而且更重要的是,它进一步表明了社会学与生理学之间的一致性,为斯宾塞构建统一法则的理论大厦添加了重要的砖石。

"劳动分工"是斯宾塞很早就熟知的一个概念。至少在《社会静力学》中,他就已经在使用"劳动分工"一词,并且意识到有机体内也存在相似的过程——功能再分化(subdivision of functions)。① 斯宾塞虽然没有明确自己最初的启蒙得自何处,但根据他早年的教育和阅读经历,我们也可以作出许多合理推测。② 对《社会静力学》最直接的影响者一般被认为是霍吉斯金,后者熟谙政治经济学理论,斯宾塞在《经济学人》任职期间与他交流很多。在他曾借给斯宾塞的《自然和人为财产的比较》一书中,有专门的对"劳动分工"的讨论。③ 此外《经济学人》也充斥着古典政治经济学的理论。不过,斯宾塞在加入《经济学人》以前就已经知道了亚当·斯密。1843 年出版的《范围》中,斯宾塞引用了《国富论》第三篇中有关东印度公司的内容④,这表明斯宾塞可能在 20 岁之前就读过《国富论》,并且从中获得了"劳动分工"的知识;但或许,

---

① Herbert Spencer, *Social Statics*, p. 274.
② 罗伯特·理查德斯给出了斯宾塞"劳动分工"概念的几个可能来源,与本书观点基本类似,见 Robert Richards, *Darwin and the Emergence of Evolutionary Theories of Mind and Behavior*, pp. 257, 249。
③ Thomas Hogskin, *The Natural and Artificial Right of Property Contrasted*.
④ Herbert Spencer, "The Proper Sphere of Government", p. 115.

这个启蒙的时间点还可以再往前推。斯宾塞的叔父托马斯对政治经济学颇有研究。据斯宾塞回忆,他在跟随托马斯读书期间(1833—1837),曾经有一门讲授政治经济学的课程,教材是"马蒂诺小姐的《政治经济学故事》"。斯宾塞记得自己在这门课上表现不错,这主要是因为几年前在家时他就读过此书,只不过那个时候他"只挑故事看,而把政治经济学理论都跳过去了"。1835年的一些信件表明,这门课程确实让斯宾塞"积累了一些扎实的知识"。[①]

斯宾塞提到的这本书,全名为《政治经济学讲解:马蒂诺的故事》(Illustration of Political Economy: A Tale by Martineau,以下简称《讲解》),是19世纪上半叶英国非常流行的一部通俗政治经济学读物。作者哈瑞特·马蒂诺是英国社会理论家和作家,被誉为"第一位女性社会学家"[②]和"经济学教育家"[③]。自1776年《国富论》出版以来,古典政治经济学经过马尔萨斯、詹姆斯·穆勒和李嘉图等人的发展,在维多利亚时期已经有了相当成熟完备的体系。人们对这门学科的兴趣日益浓厚,渴望用政治经济学原理指导生产和生活,这种需求促成了一批面向大众读者的简明政治经济学作品的涌现和流行。1816年,女性科普作家简·马塞特出版了《政治经济学对话》(Conversations on Political Economy),以"B先生"和他的学生"卡洛琳"之间问答的方式,生动地向读者呈现了斯密、李嘉图和马尔萨斯等人的重要理论,受到了广泛欢迎。[④] 马蒂诺在这本书的感染下,开始大量阅读斯密和其他经济学

---

① Herbert Spencer, *An Autobiography by Herbert Spencer*, vol. 1, p. 77.
② Harriet Martineau, *Theoretical and Methodological Perspectives*, London: Routledge, 2002.
③ Margaret G. O'Donnell, "Harriet Martineau: A Popular Early Economics Educator", *The Journal of Economic Education*, vol. 14, no. 4 (1983), pp. 59–64.
④ Jane Marcet, *Conversations on Political Economy, in which the Elements of that Science are Familiarly Explained*, 6th ed., London: Routledge, 1927, pp. 5–16.

家的作品,并决定编写一部讲解政治经济学原理的系列故事。相比于马塞特只面向中高年级的学生的"对话"系列[1],马蒂诺则希望向更多的英国读者传播政治经济学知识,尤其是工人群体。[2]

1832年2月,《讲解》的第一篇故事出版,接下来每月一篇,两年时间里一共写了二十四篇,编成九卷。每个故事都围绕一个不同主角的经历展开,解释一个经济学概念或者原理,辅以若干推论。例如,第一篇《野外的生活》("Life in the Wilds")讨论劳动,第二篇《山峰和山谷》("Hill and the Valley")介绍资本及其构成和增长;第六篇《嘉维洛赫的福与祸》("Ella of Garveloch")讲解了马尔萨斯人口原理;第十二篇聚焦价值规律,等等。这些故事情节丰富跌宕,里面的主角就好像身边的人一样,为生活琐事奔波,应付着命运无常的困苦,读来引人入胜。马蒂诺也因此被誉为"把虚构小说和经济学融为一体的先驱"。[3]

马蒂诺故事中的经济学原理,多数都来自斯密的《国富论》、马尔萨斯的《人口理论》和穆勒的《政治经济学原理》,甚至《讲解》的主题顺序都和《政治经济学原理》一样。[4] 不过在马蒂诺看来,这些经典的政治经济学作品"只是写给饱学之士的,并且也只有他们才会感兴趣"。政治经济学家完成了对知识阶层的启蒙任务,却让大众只能"捡拾政治经济学知识的只言片语"。[5] 比如,斯密的《国富论》虽然是"一本令

---

[1] 即1805年的《化学对话》,1816年的《政治经济学对话》和1820年的《自然哲学对话》。

[2] Harriet Martineau, *Illustrations of Political Economy*, vol. 1, London: Charles Fox, 1832−1833, Preface.

[3] Mary Poovey, *Making a Social Body: British Cultural Formation, 1830−1864*, Chicago: University of Chicago Press, 1995, pp. 132−133.

[4] Margaret G. O'Donnell, "Harriet Martineau: A Popular Early Economics Educator", p. 60.

[5] Harriet Martineau, *Illustrations of Political Economy*, vol. 1, p. 7.

人拍案叫绝的书",但却"并不适于向人民大众传授科学知识,也不是为他们而设计的"。这固然是因为政治经济学尚属一门"新的科学":

> 所有新的科学在一段时间内都由学者独占,这一半是因为,在这些科学能够被广泛理解之前需要做好准备;另一半是因为,人们总要花些时间才能认识到,每一项新的真理对社会的大多数人来说是多么利益攸关。自然,这门新科学的第一本杰出作品将会有冗长的篇幅,有的地方还极其晦涩。无论这本书多么精妙绝伦,言辞优美,它的结构都不会像我们原以为的那样清晰准确。①

但是,科学只有当其关涉整个人类的利益时才是有价值的。政治经济学探究"调节社会生活必需品和舒适品的生产和分配的原则",和每个人的切身利益相关,更决定了国家的繁荣。因此,普通大众都应当明白这些和他们关系最大的原理,从而不仅能够恰当地安排自己的生活,而且能够向立法者提出建议,促进整个社会的进步。启蒙和教育大众,将那些以"冰冷干瘪的形式"和"抽象无趣"的语言所展示的政治经济学真理,转化成人人都能明了的简单道理,发现和展现政治经济学的美②,这就是马蒂诺写作的目的。

有了这个文本,我们就能确定斯宾塞至少在十几岁时就对"劳动分工"概念有所了解,并且在《社会静力学》中也认识到了这一过程和器官的功能分化之间存在相似性,但彼时他还并没有态度明确地将两

---

① Harriet Martineau, *Illustrations of Political Economy*, vol. 1, p. 7.
② Harriet Martineau, *Illustrations of Political Economy*, vol. 1, p. 8.

者联系起来。直到《社会静力学》成书之后,斯宾塞偶然接触到了米奈-爱德华兹的"生理性劳动的分工"概念,才让他心中那些模糊的想法有了确切的表达。

"劳动分工"概念在18世纪末诞生后,很快受到了自然科学家的关注。事实上,"劳动分工"之于斯密绝不仅仅是一个简单的描述特定生产组织形式的术语。透过这个概念,斯密更想强调的是"劳动分工"和经济增长之间的逻辑关系,即"劳动分工"的深化可以促进社会组织程度的增长。斯密在《国富论》里这样写道:

> 凡能采用分工制的工艺,一经采用分工制,便相应地增进劳动的生产力。各种行业之所以各各分立,似乎也是由于分工有这种好处。一个国家的产业与劳动生产力的增进程度如果是极高的,则其各种行业的分工一般也都达到极高的程度。未开化社会中一人独任的工作,在进步的社会中,一般都成为几个人分任的工作。在进步的社会中,农民一般只是农民,制造者只是制造者。而且,生产一种完全制造品所必要的劳动,也往往分由许多劳动者担任。[①]

在这个意义上,"劳动分工"不仅是一种现象,更成了一种法则或原则,揭示出人类社会的发展规律。"劳动分工"的增长将会使社会趋向完善或文明,在经济学意义上就表现为社会财富的增加。正是这样一种观念,对于自然科学而言具有独特的价值。在许多自然科学家眼里,"劳动分工"在社会理论中具有的这种价值内涵,迁移到自然科学

---

① 〔英〕亚当·斯密:《国民财富的性质和原因的研究》(上卷),郭大力、王亚南译,商务印书馆1983年版,第7页。

中便可以同生物分类学的研究相联系。如果能够证明自然界也存在人类工业生产中的这种组织形式，那么自然学家就可以回应生物哲学中的一个经典命题：是什么决定了有机体在存在之链（the chain of being）上的等级序列。[1] 通过把"劳动分工"应用在形态学、生理学和胚胎学的研究中，自然科学家便可以解释生物呈现出来的多样性，对物种演变的自然历史提出新的猜想。

第一个明确把"劳动分工"概念运用在自然科学研究中的是米奈－爱德华兹。[2] 1826 年，在法国科学家圣文森特主编的《古典自然史词典》（*Dictionnaire Classique d'Histoire Naturelle*）中，米奈－爱德华兹撰写了《神经》（*Nerfs*）和《组织体》（*Organisation*）两卷，其中描述了他观察到的生物体内"机能局部化"现象：

> 在较低类别的动物中，诸如感知和传递感觉的机能（facultés），以及在刺激物的影响下决定肌肉收缩的机能，似乎都不在神经系统的任何一个部分。但在更高级的动物中，这些机能中的每一个都倾向于被局部化，当作为它们的解剖学基础的特定

---

[1] 对这个问题的讨论见 Timothy Shanahan, *The Evolution of Darwinism: Selection Adaptation and Progress in Evolutionary Biology*, Cambridge: Cambridge University, 2004, pp. 94-114; Silvan S. Schweber, "Darwin and the Political Economists: Divergence of Character", *Journal of the History of Biology*, vol. 13（1980）, pp. 255-256; Robert Richards, *The Meaning of Evolution*, Chicago: University ot Chicago Press, 1992, pp. 135-136; James Elwick, "The Question of Compound Individuality in Ninetieth Century Natural History", in Jean-François Auger (ed.), *Une image kaléidoscopique des sciences et techniques*, Montréal: CIRST, 2001, pp. 17-32。

[2] 事实上还有另一个人也在差不多的时间提出了这个观念，但由于他的名字和另一项发现联系在一起，因而一般认为"生理性劳动分工"的首创者还是米奈－爱德华兹，见 Camille Limoges, "Milne-Edwards, Darwin, Durkheim and The Division of Labour: A Case Study in Reciprocal Conceptual Exchanges Between The Social and the Natural Sciences", in Bernard Cohen (ed.), *The Natural Sciences and the Social Sciences, Some Critical and Historical Perspectives*, London: Kluwer Academic, 1994, p. 315。

器官被毁坏时,这些机能也会完全消失。①

米奈-爱德华兹认为,无论在低等还是在高等动物体内,神经系统的机能都是类似的,都包含对外界环境的感知和对运动器官的控制。但在最初阶段,这些机能是分散在有机体各部分的,任何一个部位或器官都有感觉和应激能力。随着动物等级的上升,这些机能逐渐被局限在了更集中的部位,也就是说,被"局部化"了。相应地,生物体内原先需要承担所有生命活动的器官,也开始舍弃大部分其他活动,专注于承担少数几种或一种活动。这样,生命机能就被分配给了不同的部位。"机能局部化"现象不仅发生在神经系统,也发生在其他许多部位,例如,动物体内"原本只有一个器官用于嗅闻、移动或流汗,它吸收可食用的物质,也负责保证物种的存续。然而渐渐地,这些不同功能被分配给了独一无二的器官;组成每种功能的不同生理序列保存在特定的器官里"。②

在这个意义上,米奈-爱德华兹认为完全可以把生命机能理解为一种"劳动"(traveil),低等动物的身体"可以比作一个车间(atelier),所有工人都在这里从事相似的活动,因此工人的数目只影响结果的数量,而不影响其性质"。相反,在高等动物体内,"各个部分协同合作,为同一个目标而努力,但每部分都以自己的方式行事"。③ 这一过程充分表

---

① Henri Milne-Edwards, "Organisation", in Bory de Saint-Vincent (ed.), *Dictionnaire classique d'Histoire Naturelle*, vol. 12, Paris: Rey et Gravier, 1827, pp. 343-344, translated in Emmanuel D'Hombres, "The 'Division of Physiological Labour': The Birth, Life and Death of a Concept", *Journal of the History of Biology*, vol. 45, no. 1 (2012), p. 5.

② Henri Milne-Edwards, "Nerfs", in Bory de Saint-Vincent (ed.), *Dictionnaire classique d'Histoire Naturelle*, vol. 11, Paris: Rey et Gravier, 1826, p. 533, translated in Emmanuel D'Hombres, "The 'Division of Physiological Labour': The Birth, Life and Death of a Concept", p. 5.

③ Henri Milne-Edwards, "Organisation", p. 341.

明,"自然在达到一项目的时,所用的手段总是经济的,因此它在让一切生物臻至完善的过程中,也遵循着现代经济学家所发展的原则;正是在自然的这些成果中,如同在艺术品中一样,我们看到了劳动分工带来的巨大优势"。①

米奈-爱德华兹不仅把经济学的"劳动分工"概念引入了动物学研究,而且将其作为衡量动物体发展程度的依据。他使用了"通过劳动分工达到完善的法则/原则"这样的表达,强调"劳动分工"作为一种生理现象与有机体完善之间的因果关系。1831年,米奈-爱德华兹开始在"巴黎中央工艺制造学院"(Ecole centrale des Arts et Manufactures)任教。他所讲授的一门课程后来被学生整理成了《动物学原则》②一书。正是在这本书中,米奈-爱德华兹第一次完整使用了"生理性劳动的分工"(division du travail physiologique)的说法,明确把生物体内的每项功能都视为一种劳动过程,并指出对人类工业进步影响最大的"劳动分工"原则,同时也是引领自然进程的原则。③ 1834—1840年,米奈-爱德华兹最著名的一部动物学作品《甲壳虫的自然历史》陆续出版,赋予了"生理性劳动分工"理论更为生动的实证内容。书中米奈-爱德华兹通过大量解剖和实验,展现了甲壳纲动物体内多种多样的结构以及这些结构所承担的不同生理功能,意图表明"劳动分工"为自然分类方法提供了一种新的基础。④ 而在1857—1881年整理成的《生理学和解剖学课程:人和动物的比较研究》当中,诸如"呼吸劳动"(travail

---

① Henri Milne-Edwards, "Nerfs", p. 533.
② Henri Milne-Edwards, *Elements de zoologie, ou lecions sur l'anatomie, la physiologie, laclassification et les moeurs des animaux*, Paris: Crochard, 1834.
③ Camille Limoges, "Milne-Edwards, Darwin, Durkheim and The Division of Labour", p. 320.
④ Camille Limoges, "Milne-Edwards, Darwin, Durkheim and The Division of Labour", p. 317.

respiratoire)、"分泌劳动"(travail sécrétoire)、"消化劳动"(travail digestif)和"灌溉劳动"(travail irrigatoire)这样的词语频繁出现。① 无论是把动物体内的功能类比为"劳动"和把动物体看成"车间",还是把组织和器官分化视为"劳动分工"过程,米奈-爱德华兹似乎都并没有打算局限在单纯隐喻意义上,而是将这些政治经济学概念作为其科学研究的核心和关键。

对"生理性劳动分工"的意义最为详尽的阐述出现在米奈-爱德华兹1851年出版的《动物学导论》②中。在这本仅有200页出头的书里,米奈-爱德华兹意图"揭示动物界构造及其多样形态中自然的一般倾向"③。他认为,自然表现出一种"多样化倾向",要造就尽可能多的产物,并使其有各不相同的"完善程度"。同时,自然也和人类一样遵循经济法则,要用尽可能少的创造性力量来实现这一点。"多样化"仰赖于增加产物的数量和提高产物的质量。一方面,增加产量的第一个方式是增大生命组织的规模,这样一来,动物有机体等级就与其大小有直接关系;但要让器官数目增加,对自然来说最经济的办法就是重复,于是我们看到在环节动物和棘皮动物等低等类群里,许多相同的肢节聚集在一起。另一方面,有机体的等级更多地取决于它们的生理活动的精确性和多样性,这无法通过相同器官的简单重复实现,"劳动分工"就是在这里发挥作用的——"自然的创造就像人类的工业一样,主要

---

① Emmanuel D'Hombres, "The 'Division of Physiological Labour': The Birth, Life and Death of a Concept", p. 10.
② Henri Milne-Edwards, *Introduction a la zoologie generale ou Considerations sur les tendances de la Nature dans la constitution du regne animal* (Premiere partie), Paris: Masson, 1851.
③ Camille Limoges, "Milne-Edwards, Darwin, Durkheim and The Division of Labour", pp. 318-319.

都是通过劳动分工来达到提升"。①

米奈-爱德华兹指出,生物体如同一个生产车间,它们的器官就好比工人,为了生产构成个体的种种生命现象而忙碌着。例如在"分节动物"中,动物体内的每个部分都展现出相同的生理特性,因而它们的产物也粗陋无用。这样形成的动物个体只是生产者的集合而非联合,就好像是一个管理不善的车间,所有工人都要完成全套的操作流程,工人的数量只能影响产品的个数,却不能对质量造成任何改变。而在"劳动分工"原理的作用下,器官越来越专业化地完成它们各自的"生命劳动",其结果就能达到一种"精致的完美"。与此同时,有机体内部的日益多样化也会逐渐削弱各部分的独立性,最终,各部分之间形成一种严格的协作,每个单元都将从属于它们所组成的这个联合体,共同促进整体功能的和谐。②

经过米奈-爱德华兹的阐释,"生理性劳动分工"概念在生命科学领域大放异彩。19 世纪后半叶,在欧洲几乎所有拥有科学研究传统的国家里,生物学家都在使用和诠释这个概念,尤其是在动物学领域,甚至还延及植物学。在法国,动物学家埃德蒙·佩里耶(Edmond Perrier)和路易·鲁尔(Louis Roule)、胚胎学及组织学家马蒂亚斯·杜瓦尔(Mathias-Marie Duval)和生理学家阿尔弗雷德·达斯特(Alfred Dastre)等人的著作中都出现了米奈-爱德华兹的术语;德国动物学家鲁道夫·勒卡特(Rudolf Leuckart)、胚胎学家和进化论支持者卡尔·格根鲍尔(Karl Gegenbaur)以及生理学家马克斯·伯纳德(Max Verworn

---

① Camille Limoges, "Milne-Edwards, Darwin, Durkheim and The Division of Labour", pp. 314, 318; Milne-Edwards, *Introduction a la zoologie generale*, pp. 21, 23-29.

② Camille Limoges, "Milne-Edwards, Darwin, Durkheim and The Division of Labour", pp. 321-322.

Bernard），包括社会达尔文主义者恩斯特·海克尔（Ernst Haeckel）也都使用过"生理性劳动分工"这个表述；同样受到影响的还有意大利昆虫学家埃曼诺·吉里奥-托斯（Ermanno Giglio-Tos）。[1] 在英国，赫胥黎和达尔文都对这一概念给予了高度关注。[2] 不过和米奈-爱德华兹不同的是，达尔文所谓的"劳动分工"并不是发生在有机体的器官之间，而是发生在资源有限的一定地理区域内的不同有机体之间。更准确地说，达尔文的概念是一种"生态学劳动分工"。同时，达尔文也没有接受"生理性劳动分工"的价值维度，指出任何"劳动分工"都是为了适应环境，因此，生物的组织和协作程度与进步之间不存在系统性联系，"专业化"程度过高甚至还可能意味着退化。[3]

即便如此，"生理性劳动分工"在19世纪主要还是与一种进化的观念有关。在《动物学大纲》出版的这一年，斯宾塞也因一次偶然的机会读到了这本书。1851年，斯宾塞刚刚与查普曼沙龙成员李维斯结识，两人很快成为好友，时常结伴回家或一同参观动物园、植物园和博物馆，围绕时兴的话题争论不休。斯宾塞记得，这一年两人的一次乡间远足途中，李维斯带来了"米奈-爱德华兹刚出版的一本小书"：

> 我们在开往格雷夫森德（Gravesend）的轮船上翻阅了这本书，那里面提出了一个"生理性劳动分工"的观点，让人颇受启发。虽然

---

[1] 相关作品见 D'Hombres, "The 'Division of Physiological Labour'", p. 17。

[2] Thomas H. Huxley, *Manual of the Anatomy of Invertebrated Animals*, London: Churchill, 1877, part. 1, chap. 5; Charles Darwin, *The Origin of Species by Means of Natural Selection*, 6th ed., 1859, London: J. Murray, 1872, pp. 74, 89-90, 97-98; Charles Darwin, *The Descent of Man, and Selection in Relation with Sex*, London: John Murray, Albemarle Street, 1882, pp. 51-52, 136, 164, 286.

[3] Robert Young, "Darwinism and the Division of Labour", *Science as Culture*, vol. 1, no. 9 (1990), pp. 110-124.

这个概念对我来说并不陌生，因为《社会静力学》的结尾就已经对此有所阐明，但这个短语还是让我以往的思考更为明晰了，因为它以如此生动的方式表达了单个组织体和社会组织体之间的类比。[①]

斯宾塞后来在回忆录中写道：这个概念"提示了这样一个想法，即动物体内的劳动分工就像在社会当中一样，将会随着组织的发展而提高。这样就进一步阐明了我描述过的'功能再分化的提高'，也阐明了从均一结构向多样结构的变化"。[②] 虽然斯宾塞强调，他对社会和有机体在"劳动分工"上的相似性的认识远早于米奈-爱德华兹的术语，但他也承认"这个概念……的表达模式是前所未见的，因而这个短语自此以后就开始在我的思想历程中起作用"。[③] 很快，1852年发表的《人口新论》中，这个短语就被用来说明功能的分化有助于有机体的自我保存：

> "生理性劳动分工"，如其所示，有着劳动分工在人类当中所起的那种作用。当一群人在社会中联合起来，各自承担不同种类的工作时，他们获得的自我保存，会比每个人分散开来自顾自完成所有工作的时候得到更好的保障。与此类似，当聚集起来的许多部分合并成一个有机体，分别承担营养、呼吸、循环和运动这些不

[①] Herbert Spencer, "The Filiation of Ideas", p. 542；另见 Herbert Spencer, *An Autobiography by Herbert Spencer*, vol. 1, p. 246。也许是由于蹩脚的法语，又或许是有意为之，斯宾塞记住的这个概念——"physiological division of labour"（生理性的劳动分工）——和米奈-爱德华兹的法语原文"division du travail physiologique"（英文为 division of physiological labour，即"生理性劳动的分工"）相比，存在一点微小的差别。不过在精通法语的李维斯的帮助下，斯宾塞兴许还是能够对其所代表的观点有比较准确的把握。

[②] Herbert Spencer, *An Autobiography by Herbert Spencer*, vol. 2, p. 109.

[③] Herbert Spencer, *An Autobiography by Herbert Spencer*, vol. 1, p. 246.

同功能的时候,他们的自我保存也会比这些部分单打独斗、每部分都要为自己完成所有功能时来得更好。①

1855年的《心理学原理》在讨论动物精神生命(psychical life)的形成时,认为有机体内在进行生理性的"劳动分工"之外,还存在另一种分工,即"精神活动和肉体活动的分离",最初表现为感觉功能逐渐集中在表皮上的特定区域,最高形态则是复杂而完整的神经系统。② 可见"生理性劳动分工"已经不再表达有机体内的完整分化过程,而是只被当作该过程与生理活动有关的特定方面。1857年的一篇政论文章《代表制政府有何益》中,斯宾塞再一次强调社会中的"劳动分工"和有机个体内的"生理性劳动分工"的对应性,并认为在两者当中,这一过程都会导致"功能的专门化"(specialization of function),即某一器官专门从事特定活动,或某一机构专门承担特定职责后,它就不再宜于完成其他功能。③ 斯宾塞1871年的《专门化行政》一文中与政府专门化有关的论点,正是在这里第一次出现。除此之外,斯宾塞还日渐认识到这个概念所具有的重要方法论意涵。在1857年的《超自然生理学》中,斯宾塞写道:

> 与此同时,如果有这样的对应存在,那么生理学和社会学可以或多或少地彼此诠释,就是再清楚不过的了。每一学科都能贡献其独特的探究禀赋。社会有机体中明显可以发现的因果联系,也许能引发有机个体中对于类似联系的探寻;因而也许能够阐明非

---

① Herbert Spencer, *A New Theory of Population*, p. 26.
② Herbert Spencer, *The Principles of Psychology*, London: Longman, Brown, Green and Longmans, 1855, p. 363.
③ Herbert Spencer, "Representative Government—What Is It Good For?", in Herbert Spencer, *Essays: Scientific, Political and Speculative*, vol. 3, p. 180.

如此便无法解释的现象。纯粹由生理学家揭示的生长和功能法则，兴许偶尔能给我们提供某些社会改变的线索，不然就很难理解它们。即便没有更多进展，至少这两个学科还能彼此交换看法和洞见，这也是不小的帮助。政治经济学已经向生理学提供了"生理性劳动分工"这个概念，或许它还能提供别的概念。①

在斯宾塞看来，"生理性劳动分工"架起了生理科学和社会科学之间的桥梁，提示出两门学科之间相互借鉴和启发的关系。② 而在明确提出将社会学奠基在生理学上的 1873 年《社会学研究》中，斯宾塞对这种关系有更加透彻的阐述。斯宾塞认为，"劳动分工"这一来自政治经济学的洞见，通过"劳动分工有利于社会"的事实，启发人们思考有机体个体也能从相应的过程中获益。当迁移到生物学中后，这个概念马上被极大地拓展了——"人们发现这个概念不再局限于营养所包含的功能，而是适用于一切功能。事实证明，整个有机体的安排——不单单只是内脏——都遵循这项基本原理，甚至原本一模一样的四肢之间产生的差异也能用这个概念来解释"。这样一来，"劳动分工"就在生物学中被发展为"一项无所不包的真理"。在这个时候，它再次回到社会学中，并且具备了同样成为"一项无所不包的真理"的潜力。因为社会学也日渐认识到"劳动分工的原理不只适用于工业安排，而且适用于一般意义上的社会安排"。我们不光可以用"劳动分工"来描述经济

---

① Herbert Spencer, "Transcendental Physiology", in Herbert Spencer, *Essays: Scientific, Political and Speculative*, vol.1, p.61.
② 斯宾塞在《社会有机体》和《社会学原理》中对此亦有强调。参见 Herbert Spencer, "The Social Organism", in Eric Mark (ed.), *The Man versus the State, with Six Essays on Government, Society and Freedom*, Indianapolis: Liberty Fund, 1981, p.199; Herbert Spencer, "Transcendental Physiology", in Herbert Spencer, *Essays: Scientific, Political and Speculative*, vol.1, p.61。

分工,也可以把这个概念用在社会发展的各个阶段。无论是最初发展出"管理阶层"和"被管理阶层"的阶段,还是"管理阶层"进一步发展出"政治的""宗教的"和"仪式的"等不同类别的管理形式的阶段,抑或是各个阶层内产生不同的等级来承担不同的职责等阶段,都表现出同样的"劳动分工"的规律。于是,这个概念"从社会学中借来,然后又带着深远的意味返还给社会学",给两个学科都带来了深刻的洞见。

这一互惠过程带来的影响,在1854年的《礼仪与风尚》、1857年的《进步:其法则和原因》及1862年的《第一原理》中都有展现。这些作品里的"劳动分工"都已不再是单纯经济意义上的组织概念,而被用来描述社会整体层面的分化,尤其是社会权力和等级的划分,其更是在《社会学原理》中成为斯宾塞叙述家庭制度、宗教制度、政治制度、仪式制度和职业制度发展演变的基本模式。[①] 经由斯宾塞发展的这个"劳动分工"概念,也深刻地影响了后世社会学对此的理解和使用,涂尔干就是其中重要的一位。虽然无论是"劳动分工"还是"生理性劳动分工"概念都不是斯宾塞的原创,但他对此二者的关联、综合与创造性发挥,同样具有极高的理论价值。不过,这一概念很快又将为新的理论所发展和取代。

四、冯·拜尔的"同质向异质变化"理论

1852年,斯宾塞在英国生理学家威廉·卡彭特的书中读到了德国胚胎学家卡尔·冯·拜尔(Karl Ernst von Baer)用来描述胚胎发育过程的"同质向异质变化"(changes from homogeneity to heterogeneity)理

---

① 详见《社会学原理》第三至第七部分。

论,发现这一有机发展理念能够完美地描述自然界和人类社会许多事物的发展过程,甚至认为其比"生理性劳动分工"有更大的理论潜力。在50年代一系列文章和著作当中,斯宾塞一直在尝试扩展"同质向异质变化"的理论边界,从语言和文学风格的发展,到社会制度的演变,再到人类精神和智力的进步,以及科学的起源和进展,都可以统一到同样一种形式之下。在1857年的《进步:其法则和原因》中,这个最初来源于胚胎学的观念获得了最为普遍的解释力,囊括了无机、有机以及人类身体、精神和社会领域的所有发展现象。也正是在这一过程中,斯宾塞通过不断的观察和思考,为阐述进化理论积累了丰富的资料,做好了充分的准备。"同质向异质变化"也在经历了数次意义的延展之后,具有了进化论的原初形态。

《社会静力学》面世次年,卡彭特的生理学著作《一般和比较生理学原理》(*Principles of Physiology: General and Comparative*,以下简称《生理学原理》)在英国出版,引发了科学界的不小关注。1852年,约翰·查普曼在筹备初创刊的《威斯敏斯特评论》第一期时,邀请斯宾塞为该书撰写一篇通告。借此机会,斯宾塞仔细阅读了这本书并通过卡彭特的引用接触到了德国学者冯·拜尔的理论。作为一名自然学家、生物学家和地质学家,同时也是胚胎学的创始人之一,冯·拜尔一生中有过许多重大发现:1827年,他发现了哺乳动物的卵子,确证了包括人类在内的哺乳动物由卵子发育而来的事实。随后,他又在生理学家卡斯帕·沃尔夫(Caspar Friedrich Wolff)理论的基础上,与另一位德国生物学家一道发展了胚层理论,指出多种动物在胚胎发育初期形成的外胚层、中胚层和内胚层的基本结构。1828年,冯·拜尔最重要的胚胎学著作《物种发展史》(*Über Entwickelungsgeschichte der Thiere*)第一卷出版,他在其中系统化地阐述了自己的胚胎学理论,这本书也被认为奠定了比较胚胎学的基础。

冯·拜尔写作《物种发展史》时,德国的胚胎研究中有一种相当主流的学说——再现论(theory of recapitulation)。这一理论主要由德国自然史学家洛伦兹·奥肯(Lorenz Oken)在其著作《自然哲学》(*Naturphilosophie*)中予以阐发,主张高等动物的胚胎在发育过程中,经历了各级低等动物的成熟形态。① 奥肯认为,自然界的有机体乃是排列在一个单一的线性等级中的,每种动物都会排列在另外一种动物之上,没有任何两种是在同一水平上的。② 判断动物等级高低的标准就是器官的数目——如果一个动物比另一个动物多一个更高级的器官,那么它就比后者的等级更高。物种就是这样通过器官的增加不断迈向完善。人类拥有动物界现存的所有器官,因此是最完美的动物,是发展序列的顶点。在这一视角下,胚胎发育也被理解为类似的过程——胚胎通过依次增加器官发育为成熟的动物个体,整个过程再现了自然界的物种从低到高的演变。打个比方,人类的胚胎最开始只是一个简单的囊泡,是一种类似纤毛虫的原生动物;当这个胚胎生长出肝脏后,它就变成了贻贝;等到骨骼系统出现以后,它又进入了鱼类的行列;这样一步一步地发育起来,直到这个胚胎成为哺乳动物,最后变成人类。③

冯·拜尔并不认同这个理论。他指出,再现论的背后是一种笃信物种"单线进步"的观念,即通常由"存在之链"隐喻所表达的一种线性自然观。可他通过观察和研究发现,物种的发展阶段并没有形成一个单一的序列,因为物种之间除了发展程度不同,还有类型的差异,这源于器官排列方式上的区别。冯·拜尔借鉴法国动物学家居维叶(Geor-

---

① 参见 Lorenz Oken, *Elements of Physiophilosophy*, Alfred Tulk (trans.), London: Ray Society, 1847。

② Lorenz Oken, *Elements of Physiophilosophy*, p. 221.

③ Lorenz Oken, *Elements of Physiophilosophy*, p. 387.

ges Cuvier)的分类,把动物分为四种类型:放射类型、关节类型、软体类型和脊椎类型。每种类型都有一个理想的"原型",这一类型中的所有物种都是"原型"的不同变体,越接近"原型"的物种发展程度越低,越远离则发展程度越高。这样一来,不仅每种类型当中可以存在许多不同的发展阶段,同样的发展阶段中亦可以出现不同类型的物种。在这一基础上冯·拜尔宣称,物种的发展不是"线性的"(linear),而应当是"分叉的"(divergent)。[1]

为了反驳再现论,冯·拜尔提出了一个新的胚胎发育理论———一种从一般的胚胎形式出发迈向特殊化的成熟动物体的进程。他认为,自然界所有动物发育的起点都是相同的胚胎形式,从这个最一般的形式当中,不同动物的发育轨迹出现分叉,指向不同类型的原型。从这个原型开始,相应类型的胚胎经历不断的特殊化,产生出越来越独特的结构,最终形成多种多样的成熟动物形态。例如,在冯·拜尔对小鸡胚胎的观察中,胚胎发育的第一步是分化出脊索(chorda dorsalis)这一结构,因此早在这一阶段,小鸡已经明显属于四种生物类型中的脊椎类型,而不可能再如奥肯所言,被归入为无脊椎的软体动物行列。不过,脊索的出现只表明胚胎现在是一般形式的脊椎动物,它还要经历不断的特殊化才能成为特定的脊椎动物———鸟类,继而再特殊化为鸟类的特定类别———鸡。在冯·拜尔的这种叙述模式中,动物的发育不仅是"分叉的",同时也是"进步的"———从低等向高等,从更一般、简单和同质(more general, simple, and homogeneous)向更特殊、复杂和异质

---

[1] Ernst von Baer, *Über Entwickelungsgeschichte Der Thiere: Beobachtung Und Reflexion*, vol. 1, Königsberg: Gebrüder Bornträger, 1828, pp. 202, 208, 223-224;转引自 Dov Ospovat, "The Influence of Karl Ernst von Baer's Embryology, 1828-1859: A Reappraisal in Light of Richard Owen's and William B. Carpenter's 'Palaeontological Application of "Von Baer's Law"'", *Journal of the History of Biology*, vol. 9, no. 1 (1976), pp. 5-7。

(special, complex, and heterogeneous)进展。胚胎在发育中所经历的各阶段就代表着不同的分化程度,动物的发育等级越高,分化就越彻底,相应地其各组成部分就拥有更大的"个体性",动物也就越完善。[①]

冯·拜尔的胚胎理论是在 1828 年提出的,到了 19 世纪三四十年代,许多当时有影响力的欧洲学者都开始在自己的作品里介绍或使用他的学说。著名生物学家约翰内斯·米勒(Johannes Mueller)在他的《人类生理学指南》(Handbuch der Physiologie des Menschen)中采纳了冯·拜尔的观点,这本书在整个欧洲被广泛当作生理学教程使用;苏格兰内科医生兼显微镜学家马丁·巴里(Martin Barry)和法国动物学家米奈-爱德华兹则把这一理念作为新的动物学分类标准。前者在 1836 年发表长文《论动物界的结构一致性》("On the Unity of Structure in the Animal Kingdom")重点讨论冯·拜尔的理论[②],极大促进了该理论在英国的普及。后者于 1844 年在《自然科学年鉴》(Annales des Sciences Naturelles)杂志上发表了一篇反驳再论的文章,其中引用了《物种发展史》的观点。[③] 但据米奈-爱德华兹自己的说法,他是在独立得出胚胎发育遵循"分叉"过程的结论后,才获知了冯·拜尔的相似理论。此外,米奈-爱德华兹在许多其他场合也阐述过这一学说,包括 1851 年出版的《动物学导论》[④];巴里的文章引起了英国解剖学家理查

[①] Ernst von Baer, Über Entwickelungsgeschichte Der Thiere, vol. 1, pp. 207–208, 220. 转引自 Dov Ospovat, "The Influence of Karl Ernst von Baer's Embryology", p. 7。

[②] Martin Barry, "On the Unity of Structure in the Animal Kingdom", Edinburgh New Philosophical Journal, vol. 22 (1836-1837), pp. 116-141, 345-364.

[③] Edward Russell Butler, Form and Function: A Contribution to the History of Animal Morphology, London: John Murray, 1916, pp. 204-205.

[④] Henri Milne-Edwards, "Observations sur les changemens de forme que divers crustacés eprouvent dans le jeune age", Annales des Sciences Naturelles, 2nd ser. Zoologie, vol. 3 (1835), pp. 321-334; "Observations sur le developpement des annelides", Annales des Sciences Naturelles, 3rd ser. Zoologie, vol. 3 (1845), pp. 145-182; Henri Milne-Edwards, Introduction a la zoologie generale, Paris: Chez Victor Masson, 1851, pp. 89-115.

德·欧文(Richard Owen)的兴趣,后者在 1837 年爱尔兰皇家外科医学院的一场讲座中,将此文作为自己的理论依据①,后来还在对无脊椎动物和哺乳动物的研究中进一步发展和拓宽了冯·拜尔的学说;1853年,托马斯·赫胥黎出版了《物种发展史》第五版评注本的英译版。② 查尔斯·达尔文也通过米勒、欧文和卡彭特等人的著作了解到了这一学说。他在 1844 年的一篇文章中写道:

> 人们原先总是声称,每个类别中的高等动物在发育时都经历了低等动物的各个阶段。譬如说脊椎动物当中的哺乳动物经历了鱼类的阶段。但米勒对此予以否认,他断言哺乳动物的幼体任何时候都不会是一条鱼,正如欧文也坚持认为,水母的胚胎在任何时候都不会是一条水螅。相反,他们认为哺乳动物和鱼类、水母和水螅都经历了同样的阶段,不同的只是哺乳动物和水母有更进一步的发展或改变。③

卡彭特和欧文一样,也是从巴里的文章中获知了这位德国人的发展理论,并在后来的《生理学原理》中给予了详细讨论。这本书首版于 1839 年,反响极佳,之后又在英国出了三版,在美国出了两版,且卡彭特每次都会根据最新的研究成果进行大量修订,使其在十余年里能够

---

① Dov Ospovat, "The Influence of Karl Ernst von Baer's Embryology", p. 10.
② Thomas Henry Huxley, "Fragments relating to Philosophical Zoology. Selected from the Works of K. E. von Baer", in Arthur Henfrey, Thomas Henry Huxley (eds.), *Scientific Memoirs, Selected from the Transactions of Foreign Academies of Science, and from Foreign Journals: Natural History*, London: Taylor and Francis, 1853.
③ Charles Darwin, "Essay of 1844", in Charles Darwin and Alfred Russel Wallace, *Evolution by Natural Selection, with a Foreword by Gavin de Beer*, Cambridge: Cambridge University Press, 1958, p. 224.

一直与时俱进。赫胥黎曾评价此书为"迄今为止对整个生命领域所作的最普遍的考察,也是对截至本书出版之前提出的广义生物学原理的最普遍的考察,称其极大促进了英国生物学的进步"。[1] 卡彭特首次明确表述冯·拜尔的理论是在 1851 年的第三版中[2],这也正是斯宾塞读到的版本。全书一共分为两个部分:"一般生理学"与"特殊和比较生理学",前者主要阐述了一般意义上的有机体和具体种类的有机体具有的结构及其表现的生命现象和发展规律,后者则是对有机体诸种功能(如营养、吸收、呼吸、分泌和生殖等功能)进行的比较研究。

书中对冯·拜尔理论最集中的讨论出现在"一般生理学"的最后一部分——"论有机结构及发展的一般规划"。在这里,卡彭特将冯·拜尔的理论称为"伟大的进步原则"[3],这项原则不仅可以在"植物和动物生命的上升的等级"中观察到,也能在"高等类型的生物从最原始的胚胎状态到完美形态的进展中"得到体现[4];不仅适用于描述生物在结构上的变化,还能够描述器官的功能特性的变化。譬如:

> 如果比较一下同样一个工具性结构在整个系列的不同部分所具有的形态,往往会发现这个结构在最低等种类中的形态最一般或者说最分散,而在最高等种类中的形态则最特殊也最受限;同时,从一种形态向另一种形态的过渡也是缓慢进行的。因而,功能在一开始也是非常一般的,与其他功能处于合并状态并且很难和

---

[1] William Carpenter, *Nature and Man, Essays Scientific and Philosophical*, London: Kegan Paul, Trench, 1888, p. 67.
[2] Dov Ospovat, "The Influence of Karl Ernst von Baer's Embryology", p. 18.
[3] William Carpenter, *The Principles of Physiology, General and Comparative*, p. 585.
[4] William Carpenter, *The Principles of Physiology, General and Comparative*, p. 576.

后者区分开,由同样一个表面完成,但随后就会局限在一个器官里,或者从其余功能中间分离而被专业化。①

不过,卡彭特并不满足于重述冯·拜尔的理念,而是认为可以进一步扩展它的适用范围。他和欧文都发现,同样的"一般规划"不仅存在于"现存的有机结构形式"中,而且存在于整个"地球表面的有机生命的演替"当中②,包括"地质时期中形成的有机形式"。③ 也就是说,地球上现有的植物和动物种类不仅可以构成一个一般到特殊和同质到异质的发展阶梯,而且可以和远古时期已经灭绝了的植物和动物一道,共同构成一个时间跨度更大的发展阶梯。这样一来,冯·拜尔理论的时空范围就被骤然拉大,从胚胎学、生物学领域跨入了古生物学领域。当时在英国,最先阐述这个扩大版理论的是欧文,他在自己的脊椎动物尤其是哺乳动物研究中,用其描述生物长时期内的演替规律,但欧文不肯在自己的研究领域之外泛化这一理论。卡彭特则不然,他在欧文的研究基础上,大胆突破理论限度,宣称冯·拜尔的发展法则适用于所有的古生物:

> 我们已经发现,这一从更一般向更特殊的进步的观念,既广泛存在于现存植物和动物组织类型的完整结构中,也存在于它们达到这种完整结构的发展过程,与此同时,那些曾经在我们地球表面接连出现而又渐次消失、最终让位于我们这个时代的生物的一长串有机形式,它们当中也能同样能追踪到这种观念。④

---

① William Carpenter, *The Principles of Physiology, General and Comparative*, p. 585.
② William Carpenter, *The Principles of Physiology, General and Comparative*, p. 575.
③ William Carpenter, *The Principles of Physiology, General and Comparative*, p. 15.
④ William Carpenter, *Principles of Comparative Physiology*, 4th ed. Philadelphia: Blanchard and Lea, 1854, p. 133.

因此，当斯宾塞在《生理学原理》中读到"同质向异质变化"的时候，它已经是一个比冯·拜尔的原始版本更具一般性的理论了。不过在斯宾塞看来，"这一思想的实质内容并不新鲜，尽管其形式是从未接触到的"。① 斯宾塞指出，此前的《社会静力学》里就已经表现出了对这种发展现象的认识，只是彼时这种领悟还"没有一个足够固定的形式"，使用的术语也不统一。例如，《社会静力学》有一部分讨论动物和"社会有机体"的"功能再分化"的内容，其中谈到低等动物的组织是"许多相似部分的集合"，它们向更高等级的演化则表现为"相似部分的数目的逐渐减少"和"不相似部分的增加"；同样，在社会的发展进程中，原始社会几乎是由"同一成分的不断复制"构成，随后表现出"功能的分离"倾向，许多社会单位"分隔"为不同的阶层，阶层又进一步"切分"(sundering)为不同的等级和职业，社会的构成也变得越来越复杂。② 简言之，低等有机体与低等类型的社会一样，均由"执行相同功能的许多相似部分"构成，高等有机体亦如高等类型的社会，包含着"执行不同功能的许多不相似的部分"。③ 在斯宾塞看来，这些都是与"同质向异质的变化"非常接近的观念，表明冯·拜尔的概括"只是肯定了业已存在的思想，使其变得更加明确了"。④

斯宾塞此言其实不无道理。因为在1852年读到《生理学原理》之前，他已经接触过不少直接或间接被冯·拜尔的理论影响的观点和作品。《自传》当中的记载显示，早在19世纪40年代斯宾塞就听过解剖学家欧文的讲座，在《社会静力学》中也多处引用后者的观点，特别是涉及生物及其体内结构演变的实证研究部分。此外，斯宾塞在1851年

---

① Herbert Spencer, *An Autobiography by Herbert Spencer*, vol. 2, p. 11.
② Herbert Spencer, *Social Statics*, pp. 273–274.
③ Herbert Spencer, *An Autobiography by Herbert Spencer*, vol. 2, p. 11.
④ Herbert Spencer, *An Autobiography by Herbert Spencer*, vol. 1, p. 374.

和李维斯漫步期间读到的米奈-爱德华兹《动物学导论》一书中，也有关于胚胎发育"分叉"过程的描述。斯宾塞甚至曾表示"同质向异质变化"是和"生理性劳动分工"异曲同工的理论。另外，大约在差不多的时期，斯宾塞还读过查普曼沙龙的另一位成员钱伯斯的《自然创造史的遗迹》，其中也有许多借自卡彭特的观点，甚至还有一份与《生理学原理》中的脊椎动物胚胎发育图相差无几的图表。① 可以说，这些讲座和阅读经历都为斯宾塞接受"同质向异质变化"理论做了充分准备。

然而，比起卡彭特和上述其他学者，斯宾塞显然对这一理论有更大的野心。虽然并非陌生的观念，"同质向异质变化"仍旧给他带去了极大灵感："冯·拜尔这一表述个体发展原理的短语……以简洁的形式更为形象地展现了这一转变过程的图景，因而促成了我进一步的思考。"②通过将一切植物和动物的生长过程描述为由原先同质化的状态变为逐渐异质化的状态，这一概念"在我原先毫无章法或仅有部分条理的思想积累中建立起一个协调过程"，使得原本松散零碎的想法彼此之间形成了联动。③ 更重要的是，冯·拜尔的表达具有"更高的普遍性"④——比米奈-爱德华兹的"生理性劳动分工"还要略胜一筹。这是因为，尽管"生理性劳动分工"可以囊括有机体以外的其他"超有机"现象，但这一短语的特殊性决定了它无法延及无机世界。相反，"同质向异质变化"以"最一般的术语"概括了有机转化过程，从而揭示出有机

---

① Robert Chambers, *Vestiges of the Natural History of Creation*, New York: Humanities Press, 1969, p. 212; Carpenter, *Principles of General and Comparative Physiology*, p. 197.

② Herbert Spencer, *An Autobiography by Herbert Spencer*, vol. 2, p. 250.

③ Herbert Spencer, *First Principles*, 2nd ed., London: William and Norgate, 1867, p. 316.

④ Herbert Spencer, *First Principles*, 2nd ed., p. 316.

过程与无机过程之间的共同点。一句话,"同质向异质变化"完美呼应了斯宾塞对普遍法则的信念,与他寻找"自然的统一方法论"的努力不谋而合。[①]

因此,尽管冯·拜尔本人只是在胚胎发育和动植物演化的意义上阐述"同质向异质变化",而卡彭特和欧文也最多将其延伸到了古生物学领域,斯宾塞却意欲把这个短语运用到更大范围的自然界和人类社会领域中。

五、"同质向异质变化"理论的泛化
——19世纪50年代诸文章

1852年,斯宾塞发表《文体哲学》(*The philosophy of Style*),讨论语言和文学风格的演变,在这里第一次出现了冯·拜尔式表达。文章中,斯宾塞认为人们使用的字、词、句和语法结构都经历了从简单到复杂变化:"文体的进步是从均一到多样——从一种较为同质的形式到较为异质的形式"[②];两年后的《礼仪与风尚》则把这种描述扩展到了人类社会的统治结构,认为社会的统治(government)或控制形式(forms of control)的发展也和有机体遵循一样的进化法则,即"一般的功能逐渐分离为特殊的功能":

> 对人施加的各种统治最初都是同一种统治——政治的、宗教的和礼仪的控制形式,都是昔日某种不可分割的一般控制形式的

[①] Herbert Spencer, *First Principles*, 2nd ed., p. 316.
[②] Herbert Spencer, "The Philosophy of Style", in Herbert Spencer, *Essays: Scientific, Political and Speculative*, vol. 2, pp. 253-274.

各种分支。最初,那位征服成功的首领统治了一切,所有的行为规则都出自他的意志。他既是立法者也是法官,负责裁断他的臣民之间的纷争;他的话就是法律。对他的敬畏就是原始的宗教;他的准则就是他的第一部诫书。他规定人们服从他的方式,仪式便由此产生。经年累月,从第一种形式中发展出了政治的效忠和正义的管理;从第二种形式中发展出了对一个人格越来越含糊的存在的崇拜,并伴有越来越抽象的训诫;从第三种形式中产生了荣誉称号和形式,以及礼仪规矩。如同一切组织体的进化法则一样,一般的功能将会逐渐分离为特殊的功能,因而社会有机体为了更好地完成统治职能,生长出了法律的器官——法院、法官和律师;生长出了由主教和牧师组成的国教;还生长出一个种姓、头衔和仪式构成的体系,由整个社会来执行。①

虽然《礼仪与风尚》中并没有出现"同质向异质变化"这一术语,对社会发展的表述也更接近《社会静力学》里的模式②,但关于统治形式的"进步的"和"分支的"观点,也很难说不是拜冯·拜尔所赐。1854年的《教育的艺术》,发表在《英国北部评论》(*North British Review*)上,后来被整合到了斯宾塞最著名的教育学著作《论教育》中。在这本书中,斯宾塞指出,儿童精神的展开重演了人类精神展开的过程,也是一种"从同质到异质的进步",故而教育也必须适应这种发展轨迹,即应当

---

① Herbert Spencer, "Manners and Fashions", in Herbert Spencer, *Essays: Scientific, Political and Speculative*, vol. 3, p. 16.
② 斯宾塞在《自传》中指出,他获知冯·拜尔的理论后,这种表达方式并没有立时取代《社会静力学》中的模式,在1854年的《礼仪与风尚》中仍然可以看到原始的形式,参见 Herbert Spencer, *An Autobiography by Herbert Spencer*, vol. 2, p. 11。

一步步地从简单到复杂推进。①

1855年,作为"综合哲学"系列首部作品的《心理学原理》中同时出现了"生理性劳动分工"和"同质向异质变化"两种表述,用以描述人类精神的产生和发展。在这里,两个短语表达的基本是同样的意思,只是前者更侧重功能,后者则同时包含功能和结构。例如,人类精神的出现就是"同质向异质变化"的一个范例:首先,在组成低等生物的"同质化的组织"当中,每一个部分的行动与其余部分都是相同的,各类生命进程"在许多相同的区域同时进行",无论在结构还是功能上,这个有机体内都没有发生任何的差异化(differentiation);不过很快,有机体内就出现了"内部和外部组织"的差别,前者是"身体的实在物质",后者则是对其进行限制的"薄膜"或"表皮"。② 正是在"外部组织"当中,"精神"的最初形式萌芽了:"最开始,劳动分工可以看作只是生理性的"——"表皮"进行更细致的分化,产生吸收水、营养和氧气的特殊部位。可与此同时,这种发展还向着物质活动和精神活动的分离进行:

> 这一持续的分化和整合过程形成了精神生命的物质,它们先是逐渐集中到有机体的表面上,然后集中到这个表面的某个区域里,随后再集中到构成高级感官的更加特殊化的部分,发展到最完善的程度,这些物质将会被局部化(localized)到更微小的中心。这个过程清楚地展现了精神生命如何在生长过程中与物质生命区别开。③

---

① Herbert Spencer, "Intellectual Education", in Chales W. Eliot (ed.), *Essays on Education and Kindred Subjects*, London: Dent, 1911, pp. 46-47.
② Herbert Spencer, *The Principles of Psychology*, p. 297.
③ Herbert Spencer, *The Principles of Psychology*, p. 299.

不过,"同质向异质变化"获得的最充分的阐释,是在 1857 年写给《威斯敏斯特评论》的文章《进步:其法则及原因》(以下简称《进步》)中。据斯宾塞回忆,《进步》一文是他在 50 年代探索发展问题的阶段性成果。《社会静力学》出版后,斯宾塞开始对诸如"事物为何是其所是""事物何以表现出进化的普遍倾向"[①]等宏大问题展现出浓厚兴趣,试图为变动不居的世间万物找到一个统一的原则和解释。通过广泛的阅读和交流,斯宾塞在前述英、德、法等国学者的生物发展与进化思想基础上融入自己的思考,最终形成了一个贯古通今、包罗万象的普遍进化理论。因此《进步》通常被视为是"进化"原则首次出现的地方。文中包含的诸多观点和例证,后来都被整合进了"综合哲学"系列的奠基作品《第一原理》当中。[②] 不过显然,此时斯宾塞使用的术语还没有明确下来,"进步"被用来表达后来的"进化"所具有的含义,在行文中两者也时常混用和互指。直到 1858 年斯宾塞制定"综合哲学"的写作计划之前,他才抛弃了太过"人类中心主义"的"进步"一词,选择了更为中立的"进化"概念。[③]

《进步》的主要任务是试图论证动物和植物发育遵循的"有机进步原理"同时也是"一切进步的原理"。所谓的"有机进步原理"指的就是冯·拜尔的"同质向异质变化"理论。斯宾塞声称:

> 无论是在地球的发展、地球表面的生命的发展,还是在社会、政府、制造业、商业、语言和文学、科学、艺术的发展中,这一经过连续的不断的分化而从简单到复杂的同样的进化过程,从头到尾都

[①] Herbert Spencer, "The Filiation of Ideas", p. 547.
[②] Herbert Spencer, "Progress: Its Law and Cause", in Herbert Spencer, *Essays: Scientific, Political and Speculative*, vol. 1, p. 11.
[③] Herbert Spencer, "The Filiation of Ideas", p. 551.

是成立的。从最早可追溯的宇宙的变化,一直到文明的最晚近的成果,我们都会发现这种从同质向异质的变化正是进步的本质所在。①

斯宾塞依次讨论了太阳系的形成、地球及其地质结构的形成、动植物的形成、人类及其种族的形成、人类社会及其组织的形成,以及人类社会的智识产物,如语言、绘画和雕塑艺术、音乐、舞蹈、诗歌和文学的形成,竭力表明一切事物的变化都在原则上体现为同样的过程。例如,有关太阳系演化的"星云假说"认为,太阳系原本是同质化的星云物质,经过了不断的差异化,形成了在质量、运动方式和速度上高度异质化的系统。又如,地质学家和物理学家基本认同,地球曾经是相对同质的"一团熔化物质",经过不断的分化之后,形成了如今在地质和地理上异质性极高的状态。人类社会则更是如此:最开始的社会只有性别差异和分工,社会的成分相当同质,随后,初级的分化产生了统治和被统治部分;而后,统治部分又分化成为政治组织(国家)、宗教组织(教会)和一套复杂的风俗习惯(仪式),形成了异质化的统治模式;与此同时,被统治部分也分化为不同阶层和等级的工人,人们由原先"人人都为了自己而去完成同样的活动"变成"人人都为了彼此而去完成不同的活动"。② 在自由贸易所推动的商品交换下,最终每个人的职业都会被专业化,因此,人类社会的进步也是一种"同质向异质"的转变:

> 一个野蛮部落的功能和成员几乎是同质化的,从这里开始,进化从来都是朝向整个人类的经济集合体,现在也仍旧如此。它不

---

① Herbert Spencer, "Progress: Its Law and Cause", p. 12.
② Herbert Spencer, "Progress: Its Law and Cause", pp. 12-13, 16-18.

断变得异质化,不同的功能由不同国家来承担,由每个城镇的许多种类的制造商和商人来承担,也由联合起来生产每一种商品的每位工人来承担。①

在这里,不仅人类社会被理解为有机体,按照有机原理发展变动,实际上宇宙中的所有存在都在某种意义上被理解为了有机体,展现出统一的、有机的变化模式。正如罗伯特·尼斯贝特(Robert Nisbet)所指出的,"进化"这一概念本身就是一种类比,把历史刻画为一种"生长"。② 把人类社会刻画为有机体的"社会有机体"概念,不过是这一更大类比中的一个范例,社会的历史也是宇宙的整体史中的一个环节。

值得注意的是,斯宾塞在阐释工业社会中的"同质向异质变化"现象时,用来分析的概念正是"劳动分工";在同年的另外一篇文章《代表制政府有何益?》("Representative Government—What is it Good For?")中,斯宾塞还表示《进步》表达的就是"和生理性劳动分工一样的观念"。③ 这说明,此时在斯宾塞的语境中,"劳动分工""生理性劳动分工"和"同质向异质变化"这些概念的意义已经趋同,区别只是各自通常适用的场景不同,而"同质向异质变化"的适用性最广。在 1857 年的另一篇重要文章《超自然生理学》("Transcendental Physiology")中,"同质向异质变化"已基本取代了"生理性劳动分工"。

所谓"超自然生理学",斯宾塞将其解释为生物科学的一个分支,其目的是要从自然界"各式各样的发展和功能的规律中总结出适用于一切有机体,而非仅仅某种特殊有机体的原则",是要发现能够"超越

---

① Herbert Spencer, "Progress: Its Law and Cause", p. 18.
② John D. Y. Peel, *Herbert Spencer: The Evolution of a Sociologist*, p. 166.
③ Herbert Spencer, "Representative Government—What is it Good For?", p. 180.

所有属、目、纲和界等差异,适用于所有生物的真理"。① 相比之下,该文首次发表时采用的题目——"生理学的根本法则"(The Ultimate Laws of Physiology)——反倒更能说明作者的意图。② 当然,我们很容易想到,"同质向异质变化"理论就是这么一项根本法则,因为"一切动物和植物"乃至"每一种组织体"的发展无一例外都经历了这一过程。除此之外,其他法则还包括有机体在生长、遗传和增殖方面的若干规律。③

这些法则不但概括了自然界有机体发展变化的重要方面,也促成了"生理现象和社会现象之间的比较":

> 社会有机体中可明确追踪的因果联系,可能会引发对于单个有机体中类似联系的探究,从而有可能说明若非如此则难以解释的问题。纯粹生理学家所解释的生长和功能法则,有时可能会给我们提供某些原本很难理解的社会变动的线索。即便达不到这种程度,这两门科学也至少可以互换各自对于事物的看法和证明,如此亦能有不小的裨益。④

也就是说,在斯宾塞看来,不仅生理学可以对社会学研究有所启发,反过来社会学现象也有助于对生理现象的理解——两者"或多或少是可以相互诠释的"。因而在这一基础上,生理学的普遍真理可以从对"社会有机体"的观察中得到启发。"生理性劳动分工"就是这样

---

① Herbert Spencer, "Transcendental Physiology", in Herbert Spencer, *Essays: Scientific, Political and Speculative*, vol. 1, p. 40.
② Herbert Spencer, "The Filiation of Ideas", p. 549.
③ Herbert Spencer, "Transcendental Physiology", pp. 40-42.
④ Herbert Spencer, "Transcendental Physiology", p. 61.

一个出色的例证。除此之外,社会与生物体一样,都是由互相依赖的各部分组成的。二者在发展过程中,也都表现出了"整合"与"分化"过程,同时,"分化"既是基于各部分对现存环境的适应,也受机体先前适应环境所遗留的性质左右,所有这些都对生理学有着重要的启发意义。当然,斯宾塞也谨慎地指出,"现代科学并不支持从古希腊的繁荣时代至今人们所习惯谈论的那种粗糙的类比观念"。但不可否认的是,的确有一个类比存在。这个类比并不是关于"一个人与一个国家的组成部分之间存在的特殊共同点",而是关于"身体和社会中体现的发展与结构的一般原则"。① 在这个意义上,"社会有机体"概念是形式的而非实质的,是抽象的而非具体的,是一般的而非特殊的。它并不指向社会与有机体之间具体可感的相似,而是有关两者在结构和功能上的原则性一致。这一点,将会成为后来斯宾塞回应"社会有机体"概念批评者时的关键立论基础。

至此,冯·拜尔的"同质向异质变化"理论经过一次次的扩大使用,终于生长成一个包罗万象的普遍原则,成为五年之后即将登场的"进化论"的核心内容。虽然在此之前,斯宾塞对有机体和社会的发展进步已经有了相似的理解,也就是说,"同质向异质变化"只是一种思想的强化,而非思想的来源,但这一理论还是得到了斯宾塞的空前重视。比起先前的"生理性劳动分工"概念,"同质向异质变化"拥有更广阔的适用空间,因而更加符合斯宾塞寻找统一法则的努力。利用这个理论,斯宾塞不断把自然界里发生的看似毫无关系的现象整合到同一个框架中来,在纷繁复杂的事物中寻找统一规律。同时,这一理论的有机特性也让斯宾塞更加确信,将社会与有机体进行类比有着真切的科

---

① Herbert Spencer, "Transcendental Physiology", p. 61.

学依据,这种类比又是一种更宏大的类比的组成部分。某种意义上,可以把"同质向异质变化"看作"进化论"的前身。不过,斯宾塞也已经逐渐意识到,若要阐述一个完整的普遍法则,还必须在此基础上有所补充。

六、《第一原理》与"进化"的两个定义

1862年,斯宾塞"综合哲学"系列的奠基之作《第一原理》发行第一版。在这里,斯宾塞首次明确使用"进化"来命名他的体系,替代了在他看来太过目的论和"人类中心主义"的"进步"概念;同时,斯宾塞在"同质向异质变化"的基础上增加了另一项法则,从而把"进化"表述为由相互对立的"分化"和"整合"构成的"异质性"和"确定性"不断上升的过程;除了阐述"进化"的原理,斯宾塞还尝试用力的活动来解释这一过程,寻找"进化"的终极原因。这些发展最终形成了《第一原理》中"进化"的第一个定义。经过了几年思考后,斯宾塞又对《第一原理》进行了修订,在1867年第二版中把原先作为"进化"次要方面的"整合"提升为主要过程,阐明了其力学基础,形成了"进化"的第二个也是最终的定义。然而,由于过于依赖机械化的语言,追求极致的一般性,新的定义不仅遮蔽了"进化"的有机背景,也进一步遮蔽了这一概念同最初的"个体性"概念之间的深刻关联。

1899年,迟暮之年的斯宾塞回溯自己提出和阐释进化论的思想轨迹,形成了《想法的来源》("The Filiation of Ideas")一文,这可以说是他对近半世纪写作生涯的总结。文章里有这样一段文字,颇具艺术性地记载了斯宾塞"综合哲学"计划的缘起:

1857—1858 年圣诞期间的一个明媚的周日早晨（也许就是新年那天），我正驻足池畔。微风轻拂，向我站立的岸边送来阵阵涟漪。我凝视着水波的起伏，随之想到了另外的一些起伏；也许还有最极端的情况——正如我素来的习惯一样——以太(the ether)的起伏，还有价格、股份和商品的涨跌。我一边走一边想到一个问题——运动的韵律难道不是普遍的吗？我很快有了肯定的答案……我在前几年的时间里已经阐明，一种由简单到复杂、由均一到多元的变化如何贯穿在所有层级的现象，即从星云的起源到语言、科学和艺术的起源中。如今，一个想法自然而然地出现了——这些纷繁的普遍真理显然都是一个普遍转化过程的不同方面。因此毫无疑问，正确的道路就是从进化的观点出发来依次展现这些真理——处理天文学、地质学、生物学、心理学、社会学和社会产品……①

经过几天的集中思考，1 月 8 日斯宾塞给父亲寄去了一份写作计划，包含一个由十卷本组成的哲学体系。② 其中，第一卷没有命名，内容包括"可知者"和"不可知者"的各项法则以及"宇宙进化"和"地质进化"两个部分；第二至七卷分别是"生物学原理""心理学原理（主观）""心理学原理（客观）""社会学原理""诚实(rectitude)原理（个人）"和"诚实原理（社会）"，余下三卷则是后来单独出版的三部《文集：科学的、政治的和推断的》(*Essays: Scientific, Political and Speculative*)。③ 他在信中对父亲说：

---

① Herbert Spencer, "The Filiation of Ideas", p. 550.
② 斯宾塞直到 1871 年才使用"综合哲学"这个名称，在此之前，他一直称之为"一个哲学体系"。见 Michael Taylor, *The Philosophy of Herbert Spencer*, p. 19。
③ Herbert Spencer, *An Autobiography by Herbert Spencer*, vol. 2, pp. 15-16.

> 过去的十天,我对各种事物的观念突然之间凝聚成了一个整体。先前散落各处的许多东西都来到了它们自己的位置,和谐地组成一个体系,可以从最简单的一般原理中逻辑地发展出来。我给您寄去了一个简短的概略,以便您能对它有所了解。假以时日,我希望能够逐渐发展出这里草拟的体系。

或许斯宾塞自己和他的父亲都不会想到,就是这样一份写作计划,将会成为斯宾塞整个后半生的事业。他不仅开始了这项计划,并且最终以惊人的毅力完成了它。36个寒来暑往,斯宾塞从壮年到老年,遭受着时常发作的重度神经衰弱的折磨,以及写作生涯不免伴随的生活窘迫和经济拮据,最终完成了这个最初连他自己都不相信能够完成的任务。完稿的"综合哲学"系列中,这份最初的计划大体上没有太多改变,"生物学原理"变成了两卷,"社会学原理"写了三卷,"诚实原理"更名为"伦理学原理",而第一卷最终被冠以《第一原理》之名。

《第一原理》的全名是《一个新哲学体系的第一原理》(The First Principles of a New System of Philosophy),首版于1862年,是"综合哲学"系列的奠基之作。在这里,斯宾塞提出了"进化"的第一个定义,分析了构成"进化"的过程,并且尝试解释"进化"的原因。和50年代一系列的前期讨论相比,《第一原理》呈现出三条主要的思想发展线索。首先,斯宾塞明确用"进化"替换了"进步",为自己的理论体系确定了名称;其次,斯宾塞不再满足于阐释"进化"的有机法则,而是转向力学去寻找这一普遍进程的终极原因;最后,在"同质向异质变化"基础上,斯宾塞加入了"整合"法则,并进行了多个方面的补充,最终使得"进化"成为一个由两个对立过程构成的复杂进程。

《第一原理》共有两章,主要讨论进化法则(the law of Evolution),

其中第一章与《进步》的前半部分的内容基本重合,也就是将进化主要理解为"同质向异质变化",并追踪了该转变现象在宇宙各个层级的发展进程中的体现,论证一切形式的进化——无论是天体、地质、动植物、人类、社会,还是科学、语言或艺术——都符合同样的有机进化原理。这里唯一的改变是,原先指称该过程的"进步"一词都被更换为"进化"。术语的改变是斯宾塞深思熟虑的结果。整个50年代里,用来指代发展过程的词汇除了最初的"个体化"以外,还有"进步"、"进化"、"发展"(development)和"进展"(advance)等,且后面几个概念时常处于混用状态,在《心理学原理》《超自然生理学》和1860年的《社会有机体》中均是如此。《进步》一文虽然明确使用了"进步",但斯宾塞并不十分满意。他在这篇文章的开头就表示,"进步"存在诸多问题——首先,"进步"是一个"模糊不清、指称不明"的概念,人们时而用它指代单纯的增长,例如国家人口的增加和疆域的扩大,时而又涉及对象的质量提升,比如农业和手工业的进步。诸如"道德进步"或"智识进步"这样的用法更是模棱两可,因为不清楚它指的是人本身还是科学和艺术等"人类思维和行动的抽象结果"。[1] 其次,这个概念还是错误的——只见虚影而不见实质,看到了进步附带的现象,却没有弄清楚事实的真相。例如,人们通常认为智力进步就是一个人知道了更多事实或理解更多法则,可实际上,知识的增长只是大脑内部结构发生改变的结果;同样,社会进步往往被等同于制造更多数量和种类的物品来满足人们的需求,等同于提高人身和财产安全以及扩大行动自由,可事实是,这一切都是社会有机体的结构发生改变所致,两种情况中都只有后者才真正构成进步。[2] 最后,这个概念还是目的论的,仅考虑和人类福祉有

---

[1] Herbert Spencer, "Progress: Its Law and Cause", p. 11.
[2] Herbert Spencer, "Progress: Its Law and Cause", p. 11.

关的现象,只有能够增进人类福祉的变化才被视为构成了进步。例如,地质的改变只有在使地球"逐渐成为人类适宜的栖居地"的意义上,才被视为构成了"地质进步"。但若采取这种视角,不但会把许多遵循同样法则的过程排除在外,而且不利于人们总结这些过程的共同特征。

斯宾塞真正决定使用"进化"一词是在1857年到1858年间。他在1902年一封写给布朗大学的帕卡德教授(Professor Packard)的信中透露,自己引入"进化"是在《进步》一文发表到"综合哲学"系列计划拟成的这段时间之内,原因是"进化"带有太多"人类中心"(anthropocentric)意味,不适于表述这一过程。① 在此之后,"进化"的使用频率显著上升,"进步"则出现得越来越少,并且一般都是以解释性的方式出现,作为"发展""进展"等词的同义替换。《第一原理》确定了术语之后,斯宾塞也一直没有再改变主意。②

第二个思想线索,即对"进化"终极原因的探寻,则可以追溯到更早。斯宾塞自述从1854年起,他的心中就一直盘桓着一些重要问题:自从采用了冯·拜尔的"同质向异质变化"概念后,斯宾塞发现了它在不同领域都有适用性。这让他时常思忖,"同质向异质变化"是否是普遍的?对于这个问题,斯宾塞很快给出了肯定回答。接下来他又开始思考另一个问题:这一普遍倾向的普遍原因是什么?1854年8月,斯宾塞在法国港口城市特雷波特(Le Treport)休养期间有了思考的结果——普遍进步的原因是"作用加倍"(multiplication of effects)。这个发现让斯宾塞兴奋不已,决定写一篇文章详加阐述。然而由于神经衰弱的困扰,他不得不在1855年暂停了工作,直到两年之后,这项写作计

---

① Herbert Spencer, "The Filiation of Ideas", p. 551.
② 有关斯宾塞引入"进化"概念在思想史和科学史上的意义见彼得·鲍勒的文章:Peter Bowler, "The Changing Meaning of 'Evolution'", *Journal of the History of Ideas*, vol. 36, no. 1 (1975), pp. 95-114。

划才付诸实施——这就是《进步》一文的写作背景。① 事实上,从这篇文章的题目就可以看出,斯宾塞的写作有两个目的——分别阐述进化的"法则"和"原因"。"法则"是上一节讨论的"同质向异质变化","原因"就是"作用加倍",即"每种活动的力都会引发不止一种变化——每个原因都会产生一种以上的效果"。"作用加倍"体现在自然界的各种现象当中。举例来说,当一个物体敲击另一个物体时,除了对其中一者或两者造成位移或运动以外,还会产生许多其他的改变,如发出声响,也就是让物体产生振动并传入空气,两个物体内靠近撞击部位的颗粒也会被打乱;另外,它们还会释放热量,有时候甚至产生火花,在一些特殊情况下还会因此发生化合。又比如,在点燃蜡烛时,一个温度上升的因素就会导致许多变化——碳酸、水等物质的产生,热量和光的产生,被加热的空气的上升引发周围空气形成对流等,而所有这些变化又会引发更多的变化。因此,力所产生的作用始终比作为原因的力本身复杂得多,由此便可以推出,事物始终都在变得更加复杂——"在造物的整个过程里,过去必定曾经发生并且仍在继续发生着永不停息的同质向异质的变化"。② 这就是普遍进步的原因。

这个方向上的探寻很快又在《超自然生理学》里有了新的突破,"同质状态的不稳定性"(the unstableness of homogeneous)成了"进步"或"进化"的另一个原因。据斯宾塞回忆,这个想法的产生有可能是在《进步》完稿之后的进一步思考:

> 如果"作用加倍"引起了普遍进化,那么最初的第一个"作用"是如何发生的呢?《进化》发表之后不久,我就认识到一个真理:

---

① Herbert Spencer, "The Filiation of Ideas", p. 547.
② Herbert Spencer, "Progress: Its Law and Cause", pp. 26-27.

同质状态是一个不稳定的状态。①

任何同质的物体都必然处于不同力——种类或数量上的不同——的影响之下。而处在不同力的影响下,它们就必然会受到不同的改变……接受在质和量上不同的影响。于是在这些受到不同作用的部分里就会发生不同的变化。②

例如,任何动植物的胚胎或萌芽都是一个同质的集合体,它们在力的作用下各部分产生不同的变化,于是就有了最终发育而成的复杂生物体。③ 因此,"同质状态的不稳定性"是解释有机进步的基础。根据同样的道理,它也是解释一切进步的基础。

可以看到,斯宾塞在这段时期内已经开始从生物学和生理学转向物理学。也就是说,他不再满足于在生物科学的基础上阐述事物发展变动的"法则",而是要为这些有机"法则"确定更具一般性的"原因"。在斯宾塞看来,这个"原因"只能在无机科学中寻找,这与斯宾塞日后提出的科学分类是相一致的——《进步》中涉及的天文学、地质学、生物学、心理学和社会学等"实在科学",是建立在物理学、化学和力学等"抽象-实在科学"的研究基础之上的。1846 年,威尔士物理学家威廉·格鲁夫(William Grove)发表了《物理力的相关性》("The Correlation of Physical Forces"),其阐述的原理又由德国物理学家赫尔曼·冯·亥姆霍兹(Hermann von Helmholtz)发展成为"力的守恒定律",也就是后来被表述为"能量守恒定律"的物理原则。斯宾塞大致在 1858 年熟悉了这一原理,这让他"寻求终极物理原理作为理解复杂现象的

---

① Herbert Spencer, "The Filiation of Ideas", p. 549.
② Herbert Spencer, "Transcendental Physiology", p. 51.
③ Herbert Spencer, "Transcendental Physiology", p. 51.

关键"的努力更加受到鼓舞。"力的守恒定律"让斯宾塞意识到,各种类型的力只不过是一种力的不同形式,其在任何情况下都不能被增加或减少,只能被转化。先前认识到的法则,无论是"同质状态的不稳定性"还是"作用加倍",都应当只是"力的守恒定律"这一终极法则的推论。① 至此,斯宾塞正式把"力的守恒定律"作为"进化"的根本原因。

《第一原理》中呈现的第三个思想线索,是"整合"作为与"同质向异质变化"相伴随的过程正式成为"进化"的一个方面。斯宾塞对整合法则的思考,最早可以在 1855 年的《心理学原理》中找到踪迹。在 1855 年之前的文章中,斯宾塞在谈到事物的普遍倾向时强调的都是从同质到异质的"分化"过程,但在《心理学原理》中出现了另一个相伴随的过程——"整合"。在讨论人类意识产生的原理时,斯宾塞指出,意识的产生首先依赖于"意识状态的连续分化"——意识状态必须处于不断的变化当中,不同状态之间才会产生差异。只有通过认识某状态和先前的状态之间存在差异,意识才能产生;也只有通过不停地认识到后续状态和先前状态的差异,意识才得以维持。②

但是,仅有差异还不够,因为如果这些意识状态"仅仅就像一幅幅图像从镜子跟前经过那样从意识当中经过",那么无论这个过程有多么持续,智力仍旧无法产生。若要使连续出现的意识状态成为"思想的元素",它们必须和"某些先前经历过的状态"有相似之处,也就是说,"差异"(unlikeness)必须被"相似"(likeness)补充。只有当某状态和先前经验过的另一状态之间存在或多或少的相似,这个状态才是"可被思考的"。因此,意识的产生还必须依赖"意识状态的连续整合"——意识状态必须不断和先前经验过的其他状态整合在一起,使

---

① Herbert Spencer, *An Autobiography by Herbert Spencer*, vol. 2, p. 14.
② Herbert Spencer, *The Principles of Psychology*, p. 201.

得拥有相同性质的状态被归为一类,或者说被同化,认识才是可能的。

经过这样两步分析之后,斯宾塞得出结论:人类的意识就存在于"两个相对抗的过程中——离心的(centrifugal)和向心的(centripetal)两种活动,共同维持着意识的平衡"。意识必须每时每刻发生状态的分化,才能使思想有"物质材料";而若要使新的状态成为思想,意识又必须和先前经验过的状态整合起来。这种"永远进行着的交替"犹如钟摆一般,无论是最简单的意识还是最复杂的科学思维,无不在不断寻求"差异"和"相似"的过程中形成新的认识。

此外,这项法则不仅体现在每个具体的思想过程中,同时也体现在一般意义上的思想进步当中:

> 这些较小的分化和整合不停地发生,导致了更大的分化和整合,从而构成了精神发展。当智力在原先混为一谈的事物、现象或法则之间做出区分时,每一次这样的进展就意味着意识状态的一次分化;而当智力在原先认为不相干的事物、现象或法则之中认识到同样的本质时,每一次这样的进展又意味着意识状态的一次整合。[1]

在斯宾塞看来,这条心理学原理是和更一般的生理学原理保持一致的。因为"正如意识通过两个相对抗的过程维持一样,肉体生命也通过两个相对抗的过程维持"。构成身体的每一组织都通过氧气的活动被"分化",同时又将血液运送来的物质"整合"到自身当中。在此过程里,每一次的"整合"都为后续再次的"分化"做好准备,而每一次新

---

[1] Herbert Spencer, *The Principles of Psychology*, p. 201.

的"分化"又使组织能够再度"整合"新的物质。任何一个过程如若中断,另一个过程也将随之中断。因此,"有机生命就存在于这两种活动的平衡"当中。不仅如此,这条更一般的有机法则也和上述精神法则一样,不单单适用于具体的生命过程,而且同样适用于一般意义上的有机进步:

> 每个有机体都是从一团均一的物质开始的,它进化的每一步都包含在各部分的分化和整合当中。只要思考一下造物所展现的组织现象的一般形式,我们就能发现,承担相同功能的元素的整合,与承担不同功能的元素的分化,两者是同步进行的。所有组织体包含的同质向异质的进展过程,完全是由这个二重的活动实现的。①

很明显,斯宾塞在这里再一次展现出对事物发展的对立统一过程的认识。他使用了一系列的二元概念("分化"和"整合"、"差异"和"相似"以及"离心"和"向心")将精神乃至整个生命的发展过程构造为一个在不断摇摆的平衡中上升的过程。这让人不禁回想起《社会静力学》中对"个体化"的叙述,虽然这里并未出现"个体化""个体性"和"相互依赖"等词语,整个论述被更专业的生理学术语充斥,但只要稍加对比,就能发现这种思维方式与柯勒律治"两极论"的内在一致性。《生命理论》中,柯勒律治也讨论了"离心力"和"向心力",认为这一由磁铁的两极代表的相反的倾向同时体现在有机生命的进展中。斯宾塞讨论"分化"和"整合"的方式,也颇类似于柯勒律治描述"生殖"和"应

---

① Herbert Spencer, *The Principles of Psychology*, p. 202.

激"、"植物化"和"动物化"、"个体化倾向"和"连接倾向"的关系,以及自然和生命本身的两极化过程。

不过,"整合"在《心理学原理》中只是作为"分化"过程的补充形式出现的。更准确地说,这部作品中对"进化"的理解仍旧是以"同质向异质变化"为主,"分化"是它的主要实现形式,"整合"是次要或补充形式。也就是说,通过不断地在元素中间造成差异,同时把相似的元集合并在一起,事物呈现出越来越大的异质性和多样性,从而逐渐发展和完善自身。这种理解模式也出现在《进步》和《超自然生理学》中。《进步》只是简短对此有所提及,甚至完全没有使用"整合"这个术语;《超自然生理学》则对"整合"有了更进一步的发展。在这篇文章里,斯宾塞已经明确意识到"分化"并不能完整地解释"同质向异质变化",因为"在有机进化过程中,不仅发生着部分的分离,还发生着部分的合并(coalescence)。不仅有分隔(segregation),还有聚合(aggregation)"。例如心脏和肝脏的发育就是如此:"心脏最初只是一根搏动着的血管,经过逐渐弯曲折叠后被整合。组成初步形态的肝脏的胆管细胞,原先只是覆盖在肠道表面的薄薄一层,但在形成肝脏的过程中,它们不仅脱离了肠道,同时也合并成为一个确定的器官。"[1]

"整合"不仅发生在"每个胚胎所经历的各个发育阶段",也体现在"低等有机形式向高等形式的过渡中",即其和"同质向异质变化"一样,也是生物和生理领域的普遍现象。"整合"又分为"纵向整合"(longitude integration)与"横向整合"(transverse integration),前者指生物的骨骼、神经和环节等组织在身体垂直方向上的集中,后者指心脏、胃肠等内脏器官在水平方向上的融合。"整合"的原因在于,有机体内

---

[1] Herbert Spencer, "Transcendental Physiology", p. 42.

存在一种"把承担相似职责的部分联合起来的倾向",形成"功能的共同体"。例如,具有相似功能的神经节倾向于集中,形成中枢神经组织;很多血管最终会合并为一个或少量这样的结构,形成心脏组织;较低等哺乳动物体内的两个子宫在更高级的动物中融合成一个。因此,"整合"是有机体的发育和发展过程必不可少的一个元素。如果说"分化"就是一个事物分成许多的变化,那么"整合"就是许多事物合为一体的变化,两者缺一不可。这样一来,1852 年以后形成的认识就有必要作出更新了:"很显然,目前这种把发育的进步过程仅仅归因于分化的陈述是不完整的。若要充分表达这一事实,我们必须这样说:从同质到异质的转变是通过分化和与之相伴随的整合进行的。"①

这一认识最终在 1862 年《第一原理》第一版中形成了"进化"的第一个定义。《第一原理》虽然延续《进步》中的结论,认为"进化"主要是一个"同质向异质变化"过程,但认为有必要对此进行补充,因为并不是所有异质性的上升过程都构成"进化"。例如,当身体的某一部位出现肿瘤或发生其他病变时,该部位也会表现出内部"分化",从而也会导致整个身体的异质性升高;又如,在一个死去的身体内进行的分解过程,在最初阶段也会带来异质性的升高,因为每个部分分解开始的时间和速率不同,因此会造成体内一段时间既有未分解的化学物质,也有已分解的物质,异质性反倒比以往更高。同样的道理,社会的骚乱或灾难也有可能造成短时间内新的差异:

  一场叛乱中,尽管可能有些区域未收到干扰,但往往不是这里发展几个秘密团体,就是那里搞几次公共游行,有的地方还会发生

---

① Herbert Spencer, "Transcendental Physiology", p. 42.

实际冲突,这就使得作为整体的社会必然变得更加异质化。又如,一场饥荒造成破产、工厂关停、人员解散、粮食暴动和纵火等混乱,使得商业失去秩序。此时很显然,由于共同体的大部分尚且保持着原有的组织,表现出一如往常的现象,这些新产生的现象就必定会被认为增加了原有的复杂性。[1]

这种短时间内的"分化"并不意味着这些过程也属于"进化",相反,它们毋宁说是"进化"的反面——"分解"(dissolution)。为了排除这类容易混淆的过程,还必须进行一项补充:"进化是从同质向异质的变化,同时也是从不确定(indefinite)到确定(definite)的变化。它既是从简单(simplicity)到复杂(complexity)的进展,也是混乱(confusion)到秩序(order)的进展——从未定的安排(undetermined)到已定的安排(determined arrangement)的进展。"[2]这就是说,进化不仅伴随着异质性——也就是不相同的部分的逐渐增加,而且这些部分各自的"独特性"(distinctness)也在逐渐增加。通过不断吸收弥散在周围的物质,对其进行联合,各个部分逐渐具备了清晰的轮廓,最终由一个"不确定"的物质集合发展成为"完全确定"的整体,同时越发和其他部分相区别。这种从"不确定"到"确定"的变化,如同"同质向异质变化"一样,也表现在宇宙中各个层级的进程当中,从太阳系一直到人类的智识产物。因此:

> 构成进化之特征的不仅是部分的连续加倍,还有各个部分不断

---

[1] Herbert Spencer, *First Principles*, 1st ed., London: William and Norgate, 1862, p. 206.
[2] Herbert Spencer, *First Principles*, 1st ed., p. 206.

生长完整性(oneness)。异质性的上升源自逐步分化(differentiation)，而确定性的上升则源自逐步整合(integration)。这两个过程是同时进行的，或者毋宁说是同一个变化过程的两个对立面。①

"整合"不仅带来各个组成部分更加紧密的结合，从而增进个体的完整性，同时也带来各部分之间不断增大的相互依赖性。这种相互依赖性在无机世界还很微弱，到有机现象中则越发明显起来。低等动物分割后马上变成独立的两部分，高等动物却不能失去任何一部分，未发展的社会和发达社会也有类似的差别。此外，社会的产物也是如此，例如"科学现已变得高度整合，不仅各个分支都是由相互依赖的命题组成，同时这些分支相互之间也彼此依赖——它们都不能各自开展研究而不依靠相互之间的借鉴"。② 如此一来，"进化"又不仅是从不确定到确定的变化，还是从不连贯(incoherent)到连贯(coherent)的变化。③ 斯宾塞认为，只有纳入上述所有的补充特征，才可以得到真正的进化观念——"进化是一个从不确定、不连贯的同质体向确定、连贯的异质体的变化，其方式是连续的分化和整合"。

至此，《第一原理》第一版在1854年到1857年若干思想发展的基础上，给出了"进化"的第一个定义，也基本确定了相关概念群——"进化"以及构成"进化"的"分化"和"整合"，前者引起同质向异质的变化，后者带来不确定向确定的变化。只不过，无论在《心理学原理》《超自然生理学》还是在这本书中，"整合"仍然只是进化的次要方面："这种从不确定到确定的进展显然不是首要的而是次要的，是特定变化完

---

① Herbert Spencer, *First Principles*, 1st ed., pp. 196-211.
② Herbert Spencer, *First Principles*, 1st ed., pp. 211-212.
③ Herbert Spencer, *First Principles*, 1st ed., p. 215.

成所伴随的附带结果。"①进化的主要过程仍是"分化"的过程,且第一版对进化的论述以《进步》为蓝本,整个天平大幅倒向"分化",对"整合"着墨相对较少,这种状况在1867年《第一原理》第二版中得到了改变。

在开始对《第一原理》第二版的叙述之前,有必要先把视线向前移到1864年。这一年,斯宾塞在进化原因上的思考取得了另一项重大突破——认识到进化的所有现象背后起作用的都是物质和运动无止息的再分配,也正是这一认识促使斯宾塞决定修订《第一原理》,正式把"整合"作为进化的主要方面,而把"分化"降为次要方面。在这一年出版的一本小册子——《科学的分类》中,斯宾塞提出了一个科学分类法,意欲取代孔德在《实证哲学》中的分类。斯宾塞在1854年的《科学的起源》中就对孔德的科学分类提出了批评,认为他根据科学"依次降低的一般性"将其分为数学、天文学、物理学、化学、生理学和社会物理学(Social Physics)的做法并不符合历史发展的实际情况。从那时起,斯宾塞就一直想要提出一个替代性方案,对科学作出更准确的分类。这一探寻终于在十年之后有了结果。《科学的分类》把科学分成"抽象"(abstract)、"抽象-实在"(abstract-concrete)和"实在"(concrete)三个基础类别,其中,抽象科学处理各类现象为我们感知到所凭借的形式,包括逻辑和数学;第二类和第三类都是处理的则是现象本身,前者是作为元素的单个现象,包括机械、物理和化学等,后者是作为全体的多个现象的集合,包括天文学、地质学、生物学、心理学和社会学等。

前述理论突破就发生在斯宾塞思考实在科学的部分。他发现,无论是恒星的运转、地壳的运动,还是生物、人和社会当中发生的变化,其先决条件都是一项普遍法则——"力的再分配法则"。具体说来,自然

---

① Herbert Spencer, *First Principles*, 1st ed., p. 196.

界的物质和运动都处在无休无止的再分配过程中,当物质在力的作用下发生整合时,其所包含的运动就会随之耗散,这个过程就导致了"进化";反之,当物质所包含的运动增加时,原先结合在一起的物质就会耗散开来,从而引发"进化"的相反过程——"分解"。这个想法让斯宾塞突然意识到:"我在《第一原理》中陈述进化过程时,安排了一个错误的顺序,错将异质性的上升作为进化的首要过程,而把整合当作了次要过程,于是我当即决定重新组织《第一原理》。"就这样,1867年的《第一原理》第二版应声落地。

相较第一版,《第一原理》第二版对"进化"的定义增加了更多内容,原来的两章扩展成了四章。在新的定义中,"进化"共分为四个方面。首先,它是一个"物质的整合和运动的耗散"过程,表现为物质从不连贯到连贯和从分散到集中的变化。物质的"整合"又分为两个方面,主要的过程是物质不断吸收外界分散的物质以形成集合体,次要的过程则是在集合体形成的同时,其内部物质之间发生聚集与合并形成不同的部分,而且部分之间的结合也在不断变得紧密,意即"相互依赖"的上升。其次,伴随着"整合"的是物质从同质到异质或从均一到多样的变化,主要通过"分化"来完成。"分化"带来了复杂性,使得物质在整合得更紧密的同时也呈现出更多的内部差异。"分化"与"整合"同步发生,而且同时作用于整体和部分,一方面使得"整个物质一边整合,一边与其他物质分化开来",另一方面使得"整体的各个成员也一边整合,一边和其他成员分化开来"。[1] 不过在这里,"分化"只是"次级再分配","整合"才是"主要再分配",两者共同构成了"进化"的复合过程。很显然,冯·拜尔的"同质向异质变化"现在成了进化论的

---

[1] Herbert Spencer, *First Principles*, 1st ed., p. 205.

次要方面。再次,"进化"还是一个"从不确定到确定"的变化,对它的论述与第一版保持一致。最后,在"进化"中不仅发生着物质的再分配,同时还有运动的再分配。虽然在"整合"过程中,物质内包含的运动不断耗散,但留存下来的运动也经历着和物质相似的过程,即同步的"整合"与"分化"。例如原先的分子运动随着分子聚集成化合物,也被"整合"为化合物的整体运动,而随着各部分形成相异的物质集合,运动也被"分化"为不同的形式和韵律。

在此基础上,斯宾塞得出了最终的"进化"定义:

> 进化是物质的整合和相伴随的运动的耗散,在此过程中,物质从一个不确定、不连贯的同质体向确定、连贯的异质体过渡,物质所包含的运动也经历同样的转变。[1]

这也是斯宾塞最完整的"进化"表述。至此,斯宾塞完成了"进化"概念的最终构建,他不仅在"同质向异质变化"基础上加入了"整合"概念,而且将"整合"提升到首位。然而相比于第一版,第二版定义虽然附加了更多内容,在斯宾塞看来更为严谨,却反而遮蔽了某些关键要素。在这个定义里,"分化"一词被完全删去,"整合"也被打散为"物质"和"运动"这样的力学概念。整个定义显得冗长、驳杂和抽象,物理的语言又给它增添了一层晦涩。对于初次接触这个定义的读者来说,仅凭直观很难理解"进化"的基本过程,也就更难从中探知斯宾塞心中最初的想法了。

同样被这个定义遮蔽的还有"进化"和斯宾塞早年思想之间的关

---

[1] Herbert Spencer, *First Principles*, 2nd ed., p. 225.

联,而这正是本章通过文本和语境的解读所试图还原的。好在斯宾塞自己也提供了一些线索,使我们对这种关联的构建不至于完全基于推测。《第一原理》仍旧保留着《社会静力学》中描述"个体化"的一些词汇,如"独特性""分离""相互依赖"等,现在也用在对"进化"的描述中。更清楚的证据是两段出现在《第一原理》第一版中但在第二版中被删去的内容。第一段是在叙述完"整合"过程之后,斯宾塞提起了谢林"生命是个体化之倾向"的说法,认为自己的归纳和他有几分相似。他称谢林的这一概念"虽然不是真相,却预示着真相",因为"通过把生命定义为个体化倾向,谢林看到了这种更致密、完整和相互依赖的整体的形成,而我们已经看到,这正是一般意义上的进化的一个方面的特征"。然而比起"个体化","整合"却是更可取的一个词:首先,谢林用"个体化"概括一种生命原则,但斯宾塞并不希望用一个带有机色彩的词描述同时发生在有机和无机领域的进程,而是倾向于更中立和具有一般意义的词,这和他用"进化"替换"进步"的意图也是一致的;其次,"个体性"只说出了"进化"一个方面的特征,即个体性的完善意味着生命力的增强,但没有表明异质性的增长;再次,"个体化"更多涉及生命体的结构,而不是构成生命的过程;最后,"个体化"还忽略了有机体和外部世界的联系。[①] 斯宾塞的这段讨论,清楚地表明了"进化"与"个体化"理论之间存在的关系。可惜的是,这段内容在第二版中被抹去,这也使得大多数从第二版中获知斯宾塞进化论的读者无从将"进化"与"个体化"做任何联系。

第二段是在阐述"整合"与"分化"时,斯宾塞强调这两个过程是不可分割的,是同一事物的两面,之所以分开来叙述只是由于人类自身的

---

① Herbert Spencer, *First Principles*, 1st ed., pp. 212-213.

限度——"我们不可能一下子领会整个过程,而且没有任何单个的术语能描述这个过程。因此,我们不得不分别考虑每一个方面,分别表达它们的特征",但这些过程"实际上并不是分开的变化形式,而是同一个变化的不同方面"。① 这段内容在第二版中也已经被删去,换成了另一种表述:"进化"并不是"拥有共同特点的许多种进化",而是"同一个进化在所有地方以同样的形式"发生,因为"所有现象都是同一个宇宙的组成部分"。② 斯宾塞在这里表达的,似乎正是"两极性"观念所蕴含的认识论困境,即人们无法直接认识"整体"或"同一",只能用"部分"来表达"整体",用"差异"来观照"同一"。这一点让人很难不联系到柯勒律治在《文学生涯》中的精到阐述:"要获得任何对'真'的足够观念,我们必须在知性上分开它可区别的部分,这就是哲学的技术过程。但是这样过后,我们必须接着在观念上将它们恢复到整合,在这里它们真正地共同存在,这就是哲学的结果。"③斯宾塞用他的整个进化论体系,为这一哲学观点做了生动的脚注。

至于斯宾塞晚年的力学转向究竟意味着什么,是否表明他抛弃了有机论而投入机械论的怀抱,也并非一个能够简单回答的问题。如果斯宾塞会因为"进步"和"个体化"带有太明显的有机色彩而放弃这两个概念,转而选择更有普遍意味的"进化"和"整合",那么按照同样的逻辑,他应当也不会接受用机械概念来解释这一过程,因为这是同样的以偏概全。问题就在于,"力"在斯宾塞眼中究竟是一个什么样的概念? 也许,当我们把斯宾塞的这种转变和柯勒律治的生命理论联系起来时,就有可能得出不一样的结论。正如柯勒律治将磁力、电力和化合

---

① Herbert Spencer, *First Principles*, 1st ed., p. 216.
② Herbert Spencer, *First Principles*, 2nd ed., p. 307.
③ 白利兵:《论柯勒律治的有机整体思维》,第22页。

力作为生命的基础,却仍旧能够阐发有机主义思想一样,斯宾塞将"力"作为进化论的基础,也并不必然就是一种机械论的解释。关键的一环在于,当进化本身就是一个有机过程时,"力"只用于解释事物的产生和运转,却并不构成事物的本质。事实上,斯宾塞从不宣称他有关于事物本质的知识,而是将其归为"不可知者"(the Unknowable)范畴。对此他在《进步》的结尾有清醒的描述:

> 虽然他①可以把所有物体的性质都解释为力,但却无法设想力本身;尽管他可以发现所有思想的原始材料都是感觉,但最终也难以理解感觉本身。因而他发现内在和外在的一切事物的起源和本性都是不可思量的。唯物论者和唯心论者的争论不过是文字游戏,他们都宣称自己理解了实际上任何人都不可能理解的东西:不可知者。科学家同时认识到人类智力的伟大和渺小——他有能力处理一切进入它经验范围之内的事物,却对所有超越经验的事物束手无策。他能看到的仅只有一点,那就是绝对知识是不可能的;他能领悟到的也仅只有一点,那就是藏在一切事物背后的是一个不可穿透的谜。②

小 结

斯宾塞的"社会有机体"概念,诞生于1850年的《社会静力学》,经过十年的发展后在1860年的《社会有机体》中有了成熟的形式。在这十年的时间里,斯宾塞不断厘清这一概念诸多方面的含义,并在相当复

---

① 指科学家。
② Herbert Spencer, "Progress: Its Law and Cause", p. 39.

杂的观念脉络中对其进行界定,逐步将进化论的重要方面整合到其中。从诞生之初,"社会有机体"就承担起了描述人类社会组织结构和发展变动模式的任务。19世纪50年代,伴随着进化论的逐步生长和完善,斯宾塞从欧洲各国的哲学、政治经济学、生物学和生理学思想中博采众长,提炼出一个个精巧的概念和理论,不断完善着对生命、有机体和社会发展变化的理解。在这一过程中,斯宾塞所采用的术语从1850年带有哲学和伦理色彩的"个体化",转变为50年代有机性更突出的"进步""生理性劳动分工"和"同质向异质变化",最后在60年代确定为有机性较弱的"进化""整合""分化"以及带有机械色彩的"力""物质"和"运动"等术语。虽然斯宾塞的进化论在1867年《第一原理》第二版中才有了最终形态,但如果没有对于其形成过程尤其是这一过程中术语和概念演变的认识,我们很难把握斯宾塞进化论和社会有机论的真正内涵,从而无法深入阐明"社会有机体"概念在这一阶段的发展。

同时,本章通过这一概念梳理工作还希望表明,斯宾塞早年对英国诗人柯勒律治及其背后的德国观念论思想的借鉴,对进化论和"社会有机体"概念有着至关重要的影响。长期以来,这一线索在斯宾塞研究界普遍没有得到充分重视。一些学者即便注意到了斯宾塞的观念论背景,例如约翰·杜威(John Dewey)、安·勒夫比尔(Ann Low-Beer)、欧内斯特·巴克尔(Ernest Barker)和约翰·皮尔等,但大多视其为斯宾塞早年的一个思想来源,往往只稍作提及,并没有深入探究这一因素与日后的进化论更深层次的关系。[1] 更有学者甚而认为德国观念论构

---

[1] Ernest Barker, *Political Thought in England: from Herbert Spencer to the Present Day*, New York, H. Holt and Company, 1927, pp. 88-89; John D. Y. Peel, *Herbert Spencer: The Evolution of a Sociologist*, p. 173; Ann Low-Beer, *Hebert Spencer*, London: Collier-Macmillan, 1969, p. 11; John Dewey, "The Philosophical Work of Herbert Spencer", *The Philosophical Review*, vol. 13, no. 2 (1904), pp. 159-175, 170.

成斯宾塞思想背景中的一个矛盾点,很难与其他更加实证的和科学的成分相调和。[1] 但是这种认识是不全面的。斯宾塞固然在 1850 年之后很少再使用"个体化"一词,他从柯勒律治那里习得的一套德国自然哲学语言,也在随后的发展中先是被生物和生理科学的语言冲淡,随后又被更加物理和机械化的语言所取代,但这并不意味着"个体化"理论的退出。事实上,斯宾塞在很大程度上是把"个体化"最终融入进化论当中的。在这一点上,奥弗和迈克尔·泰勒都曾点出"个体化"与"进化"的相关方面在概念上的承接性。[2] 本章更加注意到的一点是,斯宾塞在德国哲学思想尤其是谢林"两极性"观念影响下,将"进化"构建为一个"整合"与"分化"并行的复合过程,也将"社会有机体"揭示为统一了"个体性"和"依赖性"的复杂整体。正是这样一种认识论,使得斯宾塞的进化观和社会观都必须要放在一种二元结构中来理解。这一点在涉及斯宾塞进化论同其个人主义政治哲学的关系时,显得尤为重要。

---

[1] Ernest Barker, *Political Thought in England*, p. 93; Ann Low-Beer, *Hebert Spencer*, p. 11.

[2] John Offer, *Herbert Spencer and Social Theory*, pp. 50, 198; Michael Taylor, *The Philosophy of Herbert Spencer*, pp. 62-63.

第四章
"社会有机体"概念的成熟和深化

随着《心理学原理》《第一原理》和《生物学原理》等作品的相继出版和再版,特别是19世纪60年代一部倡导科学教育普及的《论教育》取得出奇成功,年近半百的斯宾塞也终于在当时的英国文坛拥有了一定名气和地位。与此相伴,斯宾塞的"社会有机体"概念也被越来越多的人所熟知,引发了不少讨论,甚至是质疑和攻击,这也使得斯宾塞更加有针对性地在概念的重要方面进行澄清。在本章中,笔者将考察19世纪六七十年代斯宾塞论及"社会有机体"最重要的四个文本:1860年《社会有机体》、1871年《专门化行政》、1873年《社会学研究》和1877年《社会学原理》第一卷,集中考察斯宾塞如何运用这一概念描述文明演化、对"社会"进行定性、推导社会和政府原则并论证社会学作为一门学科的有效性。如果说19世纪五六十年代,斯宾塞对"社会有机体"概念的发展主要凸显的是其"进化"维度,那么到了70年代,斯宾塞则更加注重这一概念的"社会"维度,将其作为实证社会学体系的重要基石。正如迈克尔·弗里登在《英国进步主义思想》中所言,"社会有机体"概念提供了一种从自然科学出发思考和论说政治与社会命题的方式,使斯宾塞"能够直接在自然科学的基础上构建一种社会的科学",并由此"创造出了一种新的语言用于社会分析"。①

一、概念的成熟——1860年《社会有机体》

1860年1月,斯宾塞应《威斯敏斯特评论》杂志邀请撰写了《社会有机体》一文。在《自传》中介绍此文时,斯宾塞写道:"社会有机体概念……经过了《社会静力学》的简短表述,以及后续数年间的生长后,现在可以对它作一详尽阐释了。"②在这篇文章当中,斯宾塞不仅提出了"社会有机体"的标准定义,归纳了这一类比赖以成立的原则,同时还以惊人的细腻笔触对生物进化、社会发展和文明演化进行了全景式的描摹,彰显了进化论作为一种历史叙事的潜力。

斯宾塞先是对当时一些流行的社会观进行了辨析。在他看来,"社会不是人为组装在一起的"这一事实昭然若揭,可是人们却长期对其视而不见,表明当前对于社会科学的无知依旧很深。大多数人依旧认为,社会是在"天意的直接干涉"或"立法者的调节"下,或是在两者的同时作用下,才形成了现在的模样。但是,"只消看看周遭发生的变化,或者考察一下社会组织的主要特征,就能发现它们既非超自然的,

---

① Michael Freeden, *The New Liberalism: An Ideology of Social Reform*, p. 95;本书中译本见〔英〕迈克尔·弗里登:《英国进步主义思想:社会改革的兴起》,曾一璇译,商务印书馆2018年版。

② Herbert Spencer, *An Autobiography by Herbert Spencer*, vol. 2, p. 35. 原文是:The conception of the Social Organism is an evolutionary one... for they exclude the notion of manufacture or artificial arrangement, while they imply natural development. Briefly expressed in Social Statics, and having grown in the interval, the conception was now to be set forth in an elaborated form。

亦非由个别人的意志决定的……而是由一般的自然原因导致的"。① 例如,"劳动分工"的形成就是一个很好的例子:

> 它是在人类需求及其导致的活动的压力下产生的。尽管每个公民都追求他的个人福祉,没有人为劳动分工而操心,或者根本意识不到它有什么必要性,可是劳动分工却变得越来越完善……它缓慢地悄然发生着……通过像种子长成大树那样不为人察觉的过程,社会变成了我们现在看到的这样,一个由相互依赖的工人组成的复杂机体。②

社会中经济组织的形成过程表明,我们生活中至关重要的那些社会结构安排都并非人为,不是由"英雄般的国王",而是由集体智慧产生的。每个人都只是在追求自身的利益,他们获取生活的必需品,同时为他人提供一些产品和服务,从这些活动当中自发地进化出这样一个联合体,成为人们生存不可或缺、不能须臾中断的一个社会组织。

这种"自发生长"(spontaneous growth)不仅是经济组织的特点,而且它对一切组织都是成立的。与之相反的,则是所谓的"伟人理论",即认为社会变化乃是伟人所造就的:

> 那些把社会的历史视为伟大人物的历史的人们,认为这些伟大人物形塑了他们的社会的历史,可是他们忽略了一个事实,就是

---

① Herbert Spencer, "The Social Organism", in Eric Mark (ed.), *The Man versus the State, with Six Essays on Government, Society and Freedom*, Indianapolis: Liberty Fund, 1981, p. 189.
② Herbert Spencer, "The Social Organism", pp. 189-190.

这些伟人也是他们的社会的产物。没有某些先行条件——没有某种典型的国家品质(national character)，这些人要么不可能产生，要么不会拥有形成他们人格的那种修养。如果说他们的社会在某种程度上为他们所改造，那么在出生之前和以后，他们也是先被社会所塑造的——培育了他们所继承的那些先辈的品质的影响因素，也成就了他们，给他们带来了早年的偏见，带来了他们的信条、道德、知识和抱负。①

因此，虽然由伟人造成的社会变化可以被直接归因于个人的行为，但长远来看，最终还是可以追溯到产生这些个人的社会原因，故而伟人引发的社会变化仍是普遍发展过程的一部分。

接下来，斯宾塞又对历史上的一些社会观进行了辨析。他认为，虽然有关"政治体"和"有生命的单个身体"(living individual body)之间存在类比的看法由来已久，时常见诸各类作品当中，但由于缺乏生理科学的支持，这些看法都是模糊而具有幻想性的，因而无法揭示两者之间真正的一致。斯宾塞着重分析了柏拉图的《理想国》和霍布斯的《利维坦》中阐述的有机模型，认为两者都存在着诸多谬误：柏拉图相信社会的各部分与人脑的官能之间存在一致性，他把这些官能分成"理性""意志"和"激情"，分别对应社会中的"统治者""护卫者"和"工匠"，相当于人类具有的"反思""决断"和"情感"三种力量。在斯宾塞看来，这种类比是经不起推敲的——军队听命于政府，所以后者才应当和"意志"相对应；由于"意志"来源于占主导地位的"欲望"，因而"工匠"才为"护卫"提供了真正的动力②；霍布斯则把社会和人的身体而不是人

---

① Herbert Spencer, "The Social Organism", p. 191.
② Herbert Spencer, "The Social Organism", p. 191.

脑相提并论,就此而言,斯宾塞认为他的模型比柏拉图的更好。斯宾塞引用了《利维坦》英文版引言中的一段话加以说明:

> 因为号称"国民的整体"或"国家"(拉丁语为 Civitas)的这个庞然大物"利维坦"是用艺术造就的,它只是一个"人造的人";虽然它远比自然人身高力大,而且以保护自然人为其目的;在"利维坦"中,"主权"是使整体得到生命和活动的"人造的灵魂";官员和其他司法、行政人员是人造的"关节";用以紧密连接最高主权职位并推动每一关节和成员执行其任务的"赏"和"罚"是"神经",这同自然人身上的情况一样;一切个别成员的"资产"和"财富"是"实力";人民的安全是它的"事业";向它提供必要知识的顾问们是它的"记忆";"公平"和"法律"是人造的"理智"和"意志";"和睦"是它的"健康";"动乱"是它的"疾病",而"内战"是它的"死亡"。[1]

斯宾塞认为,霍布斯将这一类比发挥到极致,甚至画出了利维坦的形象,但他的类比仍旧充满矛盾。例如,"记忆""理性"和"意志"三种脑部功能中,"记忆"被类比为"顾问"这样的公共官员,而后两者却被类比为"衡平"和"法律"这样的抽象事物。类似的,如果"关节"是"地方官",那么"神经"也应当是具体的人的职务,而不可能是"奖赏"和"惩罚"这样的抽象物。确切地说,"奖赏"和"惩罚"更像是"神经"的不同状态,而不是"神经"本身。[2]

除了这些表面上的矛盾以外,柏拉图与霍布斯的类比还有更深层

---

[1] 本段译文参考〔英〕托马斯·霍布斯:《利维坦》,黎思复、黎廷弼译,商务印书馆 1986 年版,第 1 页。
[2] Herbert Spencer, "The Social Organism", p. 192.

次的问题。首先,他们都把社会比作具体的人体组织,而不是一般意义上的生物组织,但并没有证据表明社会一定是按照人体规则来组织的;谬误更甚之处在于,他们虽然都把社会看成有机体,但仍然使用机械论的语言描述社会的起源:柏拉图的理想国是"被人有意识地组装起来的,如同组装一块表",而霍布斯的利维坦也是"用艺术造就的"——他甚至把"社会契约"与"神意造人"相提并论。因此,柏拉图和霍布斯都"陷入了一种极端的矛盾当中,他们在结构上把共同体视为与人相似,但却和人造机器没什么两样——从性质上看是一个有机体,从历史上看却是一台机器"。①

无论是认为上帝或造物主创造了一切,还是把历史变迁归因于具有力量的个人,抑或是柏拉图和霍布斯的社会模型,斯宾塞所回顾的这些社会观都有一个共同点,那就是把社会想象为一个"产品"而不是一种"生长",认为社会的诞生和变化总是需要有人为之的,因而这些理论都有本质上的共性。通过这种联结,"社会有机体"概念同时具有了反驳基督教的神意论、"伟人史观"和以"社会契约论"为代表的机械论的力量,同时通过把机械论与"立法者的调节"相关联,斯宾塞又使"社会有机体"成为国家主义的批评工具。

不过在斯宾塞看来,柏拉图和霍布斯这样的有机思想至少表明,"有理由认为某种类比是真实存在的",只不过社会组织和其他组织之间存在的真实关系只有在生物学知识的烛照下才能被发现——只有现代科学才能揭示出两者之间的真正类比。② 具体而言:

> 社会在四个显著的特征上与有机个体类似:1. 它们都从小的

---

① Herbert Spencer, "The Social Organism", p. 192.
② Herbert Spencer, "The Social Organism", pp. 192-193.

聚集体开始,然后在不知不觉中增加质量。其中一些最后能达到原先的一万倍。2.尽管最初它们的结构非常简单,几乎可以看作是无结构的,但在生长过程中它们具有了复杂性不断上升的结构。3.在早期尚未充分发育的阶段,它们内部几乎不存在任何部分之间的相互依赖,但这些部分随后逐渐获得了相互依赖性。这种依赖性最终达到了相当高的程度,使得每个部分的活动和生命都只有通过余下部分的活动和生命才成为可能。4.社会的生命独立于组成它的任何单元的生命,也比后者持久得多。这些单元各自诞生、生长、工作、繁殖和死亡,而由它们组成的政治体却存活了一代又一代,质量增大,结构趋于完整,功能性活动也越来越丰富。①

概括起来,无论是"社会有机体"还是"有机个体",都表现出质量的增加、简单到复杂的进步、部分之间的功能性依赖和整体的持久完整性四大特征。这不仅是社会与生物体的相似之处,亦是作为广义上有机体的社会和生物体与自然界中无机物的本质区别。同时,社会或有机体越高级,在这四个方面所达到的程度也就越高。

当然,社会与有机个体也存在着明显的差异,对此斯宾塞同样概括了四点:首先,社会没有一个明确的外在形态,而有机体都有较为固定的形态;其次,社会的"生命元素"(living element)并不像有机体中那样,形成了一个连续体,而是"或多或少地广泛分散在地球表面的某些部分";再次,社会中的元素可以任意移动,而有机个体的元素则大多有固定位置;最后也是最重要的一个区别在于,动物的身体里只有一个特殊的组织被赋予了感觉,而在社会里所有的成员都拥有感觉。这一

---

① Herbert Spencer, "The Social Organism", p.193.

点之所以重要,是因为它规定了社会的最终目的:

> 在个体身体中,所有其他部分的福祉(welfare)服从于神经系统的福祉是正当的,后者的愉快或是痛苦活动构成了生命的好与坏;但在政治身体中,这一点就不成立了,或者说只有无足轻重的程度。动物的所有部分应当融入整体的生命,这没什么问题,因为整体有一个具备快乐和痛苦能力的共同意识(corporate consciousness)。但社会就不是这样,这是因为它的生命单元没有也不可能失去其个体意识(individual consciousness),同时作为整体的共同体也没有共同意识。这就是为何公民的福祉(welfares of citizens)不能为了某种假定的国家的好处(benefit of the state)而被正当牺牲的亘古不变的原因,也是为何国家只能为了公民的好处而被维持下去的原因。①

需要特别注意的是,斯宾塞并不认为这些差异是绝对的,也不影响社会和有机体之间的原则共性。这一方面是因为,低等动物界和植物界许多生物呈现出和"社会有机体"颇为相似的组织类型。例如,许多低等生物也没有固定的外在形态,而诸如原球虫、念珠藻科生物和水母等生物,也是由"分散在惰性物质中的生命单元"组成的,犹如社会中"物质上相分离"的单个的人。另一方面,部分原始动物体内没有神经系统,"感受性"(sensitiveness)是存在于所有部分当中的,这也和"社会有机体"是类似的。② 当然,斯宾塞给出这些生物学例证,并不是要把社会和这些低等生物等同起来,而是为了说明前文列出的四项差异只

---

① Herbert Spencer, "The Social Organism", p. 195.
② Herbert Spencer, "The Social Organism", pp. 194-195.

是广泛存在于自然界诸有机体之间的形态差异,"社会有机体"的特异性也远非独一无二。

除此之外,如果仔细考察社会的构成,也会发现这种差异比想象的小得多。譬如,虽然组成社会的人们是在物理上分隔开的,但他们赖以生存的更低等的生命——"覆盖一个国家的植被和靠它们生存的动物的生命"——却是连成一片的。也就是说,社会成员"并不是被无生命的空间分隔开的",而是"分散在低等级的生命所占据的空间"当中的。这些低等的有机存在也是"社会有机体"的组成部分,因为正是在它们的基础上,人类才能存在,从而社会也才能存在。同时,社会成员虽然可以自由移动,但只是在他们以私人身份行动时如此,而在公共身份之下,每个公民及其群体就像有机体内的细胞和器官一样是固定的。比如,农民、手工业者和商人常常终其一生在同一个地方从事活动,而重要的生产中心一般都保持在一个地方,城镇和地方的公司往往接连几代都是由创始人的后代或继承人来运营的。"正如在一个有生命的身体中,组成重要器官的细胞各自完成它们的功能,一段时间后就会消失,它们的位置留待其他细胞来填充一样,在社会的每个部分,器官保持不变,但其中的人却不停更替。"正是在这个意义上,当社会成员履行一个社会单元的职责时,他们的行动范围也是相当有限的。[1] 斯宾塞列举这些补充说明的目的在于,强调社会与有机体之间的差异只是特例,两者之间的相似点才是最本质的东西。

到这里,对"社会有机体"的一般性说明告一段落。在余下的部分里,斯宾塞详细列举了社会和生物体多达数十个方面的相似之处,历数了生物进化的不同阶段及其在结构和功能上产生的相应变化,并试图

---

[1] Herbert Spencer, "The Social Organism", pp. 194-195.

与社会发展阶段以及各类社会组织机构的出现一一对应,凸显"社会有机体"的进化本质。这部分内容在《社会静力学》中只有简短的一段,到这里已经发展为近 20 页的细密铺陈了,斯宾塞从自然界最低等的动物和植物开始写起。

最初的原生植物和动物只不过是一些细胞的集合,不但体积小到只在显微镜下可见,并且结构也极为简单,细胞之间几乎不存在什么差别。人类社会的最初阶段亦是如此,像布西曼人(Bushman)这样的种族也是由两三个家庭组合成一个规模很小的集体,除了性别之外不存在其他分工。由此可见,生物和社会的原始形态都是一种缺乏"组织性"和"部分的从属性"的同质化群体。

进入下一阶段,在顶生植物和水螅这样一些初等生物中,能看到微小的单元逐渐聚合为一个有初步组织形态的集体,其各部分也开始承担有差异的功能,虽然此时还没有能够达到稳定状态,承担某种功能的部分也可以转而承担别种功能。这就像大多数的土著部落一样,虽然生产组织还没有踪影,每个人都既是部落的守卫又是狩猎者,但酋长会议(council of chiefs)的出现使得政府组织初具雏形,个体之间开始有了"权力和阶级的划分",人与人之间开始进行"一种简陋的合作"。这种初等的生物和社会组织因而展现出一种"含糊的组织性",虽有分工,但各部分的功能存在重叠和共享,并且可以互相交换。比如社会中不论等级,每个人都得自己"建造房屋、制造武器、猎取食物",酋长和他的政府组织也随时面临着被变节的护卫暴力取代的威胁。[①]

接下来,生物进化到了一个十分复杂的阶段,不仅同种生物可能有不同的进化路径,而且生物个体还可能结合在一起形成共生关系,呈现

---

① Herbert Spencer, "The Social Organism", pp. 196-197.

出多种多样的组织形态。斯宾塞以水螅为例试图说明这一点:母体水螅通过出芽生殖形成的幼体水螅既有可能脱离母体成为独立个体,也有可能一直附着在母体之上,与其他类似附着的幼体、幼体出芽形成的新幼体以及最初的母体一道形成一种"复合动物"(compound animal)。构成这种"复合动物"的虽然是具备独立形态的个体,但它们相互间也存在着统一的物质循环和交流,意即同时保持着"独立"和"相互依赖"两种特征。① 斯宾塞认为,前一种情况就好比从一个部落中分离出来的部落迁往他方,与原始部落彻底隔绝,而后一种情况则类似分离开来的各群体依旧生活在同一区域或邻近区域,相互之间保持着较为频繁的往来接触。随着规模扩大和人口增加,这些部落、氏族和封建团体发展出了不同形式的纽带,最终形成国家。与此同时,社会内部也继续进行着分化。正如在复合水螅内不同的水螅个体开始根据不同的功能需要转变为不同形态,由此形成各式各样专门负责某项功能的器官一样,由部落集合而成的国家内部也逐渐出现了在性质和功能上各不相同的、互相依赖的社会部门。②

有机体内的这种分化,首先表现在胚胎发育过程中形成的内外两个细胞层:内层与营养物质(卵黄)直接接触,发展出负责供给养料的器官,承担消化、吸收食物、吸收氧气以及血液净化的结构功能;外层则暴露在外部环境中,形成神经、肌肉和骨骼等运动器官。与之类似,原始社会中的统治者和被统治者群体也逐渐演变为这样的两层结构,其中统治者率领的护卫群体构成上等阶层或贵族阶层,以战争、谈判和迁

---

① 斯宾塞对"复合动物"及其所展现的"复合个体性"(compound individuality)的讨论,是理解他的"社会有机体"概念中整体与个体关系维度的关键,詹姆斯·埃尔威克的文章《赫伯特·斯宾塞与不统一的社会有机体》对此做了精要的分析,参见 James Elwick, "Herbert Spencer and The Disunity of The Social Organism"。
② Herbert Spencer, "The Social Organism", pp. 190-198.

徒等集体的外部事务为己任。相应地,被统治者则构成奴隶阶层,他们和土地直接接触,承担为整个集体提供食物和手工产品等"营养"的职责。这两个阶层越来越专注于自身事务,使得这种分化最终固定下来,两个阶层在功能上不再重叠。胚胎进一步发育下去,上述两个细胞层中间会形成第三个细胞层——中间层,这是沟通内层和外层的血管所处的地方,营养通过该层结构得以从其产生的位置传送到需要的位置。对应到社会,这个中间细胞层就是社会的中等阶层或称"贸易阶层"。无论是经销商还是零售商,所有收集和运送商品的人都如同血管一样承担着沟通另外两个阶层的类似分配器官职能。除此之外,道路交通的完善可以看作血管的发育和分化,运输的商品可以看作血液的成分,商品的运输效率则可以类比为血液的流动速度,最后,就连血细胞和货币也有许多功能上的相似性。①

除了形成这三层结构以外,有机体还发展出了调控自身行动的结构,这就是生物体内的神经系统和社会的政府组织。神经系统和政府组织都是从"外部结构"中分化而来的。斯宾塞认为,"外部结构"从分化初期就表现出一些独特的能力,其中最为关键的是"感受性"和"伸缩力",使其能够胜任机体对外界的反应活动。同样的道理,早期社会的统治者也必须由足具才干的人担任,他们的关键能力是"才智"和"力量",分别运用在"指挥"和"防御"两种任务中。随着这一"外部结构"继续发展,这两种能力也开始出现分离。在较高等级的生物体中,"外部结构"的一部分逐渐不再具有"伸缩力"而只剩下"感受性",发展为神经系统,另一部分则只剩下"伸缩力"而没有了"感受性",从而生长为肌肉;与此类似,原始社会的首领兼行指挥和防御两项职责,既制

---

① Herbert Spencer, "The Social Organism", pp. 200-206.

定法律也亲自维持正义。随着集体规模的扩大,首领逐渐专注于发号施令,不再直接参与法令的执行、惩罚的实施和侵略与防御事务,而是委任他人完成这一切。与此同时,神经系统还有由"地方"向"中央"集中的趋势:环节动物中存在于身体每一段的"神经节",在更高等级的关节动物中被整合为"脑神经节";同样,社会发展也表现出原本相对独立的"地方指挥中心"逐渐被"中央指挥中心"控制,权力向中央集结的过程。随着功能和权力的集结,"脑神经节"进一步发展壮大并分化出不同单元,就像国王或统治者身边逐渐聚集起众多言臣,发展成为不同的政府职能部门一样。[1]

斯宾塞认为,现存的许多社会在政府发展方面只停留在了上述阶段,但英国则领先一步,发展出了另一个强有力的指挥中心——议会:"英国议会的功能堪比脊椎动物的脑部组织",是高等种类的生物特有的"大型控制神经节"。高等动物的大脑具有解读和整合机体各部分传递的"印象"并以此为依据安排行动的能力,这使其得以"平衡生命的各项利益,包括物质的、智识的和道德的利益",与之类似,议会的作用也常被描述为"平衡共同体内各阶层的利益"。同时,大脑并不直接从外界接受刺激、产生"印象",而是接收到知觉神经所传递的"感觉的再现",是诸种"印象"的"观念",因此大脑的意识是一种"再现的意识"(representative consciousness),区别于最初"直呈的意识"(presentative consciousness)。而这与我们对参议院功能的认识也如出一辙:参议院所平衡的各方利益并非由人民直接向其"呈现"(present),而是众多议员向其"代表"(represent)的。最后,大脑也如同议会一般,为调和多方感觉和利益进行着无休无止的辩论。[2]

---

[1] Herbert Spencer, "The Social Organism", pp. 207-209.
[2] Herbert Spencer, "The Social Organism", pp. 209-210.

在这一对英国代议制的热情赞颂中,斯宾塞对"社会有机体"类比的铺陈也落下帷幕。在总结类比原则时,斯宾塞还不忘再次强调"劳动分工"与"相互依赖"的内在关联:

> 生物体内的每个器官一旦受限于一项特定的活动,那么它就也一定要依赖其余器官来获取其位置和职责无法使它获取的那些物质;同样地,共同体当中的每一个特定阶层一旦只专注于生产它自己的产品,它就必须依赖其余阶层来获取它需要的其他产品。①

《社会有机体》在斯宾塞的著作全集中虽然并不如阐释进化论的作品那样瞩目,但却是斯宾塞的社会学思想第一次以系统化的面目出现的地方。该作品对前期不成体系的"社会有机体"概念加以充分的发展,清晰地归纳了社会与有机体之间的共同点和差异点,并用生物有机体的进化来对应文明社会的发展,完成了独具实证主义特色的阶段论阐述。对"社会有机体"的这种论述框架和模式,在后续的作品中基本没有太大的变动,甚至一直延续到斯宾塞社会学思想的奠基性作品《社会学原理》当中,成为其整个社会学体系的支点。

二、挑战与回应——1871年《专业化行政》

1871年,斯宾塞的"社会有机体"概念遭遇了一位劲敌——英国著名博物学家托马斯·赫胥黎。这位斯宾塞的终身挚友在《双季评论》(*Fortnightly Review*)上发表了一篇题为《行政虚无主义》的文章,力图

---

① Herbert Spencer, "The Social Organism", p. 204.

论证政府在科学教育事业上加大投入的正当性①,批评由威廉-冯·洪堡(Wilhelm von Humboldt)和约翰·密尔先生(John Mill)和"现而今在世的英国哲学家中最深刻者之一"的斯宾塞所倡导的反对国家干预、严格限制政府权力的观点。② 赫胥黎将这种观点概括为"消极的政府/国家功能观",他认为斯宾塞的"社会有机体"概念完全推导不出这一结论:

> 假设按照(斯宾塞的)这种观念,每块肌肉都坚称,神经系统无权干涉它们的收缩活动,除非是为了防止其阻碍其他肌肉的收缩;或者每个腺体都相信,只要自己的分泌活动不干涉其他腺体,它就拥有分泌的权利;假设每一个单独的细胞都被允许追求它的私人"利益",那么我的"自由放任之主"(laissez-faire lord of all)啊,生理机体(the body physiological)将会变成什么模样?③

与此相反,赫胥黎认为"社会有机体"类比真正暗示的,是一种利维坦式的绝对权威:

> 事实是,身体的主权是为整个生理有机体而谋划、而行动的,对组成它的各个部分实行铁腕统治。即便是血细胞也不能公开举行集会而不被诊断为"瘀血",大脑就像我们熟知的其他专制君王一般,立时要求以尖枪铁棍对付它们。就像霍布斯的"利维坦",

---

① 这篇文章的写作背景见本书第五章第三节。
② Thomas Huxley, "Administrative Nihilism", in Thomas H. Huxley, *Critiques and Addresses*, London: Macmillan, 1873, p. 17.
③ Thomas Huxley, "Administrative Nihilism", p. 18.

他代表着有机体中的主权权威,虽然他的所有权力都来自处在他统治之下的群体,但他是高于法律的。质疑他的权威将引致死亡,或被我们称为瘫痪的部分死亡。①

这样一种"社会有机体",显然同斯宾塞的理想社会相去甚远,甚至赫胥黎本人也并不认同这种近似专制的政府理念:"如果政体同生理机体的类比当真有任何意义,在我看来它所支持的政府干预将比现有水平还要高得多,甚至达到我根本不愿看到的程度。"所以,赫胥黎很快将"社会有机体"打入冷宫,原因是它"没能认识到生理机体和政治体之间的某些深刻而本质的区别"——社会是由原先相互独立的个体通过契约结合而成的,而在高等生物体中却并不存在这样的过程。因此赫胥黎认为,把社会组织过程比作"有机发展",不如比作"化学合成"来得更妥帖。在后一过程中,"彼此独立的元素逐渐堆积成一个复杂的集合体——每个元素都保留着独立的个体性,虽然它们从属于整体"。社会也是一样,其中的每个人就好比一枚枚原子,他们的"欲望和意志"形成原子之间的"引力和斥力",每个人都拥有满足自身欲望的无限力量——这种力量被称为"自由"。但是在构成"社会分子"(social molecule)的过程中,作为原子的人只有放弃这种自由,社会才能免于解体,也就是说,只有压制个人对欲望的无限追逐,人们的"自由"才不会影响社会的存续。②

如此一来,政治就成了一种"社会化学"(social chemistry),其目的就在于"发现人类的哪些欲望应当被满足,哪些又必须受到压制",从而在社会的秩序和进步之间维持平衡——"拒绝人类一些欲望的满足

---

① Thomas Huxley, "Administrative Nihilism", pp. 18-19.
② Thomas Huxley, "Administrative Nihilism", pp. 20-21.

对于秩序是必不可少的,而允许另一些欲望的满足则对进步而言同样是重要的"。因此,主权者的职责就在于鉴别人类的各种欲望对社会而言是好是坏,它不仅要制止反社会的欲望,同时也要促进有利于社会进步的欲望(社会成员的"和平、财富、智识和道德发展")的满足。在这些方面,"消极政府"显然远远不够,国家必须对社会生活采取更为积极的举措。比起斯宾塞,赫胥黎显然给政府赋予了更多的职责,从赫胥黎写作此文的最终目的——推动政府对科学教育的支持——来看,不得不说,这个"社会化学"的类比的确恰如其分。

《行政虚无主义》发表次月,斯宾塞在同一期刊上发表了《专门化行政》一文为自己辩护。[1] 这是斯宾塞写作生涯中第一次对批评进行回应。面对交往多年的好友的尖锐质疑,斯宾塞把两人的冲突归结为赫胥黎没有充分理解自己的学说。为了应对攻击,同时进一步澄清概念意涵,斯宾塞对"社会有机体"概念的许多方面都进行了发展,特别是进一步阐述了《社会有机体》中提及的"内部器官"和"外部器官"的分化,并将其与社会从"军事类型"向"工业类型"的形态变化联系起来。此外,斯宾塞还发展了"合作"(coorperation)和"对抗"(antagonism)这组概念,并且形成了有关社会控制的相对完整的理论。

针对赫胥黎有关"社会有机体"与斯宾塞的国家观念相矛盾的主张,斯宾塞首先声明,自己并非如蒲鲁东那样抱持无政府主义观点,反对政府的一切行动,而是坚持"政府行动在其适当的限度内不仅是合法的,更是至关重要的"。[2] 也就是说,斯宾塞无意也并不希望取消政府或国家的职责,而只是要把政府的直接控制行为限制在一定范围之内。这样一种有限政府观,在斯宾塞看来和"社会有机体"并不冲突,

---

[1] Herbert Spencer, "Specialized Administration", pp. 223-245.
[2] Herbert Spencer, "Specialized Administration", p. 231.

因为即使在生物有机体中,中枢对机体的直接控制也同样是有限的,这就不得不提到有机体和社会的"内外分化"(differentiation of outer and inner organs)了。《社会有机体》中,斯宾塞在阐述有机体和社会的发展变动过程时,对生物体内内胚层、外胚层和中间层的形成进行了刻画,并把它们分别同社会中的上等阶层、奴隶阶层和中间阶层相对应。他在这里则增添了更多细节:生物体在发育过程中,从外胚层中产生了身体的外部器官,内胚层则发育成消化腔等内部器官。这两个结构之间同时存在着一种合作和一种对抗的关系。合作体现在,一方面外部器官为内部器官保障食物供给,另一方面,内部器官又为外部器官准备好其活动所需的材料;对抗则是由于"每组器官在占有总供给的一部分时,都不可能不相应地减少留给另一组器官的供给"。[①]

随着内外两个器官系统各自发展,系统内部的器官各自之间也会产生合作与对抗,也就是说:

> 无论在一般还是具体意义上,组织的方法都是同时进行的合并与对立。所有器官联合起来促进它们所形成的有机体的利益,但与此同时它们也有自己的特殊利益,它们为了争夺血液而彼此竞争。[②]

这组对立统一的概念,延续了斯宾塞从《社会静力学》时期就形成的对于生命过程的辩证理解。从"个体性"与"相互依赖"的同时发展,再到"整合"与"分化"的并行不悖,斯宾塞总是把两个相反的过程统一起来,形成一体两面的关系。这种理解事物的方式,也被深刻地贯彻到了有关社会的叙述中。

[①] Herbert Spencer, "Specialized Administration", pp. 225-226.
[②] Herbert Spencer, "Specialized Administration", p. 226.

与有机体的内外结构相似,社会也有一组负责外部活动的器官和一组负责内部活动的器官。前者包括陆军、海军、堡垒和要塞等用于攻击和防御的机构,后者则是"从事国家生命赖以实现的所有活动"的工业组织。这两组机构之间的关系也类似动物的内外器官——同时存在着合作和对抗:"在防御系统的帮助下,工业系统才得在免受外敌侵扰的条件下执行功能;而工业系统供应的食物和材料,也是防御系统得以保障的安全前提。与此同时,这两个系统的存在又都依靠共同的储备,在这个意义上它们又是相互对立的。"①

伴随两个器官系统发展起来的还有两个控制系统,分别调节着内部器官和外部器官之间的合作。它们具有很不相同的特征,在很大程度上彼此独立,但又可以相互合作。一方面,外部器官由于要完成"捕获猎物、逃离危险"等活动,不断适应外界环境中的新情况,进行"卓有成效的合作",因而需要一个"复杂而集中的神经器官"来指挥它们的协同活动,所有的外部器官需要"迅速而完全地听命于它"。相反,内部结构则不需要这样的直接控制,因为它们的许多活动都是自主完成的,这种发生在内部结构中的协同活动被斯宾塞称为"内脏合作"(visceral cooperation),这种形式的合作受到另一个神经系统的调节:

> 食物被吞咽下去之后,其存在就会作用到局部神经。这些局部神经节通过直接作用以及间接作用于与其具有神经联结的其他神经节,刺激内脏的其余部分进行合作活动。当然,我们对交感神经系统或神经节系统,或者被称为"有机生命的神经系统"的部分,了解得还很粗浅,但我们确切地知道这些神经丛的一部分,比如

---

① Herbert Spencer, "Specialized Administration", p. 228.

说心脏神经丛,充当了局部刺激和协调中心。它们虽然受到更高的中心的影响,但却可以独立活动。那么我们推测分布在内脏中的其他更大的神经丛也是这样的局部独立中心,也就不失合理了。①

在斯宾塞看来,诸如消化、呼吸、血液循环等内部器官的活动,都受到这样的"局部中心"的调节。这些"局部中心"不直接指挥器官的活动,而只是把某一部分的刺激传递到其余部分,促进器官之间的协作。与此类似,社会的内部系统和外部系统也受到两种不同结构的调节。"社会有机体"的外层部分处在严格的中央控制之下,因为"外部系统为了适应环境中复杂多变而无法预料的变化,必须能够采取迅速的协同行动",所以这部分结构必须完全服从于一个最高的行政力量,也就是说,"陆军和海军必须处在专制控制之下"。相反,社会的内部系统,也就是工业系统所需要的控制机构(regulative apparatus)②则大不相同。农业和手工业生产的调节不需要任何政策指导或立法推动与限制,它们一方面受到经销商命令的直接调节,另一方面接收在整个国家内流传的市场报告的间接指示,就像腺体一样增加或者减少分泌。所有的这些活动都在没有任何行政监督的情况下进行,不受那些控制外部器官活动的执行中心的调遣。因而,调节这些"工业器官"的机构,在某种程度上就像脊椎动物体内的交感神经一样工作。它们不直接发号施令,而是通过市场中的信息交流来发挥作用。

工业活动受到的唯一一个来自高等中心的控制,是对"直接或间接侵害的约束"。这种约束就是保证"哪里有工作和浪费,哪里就应当

---

① Herbert Spencer, "Specialized Administration", p. 226.
② 鉴于apparatus一词在不同语境下的多种含义,本书采取了两种译法,在讨论生物机体时译成"器官",而在讨论社会时则译成"机构"。

有成比例的原料供给予以补充"。只有满足了这个条件,生产和分配过程才能够健康地运转。正如身体内的器官得不到血液供应就会萎缩一样,工厂在生产并销售了其所生产的商品后,如果得不到其他商品的充足补给,同样也会衰落。保障充足的供应,就是保障合同得到执行——"商品应以规定的价格被买走";而保障合同执行,也就是保障正义的施行。

最后,在动物的发育过程中,外部结构和内部结构之间的比例很多时候也会发生改变,这就是人们在昆虫和一些低等无脊椎动物中观察到的变态(metamorphosis)现象:例如在蝴蝶的幼虫阶段,营养器官十分发达,而与外界产生关系的器官却只有很少的发育",但在成长过程中,外部器官会经历巨大的发展,使得蝴蝶的活动能力和对外界环境的适应能力都有了极大提升,相比之下,此时的内部器官就要小得多了。再比如,低等无脊椎动物的幼体几乎没有什么营养系统,但肢体和感觉器官却很发达,使它们可以活跃地游来游去,一旦幼体找到了食物充足的栖居地,它就会开始失去大部分的外部器官,转而发展内脏系统,最终变得和原先完全两样,可见这一变态过程伴随着"生活模式的巨大改变"。①

类似的变态过程同样也发生在"社会有机体"中:原始社会都是"小而简单的社会类型",其组织几乎完全是掠夺性的,几乎不存在工业部分,只有女性以及后来形成的奴隶阶层从事劳动。除去这个部分,整个政治体都是为了攻击和防御而组织起来的,对这些部分的控制越集中,政治体就越高效。这样的共同体继续征服相邻的部落,逐渐发展出了较为复杂的组织,但整体上还是掠夺性的,工业结构只在支持攻击

---

① Herbert Spencer, "Specialized Administration", pp. 227-229.

和防御结构的必要限度内。和低等无脊椎动物的幼体一样,这种类型社会的外部结构也远远超过了内部结构,斯巴达就是这种类型社会的一个典型例子:

> 统治群体的每个成员都是一名士兵,而战争就是一生的事业。每个人都服从严格的纪律,被指派他最适于承担的工作。中央权威调控所有的社会活动,一直到人们日常行动的细枝末节;国家福祉就是一切,个体的生命是为了集体利益而存在的。只要这些封闭的社会使得军事组织的保留和活跃一直有其必要,那么这些特征就会一直存在。①

但是,当某个部落不断征服其邻近部落,形成了较大的集合体后,军事活动便不再如当初那般频繁了,战争也不再是每个人的职业。这个时候,工业结构就开始获得了主导地位,即社会的内部器官开始占上风。斯宾塞认为,内战前的美国北方各州就是这种和平或工业性的社会:

> 在这里,军事组织几乎完全消失了。地方不定时的民兵集结变成了欢宴的集会,一切与军事有关的事情都受到鄙夷……中央权威变得虚弱,几乎不再过问个体的私人行动;国家的利益也不再是每个人存在的目的,相反,国家为了每个人的利益而存在。②

然而,这种伴随文明程度提升的社会变态,如果处在对其不利的环

---

① Herbert Spencer, "Specialized Administration", p. 230.
② Herbert Spencer, "Specialized Administration", p. 230.

境条件下,很快就会退化。斯宾塞眼中的理想的工业社会,经历了内战的战火之后,又出现了向掠夺性社会靠近的趋势:美洲内战的例子表明,随着军事活动的加剧,"集权结构和相应的情感和观念将会多么迅速地卷土重来",英国自1815年来的历史也在时刻佐证这一点。[①]

这番对于社会和生物有机体内外之别的论述表明,机体的高级中枢虽然在调控对外行动方面具有直接的作用和最高的权威,但对于维持机体生命的器官,其直接控制作用是非常有限的,更大程度上依靠的是低级中枢或局部中枢来促进器官的合作。在这一基础上,斯宾塞认为赫胥黎的问题完全可以不攻自破。《行政虚无主义》里赫胥黎抨击斯宾塞的"消极的国家功能观",认为国家应当采取更加积极的行动。斯宾塞此前从未在消极和积极的维度上论述过自己的国家观念,但他欣然采纳了赫胥黎的术语,进入对方的话语体系,将计就计地用这个新的范畴来重述自己的"社会有机体"理论。在斯宾塞看来,社会的控制结构的确可以进行"积极调控"(positively regulative)和"消极调控"(negatively regulative)两种控制行动,前者指的是刺激和引导,相当于命令,旨在"替某一公民实现他的目标或者干涉他实现目标的方法";后者则指限制,相当于禁令,目的仅仅是"监督某一公民是否干扰另一公民追求自身目标"。[②] 在社会控制行动中,对外部器官必须同时进行积极和消极调控,即既要有命令也要有禁令,如此方能正确地指挥外部器官的行动。因此,军队等负责攻击和防御的机构必须处在中央权威之下,才能有最高效的协同和对外界最迅速的反映;相反,工业组织等负责营养供给的内部器官则完全不需要"积极调控",它们的运转"无

[①] Herbert Spencer, "Specialized Administration", p. 230.
[②] Herbert Spencer, "Specialized Administration", p. 230,对两种调控方式的详细解释见该页第一段尾注。

须来自大脑的任何指令",只要这些器官"追随它们各自的利益,公共福祉就能相当好地实现了"。只有在"直接或间接侵害"发生的情况下,工业活动才会受到来自中央的"消极调控",即保障合同得到充分的执行,只要保证合同得到履行,人人各得其所且不妨碍他人,社会的功能就可以健康运转。①

这样,斯宾塞就用有机体的"内外分化""变态"和"积极与消极调控"等一系列生理现象,完成了"社会有机体"概念与"有限政府"的内在联系的证明,也更进一步表明了"专门化行政"的内涵:政府作为有机体的一个器官,在社会发展过程中形成的专门化功能就是对外执行攻击和防御的积极力量,和对内维持工业活动秩序的消极力量,这也是有机体组织分化原则的必然:"每一种组织体都显示了这样一个原则,即效率要求成比例的专门化——结构上的和功能上的,而专业化就必然意味着随之而来的限制。"②正如有机体在进化过程中,各个器官逐渐具有了专由其承担的功能,而不再和其他器官的功能重叠一样,社会从"军事类型"进化至"工业类型",也伴随着政府从越来越多的社会活动中退出,"积极调控"越发减弱,"消极调控"则进一步扩大。这种专属政府的消极力量,在斯宾塞看来不仅是必备的,还应当在现有基础上进一步加强。从这个意义上说,政府不会消失,它只会越来越专门化。

然而,赫胥黎的批评并没有因为斯宾塞的回应而减弱锋芒。相反,赫胥黎第一次展现了"社会有机体"概念与个人主义社会秩序之间可能存在的张力,即有机体类比暗示了一个起主导作用的"中心"的存在。正如我们在动物或人体中看到的那样,大脑或神经中枢必须拥有

---

① Herbert Spencer, "Specialized Administration", pp. 232-234.
② Herbert Spencer, "Specialized Administration", p. 243.

较大甚至绝对的控制力,才能保证机体的有效运转。同理,人类社会也必须有一个强大的中央政府,对各项社会活动进行广泛调控,这与斯宾塞所坚守的个人主义原则是背道而驰的。虽然斯宾塞通过细致的生物类比,进一步捍卫了自己的概念的正当性,但赫胥黎对"社会有机体"的这种威权主义式的理解越发成为一种竞争性解释。他所暗示的斯宾塞理论的内在矛盾也在后来的现实政治辩论中被不断强化和放大,成为攻击斯宾塞及其个人主义式"社会有机体"的一个重要论点。我们今天仍能在研究文献中看到的种种暗示斯宾塞自相矛盾的指控,也正以此为开端。

三、社会科学何以可能？
——1873年《社会学研究》

1873年,《社会学研究》在伦敦出版。这部作品是斯宾塞在他的美国好友尤曼斯的极力鼓动下写成的。"社会学"(sociology)一词是斯宾塞借鉴孔德的一个术语[①],用以指称一门研究社会集合体的发展原则的科学。通过这门科学,斯宾塞希望阐明自然法则的普遍性,即它适用于自然界和人类精神,同时亦是社会的原则。

《社会学研究》要解决的一个核心问题是,社会科学作为一门独立的科学何以可能,这门学科的性质和研究对象是什么,对其进行研究又需要怎样的态度和知识准备。在斯宾塞看来,之所以要有一门社会科

[①] 1830—1842年,孔德的《实证哲学教程》陆续出版。在其第四卷里,他使用了"社会学"(la sociologie)一词作为他所构建的"社会物理学"体系的代名词,标志着社会学作为一门学科的正式诞生。就在孔德辞世的同一年,斯宾塞在他的作品《超自然生理学》中,也使用了"社会学"一词,并在包括《社会学研究》和《自传》的很多地方都承认这一术语借用自孔德。

学,乃是由于一切集合体(无论是由无机的还是有机的物质组成)都符合一项普遍规律,那就是"集合体的特性是由单元的特性决定的":砖块的形态和质量决定了用它砌成的围墙是否稳固,由不同的分子构成的化合物则具有形状各异的结晶体。在低等生物组成的社会集合中,组成单元的特点决定了它们是"仅仅聚集在一起",还是"生活在类似有组织结构、成员有劳动分工的联合体的状态中"。[①] 在由人类组成的社会中:

> 个人聚集成的群体必然具备由这些个人特点产生的一定特点;如果组成一个群体的人与组成另一个群体的人有相似的特点,那么,这两个群体就会有相似之处;如果一个群体中的个人不同于另一群体中的个人,那么这两个群体会有不同的特点……如果人们像种种低等动物那样相互躲避,那么将会出现什么情况?只要提出这个问题,就会发现:社会存在的可能性取决于个人一定的情感特点。如果人人最喜欢给自己带来最多痛苦的人,那么将会出现什么情况?只要提出这个问题,就会发现:这种情况下的社会关系(假设可能存在)会截然不同于人们各自偏爱给自己带来快乐的人时产生的社会关系。如果人们不是普遍地用最简单的方法而是更愿意用最麻烦的方法达到目的,那么将会出现什么情况?只要提出这个问题,就可推定:这样的社会——假如能够存在——会截然不同于任何我们知道的任何社会。如果正像这些情况表明的那样,社会的基本特点取决于人的基本特点,那么毫无疑问,社会

[①] Herbert Spencer, *The Study of Sociology*, London: Henry S. King, 1873, p. 33. 译文参考〔英〕赫伯特·斯宾塞:《社会学研究》,第 42 页。本书所引译文在原文基础上均有改动。

的次要特点取决于人的次要特点,而且各地社会的特殊结构和行为与人的特殊结构和行为一定有一致性。①

根据这项普遍原则,斯宾塞断定,必定有一门社会科学来表述"单元和集合体之间的关系",并且它的描述应当"尽可能具有与描述自然现象一样的确定性"。这门科学要从"组成小的、松散的社会聚集体的人的种类"开始,说明"个体在智识和情感方面的品质如何阻止他们完成进一步聚集";而后,这门科学还要解释"由于生活条件的改变而引起的个体本性的微小变化,如何为形成稍大的聚集体创造了可能";这门科学还必须厘清"在一定规模的社会聚集体中,成员被安排进调控(regulative)和生产(operative)关系当中",这些社会关系是如何形成的;最后,它还必须解释"更强烈、更持久的社会影响因素,这些因素通过进一步改变组成单位的特性,从而推动进一步的聚集,并相应使社会组织更为复杂"。简言之,"不论何种社会,也不论是大是小,从最小、最野蛮的到最大、最文明的社会中,存在什么样的由人的共性决定的共同特点,这是社会科学必须弄清的"。② 当然,集合体的性质还受到环境中诸多因素的影响,但是单元的性质为集合体可能具有的性质设定了界限。也就是说,无论环境造成何种改变,也绝不会使集合体具有同单元不相符合的性质。这种本质意义上的联系,构成了社会科学最为核心的研究对象。

斯宾塞承认,社会中的现象具有极其复杂的因果关系,因而很难就具体情况作出预见,但并不能因此就不承认社会科学的存在。因为,任

---

① 〔英〕赫伯特·斯宾塞:《社会学研究》,第43页。
② Herbert Spencer, *The Study of Sociology*, pp.35-36. 译文参考〔英〕赫伯特·斯宾塞:《社会学研究》,第44页。

何复杂现象都包含着"可预见的一般规律"与"不可预见的特殊性"。"组成对一个人一生的一般记叙的言与行"总是无法预测的,但"对他的身体及大脑在结构、功能方面进化过程的记叙",则往往可以事先下结论。① 例如,就个人的生平而言,一个孩子的未来是无法预测的:

> 就一个新生儿的未来我们能说什么呢?他会在幼年时期死于某种疾病吗?他会存活一段时间后被猩红热或百日咳夺去生命吗?他会患上麻疹或天花从而丧命吗?……他会不会有一天摔到楼下、被撞倒或者使身上的衣服烧起来,会不会因这些事件丧命或致残?这些问题也无法回答……看到护士怀中的婴儿,没人能断定他会愚笨还是聪明,会听话还是任性。②

可是一旦把目光转到婴儿"从长大、衰老到死亡这一生中的所有情况",就会发现许多现象是可以事先下结论的:"有些是可能性很大的,有些则是必然的——有些非常明确,有些在有限范围内变化。我指的是成长、发展、结构和功能的情况。"③从这个意义上说,"对有生命的物体的记述"与"对发生在它身上的行为和实践的记述"呈现出极大不同——后者构成他的生平,前者则使他成为人类学④的研究对象。

社会现象亦是如此。一个国家的行为及时运就好比一个人的生

---

① 〔英〕赫伯特·斯宾塞:《社会学研究》,第48页。
② 〔英〕赫伯特·斯宾塞:《社会学研究》,第46页。
③ 〔英〕赫伯特·斯宾塞:《社会学研究》,第47页。
④ 〔英〕赫伯特·斯宾塞:《社会学研究》,第48页,在anthropology这个词后的括号中,斯宾塞指出"虽然现在赋予该词的这一含义几乎使它不能这么使用"。结合上下文,anthropology应近似于后面提到的"人的科学"(Science of Man),具体包含研究人体结构和功能的"形态学"和"生理学"。而在19世纪70年代,anthropology一词已经接近现代用法,故而此处斯宾塞使用的应该是该词的非主流含义。

平,看起来毫无规律可循,但"对该国管理与生产制度以及它们的组织和作用逐步形成的方式的描述"却有相当的确定性——前者构成一个国家的历史,后者则是社会学的研究对象。在这个意义上,"传记之于人类学,正如历史学之于社会学"。①

通过这种方式,"社会有机体"概念就与一门社会科学相互关联起来——单个有机体和社会有机体之间的相似性,也暗含着这两种科学之间的类同。正如"不能因为一个人一生中的事件无法预见就说没有人的科学"一样,我们也"不能因为无法预见组成一般历史的事件就说没有社会的科学"。无论在个人中还是在社会中,行为的现象下都隐藏着一定的生命现象——使"传记作者叙述的行为"成为可能的,是人的结构和功能,而使"历史学家叙述的事情"成为可能的,则是国家的结构和功能,在这两种情况中,"科学所关心的正是这些结构和功能的起源、发展和衰退"。②

在这里,斯宾塞虽未言明他所要反驳的对象,但和《社会有机体》一样,这些内容针对的正是卡莱尔的"伟人理论"。③ 卡莱尔在 1830 年宣称,"历史就是无数传记的一部分内容"。④ 一个时代的真正的历史就是它的伟人的传记。在他的《奥利弗·克伦威尔的书信演说集》、《普鲁士腓特烈大帝史》和三卷本《法国革命》当中,卡莱尔坚信英雄人物具有"原初的洞察力",在他们的卓越领导之下,社会发展并没有什么法则可循。而在斯宾塞看来,"伟人理论"不过是"野蛮人围坐在篝

---

① Herbert Spencer, *The Study of Sociology*, p. 38,译文参考〔英〕赫伯特·斯宾塞:《社会学研究》,第 48 页。
② 〔英〕赫伯特·斯宾塞:《社会学研究》,第 48 页。
③ Michael Taylor, *The Philosophy of Herbert Spencer*, p. 94.
④ Thomas Carlyle, *Critical and Miscellaneous Essays*, Boston:Phillips, Sampson and Company, 1859, p. 220.

火旁"所讲的故事演变而来的迷信。① 尽管在历史的早期阶段,伟人的确发挥了至关重要的作用,但在发达社会中已不再如此,它是社会和经济因素的产物,受到自然法则和因果律的制约,所谓的伟人也必须依赖这些因素才能成就自身。

不过,人的科学和社会科学之间的类同,并不体现为简单的一一对应关系:"我不是说,一个单个机体与一个社会机体有非常相似之处,其中之一的明显特征,可以在另一个当中同样明显地表明出来。"② 也即"社会的形态学和生理学,并非与人的形态学和生理学相一致,而是与一般意义上的形态学和生理学一致"。③ 具体说来,这种类同体现在两者作为科学的不同分支所应具有的内在统一性。这种统一性包括两个方面:一方面,"所有的社会行为都是由个体的行为所决定的,所有的个体行为都大体上符合生命法则的很重要的行为,因此,要对社会行为进行理性的解释,就必须了解生命的规律"。④ 也就是说,人们必须理解了作为社会构成单元的人类在生长、发育、衰老和死亡方面的规律,考察了他们在结构和功能方面的特性,弄清楚了这种特性如何由环境改变,又如何被后代继承,方能明了社会何以起源、演变和衰亡,并且展现出独特的持久的特性。在这个意义上,生物学对社会学产生了"直接影响",它为作为社会单元的"人"提供了一个适当的理论,因而可以说,人类既是"生物学研究的终极目标",又是"社会学研究的起始因素"⑤,是衔接两类科学的关键环节。

---

① Herbert Spencer, *The Study of Sociology*, p. 22.
② 〔英〕赫伯特·斯宾塞:《社会学研究》,第 48 页。
③ Herbert Spencer, *The Study of Sociology*, p. 39. 斯宾塞在 1864 年《生物学原理》中曾解释过他自己对"形态学"和"生理学"的理解,认为前者是研究有机体结构的科学,后者则以有机体的功能为研究对象,参见 Herbert Spencer, "The Filiation of Ideas", p. 561.
④ 〔英〕赫伯特·斯宾塞:《社会学研究》,第 295 页。
⑤ 〔英〕赫伯特·斯宾塞:《社会学研究》,第 300 页。

另一方面,"作为一个整体的社会,除了从它的活动的单元来考虑以外,还呈现出与一个人身体内的生长、结构和功能现象相类似的现象;并且后者是认识前者的必要的方法"①。这种联系被斯宾塞称为类比性联系(analogical connexion)②,是将社会学与生物学关联起来的第二种方式,这一点在《超自然生理学》中已经有所提示。③ 在这种类比性联系中,生物学通过与社会学互换概念和思维模式,对后者施加"间接影响"。例如,"生理性劳动分工"这一概念最初来源于政治经济学的概括,但是,"当这一概念被从社会学搬到生物学领域时,立刻得到了极大的扩充。我们发现它不再仅限于描述营养方面的功能,而是适用于所有的生物功能。随后,这个在生物学中发展成为一项囊括一切的真理的观念,回到了社会学,也获得了解释一切的潜力。因为现在已经很清楚,劳动分工的原理不只适用于工业安排,而且适用于一般意义上的社会安排"。由此可见,社会学和生物学的这种联系是相互的,只有在理性地理解生物学真理的基础上,才能理性地解释社会学真理。④

值得注意的是,第二种意义上的相似关系,常常被以一种暗喻的形式表达。但是在斯宾塞看来,这种方式具有相当的误导性,因其修辞特征反而会掩盖真实的相似性:

> 修辞手法通常在只有些微相似的情况下却传达出完全相似的概念,因而起着误导作用,偶尔也通过使一个确实一致的关系看上去是想象之物而误导人。一个暗喻,当用来表达真实的类似时,往

---

① Herbert Spencer, *The Study of Sociology*, p. 200. 译文参考〔英〕赫伯特·斯宾塞:《社会学研究》,第295页。
② Herbert Spencer, *The Study of Sociology*, p. 201.
③ Herbert Spencer, "Transcendental Physiology", p. 61.
④ 〔英〕赫伯特·斯宾塞:《社会学研究》,第99页。

往引起人怀疑它纯粹是想象出来的相似而已;因此模糊了对内在的紧密关系的洞察。这样的情形出现在诸如"国家与民族""政治组织"等词汇中,以及其他心照不宣地将社会比喻为一个活的生物体的词汇中:它们被认为是一些使用便利却不表达任何事实的词汇——且更倾向于使人们产生不真实的想象。尽管如此,这里所用到的暗喻比一般意义上所使用的含义要丰富得多。它们偶尔暗示了一种起初模糊难辨,逐渐随着仔细地审查其证据而越加清晰的真理。①

正是基于这种考虑,斯宾塞很早就在有意识地把自己的概念和通常意义上的类比区分开。例如在《社会静力学》中就写到,社会和有机体之间有"超过类比的某种东西"②;在《超自然生理学》中则指出,"现代科学并不支持从古希腊的繁荣时代至今人们所习惯谈论的那种粗糙的类比观念"③;在《社会有机体》里也称,历史上的有机体类比往往是"模糊而具有幻想性"的,社会和有机体之间的实质的相似或真正的关系,只有通过生理科学的研究才能揭示。④ 可以看出,虽然斯宾塞重点阐发了"社会有机体"概念,但他对于任意的、单纯的类比一直是持批判态度的,他不希望自己的概念仅仅被视为一种修辞,而是希望它能够传达某种一般原则。

另外,社会学和生物学的内在统一性这一点也很容易使人联想起孔德的科学分类。事实上,在斯宾塞同时代和后世,许多人都认为他受到了孔德的影响,特别是《社会静力学》一书标题中的"Social Statics",

---

① 〔英〕赫伯特·斯宾塞:《社会学研究》,第295页。
② Herbert Spencer, *Social Statics*, p. 272.
③ Herbert Spencer, "Transcendental Physiology", p. 61.
④ Herbert Spencer, "The Social Organism", p. 193.

很自然地同孔德的"静力学"和"动力学"分类相联系。① 此外,"社会有机体"也是孔德使用过的概念,而斯宾塞作品中透露的浓厚的实证主义,也把他同后者紧紧绑定在了一起。不过,斯宾塞在很多地方都极力否认这种思想受惠,坚持原创性。在《社会学研究》里,斯宾塞提到孔德是在他在论述"社会学须以生物学为基础和前提"的时候。斯宾塞认为,"社会学以生物学为依托"的观念的种子很早就被播下,却由于缺乏适当的环境而迟迟没有萌芽。② 即使只限于英国思想,这一观念也可以回溯到三百年前理查德·胡克(Richard Hooker)的《论教会政治体的法则》(Of the Law of Ecclesiastical Polity)一书。亚当·弗格森(Adam Ferguson)则在《论文明社会史》(An Essay on the History of Civil Society)中更为系统地表达了"社会现象诞生于作为个体的人的现象"这一观念,并且蕴含了"一种因果关系的概念"。③

随着科学知识和科学精神的不断发展成熟,最终是由孔德将这一"生命的科学(the Science of Life)与社会的科学之间的联系"相对清晰地阐述出来。斯宾塞认同孔德在科学分类中将生物学置于社会学之前的做法,称赞其"清楚地看到了由联合在一起的人群所呈现的事实,和那些低等的过群居生活的生物所呈现的事实是同一种类;并且,在其中一事例中,就像在另一事例中一样,在理解集合体之前必须先研究每一个个体……要进行社会学的研究,生物学上的准备是必要的,不仅仅是因为从个体生活现象中产生的社团生活现象,只有在正确协调好个体生活之后才能得到协调;而且还因为生物学上所使用的调查方法就是

---

① 实际上斯宾塞在选定这个标题时对孔德还一无所知,详见本书第二章第五节。
② 〔英〕赫伯特·斯宾塞:《社会学研究》,第292页。
③ 〔英〕赫伯特·斯宾塞:《社会学研究》,第293页;Herbert Spencer, The Study of Sociology, p. 199。

社会学上所使用的那一套"。①

但斯宾塞也毫不掩饰对孔德的批评——他指出了孔德理论的三大缺陷。首先,孔德并没有认识到社会学与生物学之间关系的全部意涵,妄想通过扭转人们的思想来改变人们的行为,相信真理能带来"端行"(right practice),然而"公民的性质与社会性质之间的关系之深刻,远非改造思想所能变更"。② 其次,孔德否认物种具有无限的可变性,坚持物种在总体上是固定的,人类只在一定程度上能够产生情感和智识上的改变,因而无论个体还是社会的改变都是有限度的。由此出发,孔德形成了错误的成见,其中最严重的便是认为"遍布全球的野蛮和文明人种所呈现出来的不同社会形式,只是一种形式在进化过程中的不同发展阶段而已"。而在斯宾塞看来,这些不同的社会类型"正如单个有机体的不同类型一样,并没有形成一个单一的系列",而是"分叉"和"再分叉"(redivergent)的群落。③ 最后,孔德的错误还在于没有穷根追底地把社会科学纳入更为基础的、适用于一切有机和无机集合体的普遍科学范畴:"只有当人们看到,在一个社会的成长、成熟和衰落过程中所经历的转变符合同样的原则……只有当人们看到,这一过程在所有情形下都是由力决定的,而只有根据那些力来描述它,它才获得了科学的解释——只有这样,人们才会把社会学作为完整意义上的科学而加以认识。"④

《社会学研究》论证了社会科学的存在理由,以及这门科学的性质和研究对象。这部作品虽然只是大约同一时期开始动笔的《社会学原

---

① 〔英〕赫伯特·斯宾塞:《社会学研究》,第 293 页。
② Herbert Spencer, *The Study of Sociology*, p. 200.
③ Herbert Spencer, *The Study of Sociology*, p. 200.
④ 〔英〕赫伯特·斯宾塞:《社会学研究》,第 294 页。

理》的一个先导性作品,但其对社会学的发展却具有重要意义。它明确地将社会学奠定在生物学之上,并将"社会有机体"概念所包含的类比作为这种科学分类方法的基础,用这一概念打通了人的科学和社会科学,为接下来的《社会学原理》做了充分的方法论准备。

四、社会是什么?
——1877 年《社会学原理》第一卷

《社会学研究》付梓次年(1874 年),斯宾塞便马不停蹄地开始了《社会学原理》的撰写工作。《社会学原理》是斯宾塞一生中最重要的贡献——"综合哲学"系列——的倒数第二部作品。这项计划最初在 1858 年提出,历时三十六载,从 1855 年单独完成、后来纳入体系的两卷本《心理学原理》,到 1862 年的《第一原理》,再到 1864—1867 年的两卷本《生物学原理》、1876—1896 年的三卷本《社会学原理》和在此期间同步完成、1893 年出版的两卷本《伦理学原理》,斯宾塞在神经衰弱和失眠症的困扰下仍然以惊人的毅力笔耕不辍,完成了这个当初连他自己都认为不可能完成的任务。[1] "综合哲学"系列是斯宾塞进化论最为系统和细致的阐释,也是他试图以一个亘古不变的普遍原理联结宇宙万物、解释世间一切变动现象之努力的最终成果。《社会学原理》是其中体量最大、耗时最长的一部。

1874 年至 1877 年间,《社会学原理》第一卷分十批向订阅读者发行,第二卷和第三卷则分别完成于 1882 年和 1896 年。在这部两千

---

[1] 在《社会学原理》第三卷的序言中,斯宾塞写道:"回望综合哲学开始以来经过的 36 年,我惊讶于自己竟胆敢承担这样的任务,更为使我惊讶的是我竟然能将其完成。"见 Herbert Spencer, *The Principles of Sociology*. vol. 1, p. vi。

多页的作品里,斯宾塞要为"社会学"这门新的学科奠定基础性原理。全书共有八个部分,第一部分《社会学资料》("The Data of Sociology")和第二部分《社会学归纳》("The Inductions of Sociology"),给出了社会学研究所要处理的对象,并对社会组织、功能和进化原则给出了一个总括性论述。余下的六部分则是"社会学"的演绎部分,依次分析了"家庭机构"(Domestic Institutions)、"仪式机构"(Ceremonial Institutions)、"政治机构"(Political Institutions)、"教会机构"(Ecclesiastical Institutions)、"职业机构"(Professional Institutions)和"工业机构"(Industrial Institutions)六种类型的社会组织,对它们的起源、发展、当前的组织形态和进化趋势给予了细致的勾画。在这部作品里,"社会有机体"概念贯穿始终,它不仅获得了成熟、完整且最为人所知的表述,而且发挥了关键性的作用:为社会学的研究对象——"社会"——定性。

在第二部分《社会学归纳》的第一章《社会是什么》中,斯宾塞处理了两个根本的有关社会性质的问题:首先,社会是否是一个实体?若如此,社会是怎样的一个实体?对于第一个问题,斯宾塞的回答是肯定的:社会是一个实体,因为在组成社会的集合体中存在着"某种确实性"(concreteness),尤其体现在这个集体内部的安排所具有的持续性(persistence)上。一场讲座的听众所形成的集体只是暂时存在,讲座结束后人们就会四散离去,证明这个集体"并非一物",社会则不同,它的内部安排是持久的,是社会各部分进行稳定的日常生活、相互间形成长期关系的结果。这种持续性赋予社会以一种"作为整体的个体性"(the individuality of a whole),区别于"组成它的部分的个体性"(individuality of its parts),正是在这个意义上,社会可以被看作一个实体。[1]

---

[1] Herbert Spencer, *The Principles of Sociology*, vol. 1, p. 447.

那么，社会是怎样的一种实体呢？斯宾塞称，仅凭"知觉"很难发现社会与其他事物的相似性，必须运用理性进行探查，因为在外观上，社会显然与自然界的任何其他实体都不一样，只有在"组成部分安排的原则"上，才有可能找到一致性。在自然界的两类实体——无机体和有机体中，由有机个体组成的社会自然不可能与无生命体相似，因而只需证明社会与生命体之间存在相似，便可回答这个问题。[1] 可以说，这是斯宾塞第一次也是唯一一次对"社会有机体"概念的有效性作出哲学上的论证。

证明社会和生命体之间存在相似的步骤，基本同1860年的《社会有机体》中的论述保持一致。斯宾塞条分缕析地对比了两者在诸多方面的特点，认为它们之间有着广泛的一致性。概括起来，"社会有机体"和"单个有机体"一样：

> 经历了持续的生长。且在生长的同时，它们的各部分也变得相异了：它们表现出结构上的发展。这些相异的部分同时也开始承担不同种类的活动。这些活动不仅不一样，而且它们的差异是如此地相关联，以至于可以互相成就。各部分互施援手，这就导致它们形成一种相互之间的依赖性。这些互相依赖着的部分靠彼此活着，同时也为了彼此活着，就这样形成了一个集合体，其赖以构成的一般原则就像构成单个有机体的原则一样。而一旦我们认识到，每一个大小可感知的有机体都是一个社会，同时进一步认识到，在两者当中，集合体的生命突然中止后其组成单元的生命仍能持续一段时间，而在未被暴力摧毁时，集合体的生命周期则远远超

---

[1] Herbert Spencer, *The Principles of Sociology*, vol. 1, pp. 447–448.

过单元的生命——一旦认识到这些,社会同有机体之间类比就会变得更加清晰。①

简言之,社会与有机体之所以相似,是因为它们都展现出了生长、结构分化、功能分化、相互依赖性和整体与部分的"个体性"这几大特征。对比1860年《社会有机体》中的相关论述,可以看到斯宾塞的论证思路基本没有变化,只是在一些细节上作了更深入的思考和澄清。比如其在1860年的文章中只提出了有机体的结构分化这一特征,虽然在后续的论述中,斯宾塞也意识到不同结构承担不同的功能,但并没有对结构和功能加以区分。而《社会学原理》明确分述了结构分化和功能分化,并指出后者正是前者的目的所在:

> 一个正在发育的动物体内发生的初级、次级和三级分化,产生出的主要和次要差异并不是没有目的的。伴随着它们形状和成分的多样化,它们所执行的活动也变得多样:它们生长为拥有不同职责的不同的器官。②

又比如,在论述有机体内各部分的依赖性时,斯宾塞使用了"有明确联系的差异"这个词,来表明"进化"在有机体中建立的不单单是差异,而且是一种相互联系的差异,一种"各部分使得其余部分成为可能"的差异。这样一来,社会与有机体共同的几项特征——结构分化、功能分化与相互依赖——之间的内在联系就更加凸显出来。与此同时,这也呼应了从《社会静力学》时期就在斯宾塞文本中确立的一个重

---

① Herbert Spencer, *The Principles of Sociology*, vol. 1, p. 462.
② Herbert Spencer, *The Principles of Sociology*, vol. 1, p. 450.

要主题：进化乃是一个"个体性"与"依存性"（mutuality）同步上升的过程，它不仅使各部分越发具有独特的形态和活动方式，同时也使整体结合得越发紧密，没有任一部分可以脱离其他部分单独存在，这一点正是"劳动分工"的内涵所在："这种劳动分工，首先由政治经济学家阐述为社会现象，尔后又被生物学家识别为生命体的现象，并称之为'生理性劳动分工'。正是它使得社会成为一个有生命的整体，如同动物一样。"①

除此之外，对于社会和有机体内整体和部分的关系，斯宾塞也给予了更多的探讨，并且更加侧重于强调部分作为个体所具有的独立性，极力防止个体被湮没在整体当中——"每一肉眼可见的有机体的生命都是由小到看不见的单元的生命构成的"，斯宾塞写道："集合体的生命"和"单元的生命"尽管相互塑造，但却是彼此独立且相异的。一方面，单元拥有独立的活性，并不是在所有情况下都会在整体中失去个体性；另一方面，整体的生命周期比单元长得多，但当整体被摧毁时，并不是所有单元都会立刻死去。这种关系在有机体和在社会当中同样存在。例如，显微镜下的海绵由"游动的单细胞"组成，我们不能否认海绵作为集合体的生命，因为它的各部分展现出共同的活动，但这无数组成单元的从属性很弱——"这些单元形成了一个几乎没有功能分化的国家，或者用赫胥黎教授的话来说：'海绵好像一个水下城市，那里的人被以如此的方式排布在街道和公路上，以至于每个人都可以在经过时很容易地从水中获取自己的食物'"。②

如果说"社会有机体"是一种政治和社会思想中的生物隐喻，那么这里把生物有机体类比为国家或城市，则可以被称为生物学中的政治

---

① Herbert Spencer, *The Principles of Sociology*, vol. 1, pp. 451-452.
② Herbert Spencer, *The Principles of Sociology*, vol. 1, pp. 453-456.

隐喻。事实上前文提到的斯宾塞推崇备至的"生理性劳动分工"概念也可以被归入这一类别，是用政治经济学话语描述生理现象的产物。这种与"社会有机体"相对的反向修辞，在斯宾塞的文本中也有很多例子，《社会静力学》中就有这样的论述：

> 我们有理由把身体看作一个单细胞的联邦，它们中的每一个都有独立的生活、生长和繁殖能力；它们中的每一个都和许多别的个体联合起来去执行为维持其本身及所有其余个体所必需的某一功能；它们中的每一个又都从血液中吸收它的一份营养。[1]

如果说"社会有机体"的一大修辞意义就在于赋予社会以"完整性"和"依存性"，那么用"联邦""国家"和"城市"来类比有机体，则至少对斯宾塞而言具有相反的效果，即凸显有机体组成部分的"个体性"和"独立性"。这样一来，社会与有机体之间在整体和部分关系的意义上所存在的张力就被降到了最低："一旦我们看到，一个普通的活有机体可以被视为一个由单独生存的单元组成的国家，其中的许多单元都有相当程度的独立性，那么把由人类组成的国家看作有机体就没有那么困难了。"[2]

这种个体生命的独立性，即使在最高等的动物体内也有迹可循。斯宾塞以动物体内的血细胞和上皮细胞为例：在血细胞的生命历程中，初始阶段的白血球可以"像阿米巴虫那样独立运动"，有些情况下还会吞噬比它们更小的红血球，这些细胞在液体中的自由流动就"表现出单元的个体生命"；除此之外，上皮细胞也具有独立生命，它们的纤毛

---

[1] Herbert Spencer, *Social Statics*, p. 273.
[2] Herbert Spencer, *The Principles of Sociology*, vol. 1, p. 455.

能像单细胞那样自主摆动,同时大量纤毛的联合行动又能运送附着其上的分泌物,如果把这些上皮细胞单独分离出来,放入合适的溶剂中,它们还能相当快地游动一段时间。所有这些生理现象都是单元具有独立生命的证据。[1]

与此相应,整体的生命也具有相当的独立性:"集合体的生命可能因为一场灾难被摧毁,但并不是所有单元的生命都会立即随之而去;如果没有灾难事件缩短集合体的生命,那么它会比单元的生命长久得多。"在第一种情况里,动物的许多细胞,如纤毛细胞、肌肉纤维和器官的组成细胞等,都可以在脱离动物体或动物体死去后继续保持其功能:纤毛可以继续摆动,肌肉受到刺激还能收缩,而心脏等器官也可以继续跳运转,说明细胞之间还在进行着相互协作。同样,"当构成一个国家共同生命的商业活动或政府协调等活动被抑制,比如说遭到野蛮人的侵袭时,其组成单元并不会立刻停止活动。有些种类的单元,尤其是广泛分布的生产食物的部分,可能还会存在很长时间并继续完成各自的职分"。在第二种情况中,动物体的细胞各自发育、完成功能、衰败然后被取代,而作为整体的动物则持续存在。社会单元亦是如此:"整体及其各大分支部门的完整性"不受其所由以构成的市民的死亡的影响——"在一个以制造业为主的小镇上,人们形成各种组织来为整个国家生产用品。一个世纪后,这些生产组织规模如初,尽管一个世纪前组成它的工人和雇主早已消失"。从中央和地方的管理部门、宗教团体和军队,一直到行会、俱乐部和慈善组织,各级别的机构都展现出一种生命的延续性,超过了组成它们的任何个体的短暂生命。而进一步由这些机构所组成的社会,则比前者还要持久:"私人联合会、地方公

---

[1] Herbert Spencer, *The Principles of Sociology*, vol. 1, p. 452.

共团体、次级的国家机构和生产特定产品的城镇都可能衰落,但国家仍旧完整如一,继续保持规模和结构上的进化。"与此同时,社会及其各部门的活动也并不会因为单元的更替而中断。所有这一切都是为了说明,无论在"社会有机体"还是在单个有机体当中,"单元的生命"和"集合体的生命"都有其独立存在,整体与部分虽然相互影响和塑造,但两者之间并不存在谁决定谁的关系,它们的相互影响也是有限的。①

正是在有机体的生长、结构与功能分化、部分间的相互依赖和部分与整体的相对独立这几个方面,社会和有机体展现出了不容置疑的相似性。不过就像在《社会有机体》和《专门化行政》中那样,两者之间的极端差异也是不容忽视的。这种差异在《社会学原理》中被概括为两个方面:首先,动物的各部分所形成的是一个有形整体,而社会各部分形成的是一个松散的整体,"组成前者的生命单元紧密相连地结合在一起,组成后者的生命单元则是自由的、不相连的,并且或多或少是广为分散的"。不过斯宾塞指出,这方面的差异并不如一开始想象的那么大,因为"社会有机体"中的各部分虽然不直接接触,却通过另一种方式相互施加影响,这就是语言:

> 为了进行相互依赖的活动,那些在种类、程度和持续时间上经过调节的刺激,就必须能够从一部分传送到另一部分。在生命体内,这一要求通过分子波动来实现,它们低等类型生物体内是任意分散在各处的,高等类型中则沿着一定的通道传输(这项功能被颇有意味地称为神经联络[internuncial])在社会中,这一要求则是由人与人之间传播的感情和思想符号来完成的;最开始以含糊的

---

① Herbert Spencer, *The Principles of Sociology*, vol. 1, pp. 455–457.

方式传播,且只有很短的距离,随后这种传播变得更加确切,距离也越来越长。这就是说,当联络功能无法通过身体传递的刺激实现时,它可以通过语言——情感的和智识的——实现。[1]

斯宾塞从19世纪50年代就开始关注和讨论语言,但通常是在进化论的框架下分析语言的产生和发展,把它作为和音乐、艺术和科学类似的人类社会的产物,构成进化的一个例证。在这里,斯宾塞认识到了语言的一项重要作用——正是通过语言,"社会有机体"中分散的各部分之间才建立了联系,并在此基础上保持合作,共同完成有机体存续所必须的生命活动,形成相互依赖的关系。也就是说,语言是社会组织得以形成的关键所在,是"社会有机体"内各部分间的媒介。在这个意义上,社会集合体尽管是不连续的,依然成为一个有生命的整体。[2]

社会和有机体之间的另一项重大差异,就是斯宾塞从1860年代开始强调的"共同意识"问题。在《社会学原理》中,斯宾塞把这一差异表述为"社会知觉"(social sensorium)的阙如:"社会有机体的不连续性虽然并不阻碍功能的细分和部分的相互依赖,但的确阻止了一种分化过程,那就是使一部分成为感觉和思维器官,而使其余部分变得无知无觉的过程。"也就是说,单个有机体的感觉功能可以专由某些器官承担,从而分化出"有知觉力"的部分和"完全无知觉"的部分,在这个前提下,单个有机体所有部分的活动都是为了满足神经系统的福祉。但是在"社会有机体"中,"感觉"(feeling)是不能被独占的。这就导致"在前者中,意识集中在集合体的一小部分上,在后者当中则分散于整个有机体:所有的单元都有幸福和痛苦的能力,即使程度不相等,也仍然是

---

[1] Herbert Spencer, *The Principles of Sociology*, vol. 1, p. 460.
[2] Herbert Spencer, *The Principles of Sociology*, vol. 1, p. 459.

相近的"。在这个意义上,不存在"社会知觉",更不存在单元的切身福祉之外的"集体的福祉"。社会"为了其成员的好处而存在,而不是其成员为了社会的好处而存在"。政治体的要求只有在体现了其成员的要求时才是真实的,否则,所谓"政治体的繁荣"就只是无稽之谈。①

不过,《社会学原理》中"社会有机体"概念发生的最大转变出现在对这一部分进行总结的第十二章。在这里,斯宾塞对"社会有机体"概念表现出了异于往常的态度,他说:

> 这里让我再一次明白无误地申明,政治体和生命体之间不存在任何类比,除了在二者共同展现的部分的相互依赖性所必要的限度之内。虽然我在前述章节对社会的结构和功能与人体的结构和功能作了诸多对比,但这只是因为人体内的结构和功能为社会的结构和功能提供了人们所熟悉的例证。社会有机体……不能同任何动物或植物的特定种类的个体相提并论。②

不仅如此,斯宾塞还极力想让自己的社会学脱离有机体类比:

> 现在我们大可将个体组织和社会组织之间的相似性抛到一边。我在这些类比上面花了许多篇幅,但都只是作为搭建一个融贯的社会学归纳体系的脚手架(scaffholding)。现在,可以把这个脚手架拿掉了,这个归纳体系自己就能立住。③

---

① Herbert Spencer, *The Principles of Sociology*, vol. 1, p. 462.
② Herbert Spencer, *The Principles of Sociology*, vol. 1, p. 592.
③ Herbert Spencer, *The Principles of Sociology*, vol. 1, p. 592.

这一从未在先前的文章中浮现过的谨慎态度①,必须结合斯宾塞在这一时期受到的批评来理解。在同一页的脚注里,斯宾塞承认他作出这一否认乃是有着明确动机的。斯宾塞认为,自己早在1860年的《社会有机体》当中就已经否认了"社会组织和人体组织相类"的说法,坚称"这样的推论全无理据"。可是最近刊载在《星期六评论》(Saturday Review)上的一篇批评文章仍旧指责他持有这种观点。这让斯宾塞不得不一反常态,采用更为强硬的口吻强调,自己一直以来坚持的都是"根本原则上的共通性",而非具体的类同。② 除此之外,前文提到的赫胥黎1871年的质疑,还有如法国学者亨利·马立恩(Henry Marion)和英国经济学家约翰·凯尔恩斯(John Cairnes)等人,都曾设法篡改斯宾塞的有机体类比,从而为干预主义和国家主义寻找生物学理由。③ 在对批评的回应中,斯宾塞越发感到力不从心,眼看自己苦心构造的概念最终竟成为整个进化论体系的"阿喀琉斯之踵"。在十年之后的一场社会改革大辩论中,斯宾塞的"社会有机体"更是被反对者大肆攻击和演绎,早年所承载的丰富内涵也最终流失在了势不可挡的历史潮流之中。这一概念在世纪末的境遇,也在某种程度上昭示了斯宾塞的理论乃至一个时代的社会观念走向衰落的命运。

---

① 奥弗恰当地称之为"出乎意料的转变"(an unheralded change),参见John Offer, *Herbert Spencer and Social Theory*, p. 209。
② 参见Herbert Spencer, *The Principles of Sociology*, vol. 1, p. 592,脚注。
③ Herbert Spencer, *The Principles of Sociology*, vol. 1, p. 598; John Cairnes, "Mr. Spencer on Social Evolution", *Fortnightly Review*, vol. 97, no. 17 (1875), pp. 63-82. 对这两篇批评文章的介绍见本书第五章第一节。

小　结

19世纪六七十年代,斯宾塞对"社会有机体"概念进行了更为细致的深化,使其批判力和解释力都变得更加丰满。1860年,"社会有机体"获得了其经典表述,斯宾塞归纳了社会与有机体之间的相似点和差异点,并把它同柏拉图、霍布斯和卡莱尔等人的有机观进行了对比,为这一概念赋予了新的身份,同时还用其描述社会发展和文明演化的历史,彰显了进化论作为一种历史叙事的形而上学潜力。在与好友赫胥黎的论战中,斯宾塞用生物体内的"分化"现象论证了包括政府在内的社会机构的"专门化"倾向,从而为政府仅以实施正义为己任的"消极国家观"提供合法性支撑。与此同时,"社会有机体"也进入了斯宾塞彼时正在构建的社会学体系中,在本体论、认识论和方法论的意义上为襁褓中的社会学奠定了基础。虽然在70年代后期日益加剧的批评声中,斯宾塞最终选择放弃"社会有机体"概念,但作为一个时代的思想"关键词",这一概念对斯宾塞和19世纪英国社会观念的重要意义以及它所赖以产生的智识土壤和社会历史语境,仍然值得深入挖掘和探寻。

第五章
"社会有机体"概念的转换
——19世纪末英国社会改革辩论[①]

经过前几章对斯宾塞"社会有机体"概念及其产生背景的分析,本章将邀请读者把视野扩大,放眼整个维多利亚时期的思想世界。在德国观念论哲学和法国实证主义哲学两大主要传统的影响下,19世纪的英国形成了丰富多样的社会有机观念,不同政治和思想流派都对其进行了独到的阐释,构成一个"社会有机体"学说的谱系。不过,斯宾塞对"社会有机体"的概念化仍旧功不可没。经由他的阐述,这一概念在维多利亚后期的英文世界获得了经典表述,广泛地流传开来,成为一个被诸多思想家和理论家所共享的术语。[②] 不仅如此,由于斯宾塞本人及其追随者对现实政治的深度介入,"社会有机体"还作为一个有力的修辞工具,参与到当时最为紧迫的政治和社会议题的讨论中,在形塑各方话语的同时,其自身也被潜移默化地改变着。它不仅在斯宾塞的一

[①] 本章部分内容已于2021年发表,见关依然:"论辩中的'社会有机体':对维多利亚时期社会有机体学说的概念史考察",《社会》2021年第5期。

[②] 在Google Books Ngram Viewer全球书籍词频统计器中键入"social organism",可以看到该词在1840年后开始较多地出现在英文文献中。1860年——也就是斯宾塞发表《社会有机体》一文之后,该词的使用频率显著上升,并在八九十年代达到顶峰;吉妮·莫菲尔德也有相似的论断,见Jeannie Morefield, "Hegelian Organicism, British New Liberalism and the Return of the Family State", *History of Political Thought*, vol. 23, no. 1 (2002), p. 150。

力倡导下进入了英国个人主义者的话语,帮助他们构建反对国家权力增加、捍卫自然权利和自由竞争秩序的个人主义论说,同时也被斯宾塞的许多批评者蒙上了不同程度的威权主义色彩,为公立教育、慈善和城市治理等公共事业的制度化开启了可能,更进一步被维多利亚时期的新自由主义者进行了重释,反过来支持政府对市场和社会事务的干预,变成了英国福利政策的一个重要理论依据。

也正是由于这一概念在 19 世纪晚期的特殊命运,我们可以在"剑桥学派"开创者昆廷·斯金纳教授所倡导的概念史[1]的意义上,对"社会有机体"学说展开思想史研究。在这种研究当中,"社会有机体"不再如同前几章那样,仅仅是一个文本中的抽象概念,只存在于思想家的演绎之下。相反,这一概念是在历史事件中活生生地展现,与当时的有识之士思考和谈论的现实问题紧密结合在一起。笔者追随斯金纳的洞见,认为概念从来不是"稳定的实体"(stable entities),而是始终处于"变迁"(transformation)甚至"断裂"当中。[2] 概念的使用者也并不是被动地运用给定的话语资源,而是从各自的理论和现实意识出发,运用概念来作出"行动",或意欲达成某项政治目的,或想要扭转社会对某个

---

[1] 昆廷·斯金纳对概念史方法论的讨论集中在他的文章《思想史中的意义与理解》以及著作《近代政治思想的基础》和《政治的视界》(第 1 卷),参见 Quentin Skinner, "Meaning and Understanding in the History of Ideas", *History and Theory*, vol. 8, no. 1 (1988), pp. 3-53;昆廷·斯金纳:《近代政治思想的基础》,奚瑞森、亚方译,商务印书馆 2002 年版;Quentin Skinner, *Visions of Politics. vol. 1, Regarding Method*, Cambridge: Cambridge University Press, 2002。另外凯瑞·帕罗内的《昆廷·斯金纳:历史、政治和修辞》和伊安·汉普歇尔-蒙克的《言语行动,语言或"概念史"》中也有相关内容(Kari Palonen, *Quentin Skinner: History, Politics, Rhetoric*, Cambridge: Polity, 2003;伊安·汉普歇尔-蒙克:"言语行动,语言或'概念史'",载伊安·汉普歇尔-蒙克:《比较视野中的概念史》,周保巍译,华东师范大学出版社 2010 年版,第 42~71 页)。国内对这一方法论的介绍和讨论参见李宏图的文章《语境·概念·修辞——昆廷·斯金纳与概念史研究》及其 2012 年组织的概念史笔谈,参见李宏图:"语境·概念·修辞——昆廷·斯金纳与思想史研究";李宏图等:"概念史笔谈"。

[2] 李宏图等:"概念史笔谈",第 8 页。

问题的主流看法。概念的"真正的"意义也因此成了思想家所要争夺的对象。① 从这一意义上说,对概念的考察不仅具有思想史价值,同时对于我们理解维多利亚时期发生的思想和政治变动也有重要意义。

本章的研究关注的就是"社会有机体"概念的这一现实维度,考察斯宾塞及其追随者、同情者和批评者、反对者如何运用和创造性地重释概念,从而为自己的政治和社会理念进行辩护。在这一方面,近40年间涌现的不少作品都为笔者提供了优秀范例,从不同侧面展现了这一概念在19世纪所具有的竞争性意义、复杂交错的维度和多样的诠释路径。② 学者们普遍意识到,当维多利亚时期的政治思想家在论述中使用有机体类比时,他们能够"调用(invoke)各式各样的意义"③,传达迥异的、有时甚至是相互对立的观点。不同的意义也在不断地彼此竞争,某个意义在一段时期内成为主导,又在另一些时候遭到边缘化,对意义的"修正"(modification)、"歪曲"(distorting)和"挪用"(appropriation)④时刻都在发生。因此,虽然"社会有机体"概念一直在被维多利亚时期的人们所

---

① 李宏图等:"概念史笔谈",第9—11页。
② 例如迈克尔·弗里登对19世纪新自由主义的研究、格蕾塔·琼斯对19世纪社会达尔文主义的研究、迈克尔·泰勒和詹姆斯·埃尔威克对斯宾塞的研究以及詹姆斯·梅多克罗夫特对1880—1914年英国国家理论的研究等。参见Michael Freeden, *The New Liberalism: An Ideology of Social Reform*, pp. 77-116; Greta Jones, *Social Darwinism and English Thought*, pp. 35-77; Michael Taylor, *Men versus the State: Herbert Spencer and Late Victorian Individualism*, pp. 131-166; James Elwick, "Herbert Spencer and the Disunity of the Social Organism"; James Elwick, *Compound Individuality in Victorian Biology*; James Meadowcroft, *Conceptualizing the State: Innovation and Dispute in British Political Thought, 1880-1914*, Oxford Scholarship Online, 2011, pp. 59-68。
③ Michael Taylor, *Men versus the State: Herbert Spencer and Late Victorian Individualism*, p. 135.
④ 琼斯用appropriate和modification来描述自由主义者对保守主义有机体观念的修正,用appropriation来描述大卫·里奇对斯宾塞"社会有机体"概念所做的改动(Greta Jones, *Social Darwinism and English Thought*, pp. 41, 60);弗里登则有"斯宾塞歪曲(distorting)了有机类比的传统用法"这样的说法(Michael Freeden, *The New Liberalism: An Ideology of Social Reform*, p. 95)。

使用,其意义却始终处在变动当中,在承载概念的语词和某种特定含义之间,也绝不存在单一的对应关系。除此之外,概念的使用者对意义的选取,也和他们的政治意图和斗争密不可分。格雷塔·琼斯敏锐地捕捉到,维多利亚的人们对达尔文主义诸多理念的使用,都和当时围绕社会改革所进行的辩论有关。诸如"道德进化""生存竞争"和"社会有机体"这样的达尔文式类比,在19世纪末期有关国家干预和社会福利的争论中扮演了重要角色。①泰勒也在研究维多利亚个人主义者的著作中勾勒了个人主义者和新自由主义者在有关社会福利的辩论中的不同诉求,由此来解释他们对"社会有机体"的竞争性定义。②只不过,限于篇幅和论述重点的选取,他们的这项工作还有诸多可以挖掘、可以进一步历史化的地方。本章正是基于以上研究成果,对维多利亚社会改革辩论中的"社会有机体"概念作一语境化的细致考察,以期反映英国社会从崇尚自由竞争的工业社会向更加注重公平的福利社会转型中的这一重要理念变革。

一、《个体与国家》与"军事型—工业型"社会变态理论

1884年,《当代评论》杂志刊载了斯宾塞的四篇政论文章,抨击当前执政的自由党的保守主义和社会主义转向。同年,伦敦一家出版社将这四篇文章合编出版,这就是斯宾塞晚年最著名也是迄今流传最广的一部作品——《个体与国家》。在这部作品里,斯宾塞根据"军事型"

---

① Greta Jones, *Social Darwinism and English Thought*, pp. 35-77.
② Michael Taylor, *Men versus the State: Herbert Spencer and Late Victorian Individualism*, pp. 131-166.

到"工业型"的社会变态理论,指出社会进化应是沿着国家权力逐渐减少、个人自由不断增加的方向进行,然而英国政府当前日益凸显的干预主义倾向却逆历史潮流而动,因而其以"进步"之名所行的却是"退化"之实。这当中,"社会有机体"概念被用来强调社会各组成部分的依赖性和关联性,表明对社会的一切外来干预都是无效的,更是有害的。这一用法与五六十年代相比并无太大差异,但斯宾塞这一阶段对"社会有机体"概念持更为谨慎的态度,对社会成员"个体性"的强调也更为突出,这种转变可能与19世纪七八十年代斯宾塞受到的批评有关。

《个体与国家》写作之时正是英国社会问题凸显、工人运动风起云涌、社会变革成为共识的一段时期。英国工业革命带来的繁荣持续到19世纪70年代,然而从大约1873年开始,由于国内和国际多种因素共同作用,英国经济出现了阶段性衰退。受到气候和国际贸易的冲击,英国粮食产量下降而价格却无法相应上涨,大批生存难以为继的农村人口进入城市,进一步恶化了工人生存状况,贫困人口增加,社会动荡不安。这种情况在19世纪最后20年内更是集中爆发,使人们不可能再对社会竞争的残酷与不公视而不见。除此之外,工人阶级激进主义空前高涨。在此起彼伏的权利呼声和工人运动中,1867年和1884年议会进行了两次改革,拥有选举权的工人群体不断扩大,各地工会组织蓬勃生长,无技术工人和半技术工人联合起来同工厂主抗衡,从欧洲大陆传入的社会主义运动也利用这个机会积极壮大,希望组织领导这一股新生的社会力量。1881年,亨利·海德门(Henry Hyndman)组建"民主联盟"(Democratic Federation),1884年该联盟改称"社会民主联盟"(Social Democratic Federation),自称信奉马克思主义。[①] 三年之后,费

[①] 钱乘旦、许洁明:《英国通史》,上海社会科学院出版社2002年版,第293页。

边社(Fabian Society)正式成立,英国工人运动有了理论指导。面对在政治上日益成熟的工人阶级,议会两党竞相施行改革政策,争夺工人选票,社会改革成为普遍关注的话题。

1880年,威廉·格拉斯通第二次掌权,领导英国政府推行一系列旨在扩大政府行动范围的政策措施。对相当一部分支持者而言,格拉斯通的此次当政标志着英国政治实践的重大转折。两年时间里,政府出台了《围猎法案》《雇主责任法案》和《爱尔兰土地法案》等旨在对合同自由和财产权利作出不同程度的限制的法案,引发了广泛争议。例如《爱尔兰土地法案》对土地买卖和租赁施加了一系列倾向于保护承租人利益的限制,如公道价格、固定租期和承租人的自由转让权利等,还设立了土地法庭,有权重写地主和佃户之间拟定的合同以便平衡双方的议价能力。这让英格兰的地主阶层极为震动,视其为对合同自由和产权的戕害。与此同时,工厂主们也开始对格拉斯通政府的政策转向表示忧心。《雇主责任法案修正案》规定雇主不能在与工人达成的合同中排除由于雇主过错造成的伤害赔偿,即使为工人购买了工伤保险,也不能以此为由要求其放弃对雇主的索赔权。这在工厂主们看来无异于限制合同自由。这些法案的出台都表明,政府不再满足于"守夜人"角色,仅以保证合同自由和个人在不妨碍他人的情况下为其所愿的权利为职责,而是直接参与到社会分配和治理当中,承担起促进公众福利的任务。这种对国家职能的全新观念得到了自由党内激进派的大力响应。内阁两员大将——约瑟夫·张伯伦(Joseph Chamberlain)和查尔斯·迪尔克(Charles Dilke)爵士——积极推动相关政策。张伯伦在伯明翰市长任上时就推行了"市政社会主义"(municipal socialism),将水电改由公共设施配给,进入内阁后更是要在国家层面上铺开这项雄心勃勃的计划,1885年他还提交了一份包含免费初级教育、土地改革、分级所得税和地方政府强制购买小块农地等多项措施的《激进方案》；迪尔克支持妇女选举权，推动教育普及，在 1883—1885 年主导了多项提高工作条件、缩短工作时间和建立工会的立法。观念的转变不光表现在政党政策和意识形态上，政治家的背后还有诸多政治写手和小册子作家为其提供理论支撑，包括许多与费边社有密切关系的人。他们试图扭转舆论向支持国家权力扩大的方向发展，以政府的力量解决贫困、失业、济贫院以及肮脏的生活环境等社会问题。

这些转变在斯宾塞看来是十足危险的信号，表明社会正在被"共产主义"的激情裹挟。"我们正在通向共产主义的高速路上，"斯宾塞 1883 年写给尤曼斯的信中说道，"我看不到任何阻止这个方向运动的可能性。恰恰相反，在我看来似乎每迈出新的一步，扭转现状就多一分困难，因为公众当中对此加以反叛的群体好像变得越来越弱了。"[①]这一趋势让斯宾塞充满警惕，他虽然不对改变现状抱有过多幻想，但认为还是应当"提出激烈的抗议"——"说些强硬的话"。[②] 正当此时，《当代评论》的编辑找到斯宾塞，请他对"索尔茨伯里勋爵的一篇讨论工人住房问题的文章"作出回应。这位勋爵就是时任在野保守党党魁的罗伯特·塞西尔（Robert Cecil）。1883 年，塞西尔在《国家评论》杂志刊登了一篇题为《劳动者和技工的居所》的文章，呼吁政府为建造工人阶层住房提供贷款。[③] 这篇文章让斯宾塞感到，不仅执政的自由党背叛了自由主义事业，连如今个人自由的最后堡垒——保守党内，竟也现出了改弦更张的迹象。原本还在犹豫的斯宾塞当机立断，停下手中尚未

---

① David Duncan, *The Life and Letters of Herbert Spencer*, p. 238.
② David Duncan, *The Life and Letters of Herbert Spencer*, p. 238.
③ R. Cecil, third Marquis of Salisbury, "'Labourers' and Artisans' Dwellings'", *National Review*, vol. 2 (1883), pp. 301-316.

完成的工作,转而处理这一"紧迫而重要"的事件。[①]

1884年2月到7月,斯宾塞在《当代评论》上接连发表了四篇政论文章,同年伦敦一家出版社将这些文章合编为《个体与国家》出版。这本书传达的观点,与《范围》《社会静力学》和《论过度立法》等早年政论作品基本保持一致,都是反对政府利用纳税人的财产,通过建立公共机构或者国有化等方式对贸易、慈善、教育和公共卫生等社会事务进行管理。在第一篇文章《新托利主义》("The New Toryism")中,斯宾塞直言如今的自由党几乎成为一个新型的托利党,因为历史上自由党或辉格党一贯以扩大个人自由为己任,并通过不断废除限制个人自由的法律来实现这一点,与之相对立的保守党则试图阻碍个人权利的增加,然而近20年来自由党却发生了政策逆转,热衷于建立一个福利体制。从首相帕默斯顿(Lord Palmerston)二次执政时期开始,对个人事务加以干涉的"社会主义"立法就层出不穷,使得自由党离它的历史使命越来越远,两相对比,倒显得保守党成了"自由的捍卫者"。在第二篇文章《即将来临的奴隶制》("The Coming Slavery")中,斯宾塞发出了所谓"所有社会主义都包含奴隶制"呼喊,认为无论是屈从于一个主人还是屈从于一个国家,本质上都是一个人不情愿地为另一个人的好处而劳作,因而都可以称为奴隶制,区别只是程度的不同,现代国家的"社会主义"安排和为之征收的税款,将使其公民日益"被国家所有"。在第三篇《立法者的罪恶》("The Sins of Legislators")中,斯宾塞指出,大多数错误的立法都并非是"个人野心或阶层利益"的结果,而是源自立法者缺乏学习:"集合起来的恶是由未受社会科学指导的立法引起的。"由于认识不到社会现象的复杂性,看不到某项原因所造成的难以逆料

[①] David Duncan, *The Life and Letters of Herbert Spencer*, p. 238.

的结果,立法者只以眼前暂时可以达到的福利为目标,结果却带来了更深远的祸患。例如,初衷良好的住房法律却造成了成千上万的人流离失所。立法者更加认识不到的是,社会固然复杂难料,但其自身却有卓越的调控能力。真正的经济、科学和技术进步不是政府调控所能带来的,其来自人们提升个人福祉的愿望。最后一篇文章《巨大的政治迷信》("The Great Political Superstition")则认为,虽然人们如今不再相信国王的神圣权利,但政治迷信却依旧存在,因为人们转而相信议会的神圣权利,认为多数人享有的权利是无限的。然而这种观念是和个人"自然的和不可剥夺的权利"相冲突的,即便是多数人的权利也应当是有限的,应当仅限于"保护生命和财产"这项唯一的目的,因为这是促使人们最初联合在一起的唯一原因。在此领域之外,所有少数服从多数的要求都是明目张胆的强制。①

在这些文章中,我们可以看到许多熟悉的主题。如政府的立法行为时常意在解决某项社会问题,最终却恰恰加剧了这一问题;国家这个"社会集合体"(social aggregate)存在的唯一功能或目的就是保护生命和财产;政府承包社会事务将会使人们逐渐丧失照管自身事务的能力和意愿等,都是斯宾塞从《范围》时期开始就秉持的观念。事实上,斯宾塞自己也认为,《个体与国家》是他多年政治思考的一个结晶。他在1885 年写给尤曼斯的一封信中就谈道:"从 1842 年开始,我后来又时不时回到这个主题,对其加以更进一步的发展。现在到了 1884 年,我终于可以说形成了一个足够完整的观点——这里提出的政治-伦理学说……是 42 年间逐渐发展起来的理论的一个完成形式。我认为这个

---

① Herbert Spencer, "The Man versus the State", in Eric Mark (ed.), *The Man versus the State, with Six Essays on Government, Society and Freedom*, Indianapolis: Liberty Fund, 1981, pp. 17-96.

理论终将成为政治的一个新起点。"①

虽说论点没有太大的变动,但斯宾塞论证方式上的发展仍值得注意。《个体与国家》中最大的一个理论预设,是斯宾塞在《社会学原理》第一卷和第二卷(完成于 1874—1882 年)中详细阐述的社会变态理论,即社会的进化经历了从"军事型"向"工业型"的转变。奥弗曾详细梳理过该理论在斯宾塞文本中的发展过程,认为其首次正式出现是在 1862 年《第一原理》第一版,在《社会学原理》第四部分"政治机构"中有最完整的阐述,但奥弗指出,这一观念的萌芽可以追溯到 1842 年——在构成《范围》的诸多信件的一封当中,斯宾塞就把"战争"和"工业和商业、科学和艺术"对立起来:

> 战争向来是封建精神的温床,这种精神在很长时间里都是一切国家的祸患。那些令我们叫苦不迭的自私和独断的立法,很大一部分就是从中产生的。假如过去的四五个世纪里,文明世界不是热衷于侵略和征服,而是把注意力转向财富的真正源泉——工业和商业、科学和艺术——那么我们的贵族早就会发现,他们只不过是蜂房里嗡嗡乱叫的雄蜂,早该停止耻辱的自我夸耀。②

在《社会静力学》里,斯宾塞进一步意识到"战争"和"商业"构成两种不同的生存条件,前者是"非社会性的",后者则是"社会性的"。由于人类倾向于适应他所处的环境,因此这两种生存模式也造就了两种截然不同的性格:

---

① David Duncan, *The Life and Letters of Herbert Spencer*, p. 243.
② Herbert Spencer, "The Proper Sphere of Government", p. 111.

一方面,社会状态的规训使其发展为富有同情的形式,而另一方面,自我防卫的必要性——一部分是人对野兽的防卫,一部分是人对人,还有一部分是社会对其他社会的防卫——则还在维持着旧时缺乏同情的形式。只有当第一类条件的影响超过了第二类,超过的部分才能引发与其相称的改变。如果部落之间不断发生冲突,互相使彼此的反社会特征维持在最活跃的状态,那么任何发展都是不可能的。一旦某个地方人对人和对野兽的战争停息下来,或者战争变成只是一部分人的工作,这时候在联合状态中生活的作用就会胜过野蛮的对抗,进步也就会随之而来。[1]

直到1862年的《第一原理》,斯宾塞才对这一过程有所概括和定义,称之为"社会变态"(social metamorphosis)——"一个从军事的或掠夺的社会结构类型变化为工业的或商业类型的过程,其间旧的组织痕迹消失,新的痕迹变得越来越明显"。[2] 而在《社会学原理》里,这一理论更是成了社会分类的基础之一:各式各样的社会有两种分类标准。其中最主要的是根据社会的构成,根据其所经历的复合过程有多复杂,分为"简单社会"(simple society)、"一级复合社会"(primarily compounded society)、"二级复合社会"(secondary-compounded society)等;此外,社会还可以被分为军事占主导和工业占主导的社会,前者中"攻击和防卫的组织最为发达",后者中则"维持性组织最为发达"。这两种不同的组织形式源自两种类型的社会在特定时期占优势的活动,如果军事活动是一个社会的主要任务,那么其成员就以"强制合作"的形式组织起来;反之,如果工业活动成为首要关切,那么社会成员就以

---

[1] Herbert Spencer, *Social Statics*, p. 253.
[2] Herbert Spencer, *First Principles*, 1st ed., p. 190.

"自愿合作"的形式组织起来。① 至此,斯宾塞"军事型—工业型"社会类型学的表述和相关术语基本确定下来。

显然,这种分类不只是描述社会的不同类型,也内含着一种价值取向:

> 社会组织越是能够促进个体的福祉,就被视为越高等,因为在社会当中单元是有知觉的,集体则没有知觉;工业类型是更高等的类型正是因为,在这个文明所趋向的永久和平的状态下,这种社会比军事类型更能够服务于个体的福祉。②

不过在斯宾塞看来,"军事型"和"工业型"的分类并不是非此即彼的。一方面,有的早期社会也展现出"工业的"或"和平的"社会生活;另一方面,当前主要的文明社会也混杂着两种元素——虽然大体上属于"工业型"社会,但还残留着许多野蛮时代培育的军事特征。不仅如此,斯宾塞认为当前的英国还显露出另一种趋势——一种从工业类型重新回到军事类型的"变态"。这不仅和国家在外部面临的安全威胁有关,而且与国内事务中对个人自由和地方自治的牺牲有关,例如《济贫法》就是这一特征的一种体现。

正是在这一理论基础上,他在《个体与国家》中认为,当前的自由党已经背离了自由主义的事业,严重威胁到了"军事—工业"的社会进程。历史上英国两党原本分别代表着两种社会组织形式:托利党代表古老的时期里盛行的军事型社会组织,以身份制度为特征;辉格党则代

---

① John Offer, *Herbert Spencer and Social Theory*, p. 227.
② Herbert Spencer, *The Principles of Sociology*, vol. 1, 3rd ed., London: Williams and Norgate, 1885, pp. 587-588.

表现代较为普遍的工业型社会组织,以契约制度为特征。这两种组织形式的互相对立带来了两种相反的合作体系:强制合作体系和自愿合作体系。社会发展的历史表明,政府对人们进行专制统治、强迫人们进行合作的组织方式,将会逐步被人们在工商业活动中自发的合作活动所取代,政府将会持续从社会事务中退出。然而,从1860年到1883年,自由党政府却连续出台了一系列对人们的活动进行限制的法令:从强制接种疫苗,对食物和饮水进行检查,到限制妇女和儿童从事露天漂白作业,规定马、骡子和驴的租金以及关停通风井不足的煤矿,等等。[1] 这些法令表明,号称"扩大自由"的辉格党如今正在想尽办法限制公民的自由。究其原因,乃是立法者混淆了"恶的矫正"与"善的获得"。过去,他们通过施行前者而间接地实现后者,如今却开始认为,后者可以通过公共行动直接获取。自由党不再满足于废除旧的限制个人自由的法案,缓慢推进"军事型"向"工业型"社会的过渡,而是不停颁布新的法案,对人们的生产、贸易和生活事务指手画脚,企图人为加快社会的进步。逐年出台的干涉性法案不断扩大国家的行动范围,侵蚀着个人权利,导致社会越来越显现出"军事型"的特征,这不啻为一种"退化"(retrogression)。[2]

但是,奥弗的梳理忽略了一个关键文本——1871年的《专门化行政》。正是在这篇文章里,斯宾塞第一次试图从生物学角度出发论证这一社会类型理论,也就是把生物的变态发育现象与"社会变态"进行类比。斯宾塞指出,某些生物在生长发育过程中形态和结构会发生全面改变,例如昆虫从幼虫发育为成虫的过程,伴随着"生存模式的巨大改变"。与此类似,人类社会在其发展历史中也经历了重大变化,表现

---

[1] Herbert Spencer, "The Man versus the State", p. 23.
[2] 详见 Herbert Spencer, "The Man versus the State", pp. 17-96。

为社会的外部结构,也就是以战争和自卫为职责的军事器官逐渐变弱,中央权威减少,而内部结构,也就是以商品的生产和流通为职责的工业器官则扩大规模,成为"社会有机体"的主要部分。社会在这个过程中由"掠夺或军事的"逐渐转变为"和平或工业的"。《专门化行政》虽然不是"军事型—工业型"社会变态理论首次出现的地方,但它清楚地揭示了斯宾塞为该理论寻找有机基础的努力,从而证明其与"社会有机体"概念的直接关联。

除此以外,"社会有机体"概念在《个体与国家》当中主要的作用是强调社会内各部分的依赖性,表明任何人为的社会改革都既是无效的,更是有害的。这是斯宾塞从 1853 年的文章《论过度立法》中就已经形成的观点。[①] 斯宾塞指出,立法者的错误根源就在于,他们将社会视为一个产品而非一种生长,没有看到社会"有一个自然结构,在其中所有政府的、宗教的、工业的和商业的机构都相互依存,紧密联系"。立法者缺乏一种"科学的社会概念",而是把人类共同体设想为"好像生面团一样,可以任由厨师凭其所好地揉成派皮、泡芙或是果子馅饼。……议会的许多法案里都藏着一个没有言明的设想,即人们的集合体虽被塞进这样或那样的社会的安排,还是会像一开始希望的那样保持不变"。[②]

《个体与国家》中这些有机观念的背后,是斯宾塞 1874 年开始撰写,历时 20 年完成的《社会学原理》。彼时《社会学原理》的第一卷和第二卷均已出版,斯宾塞对"社会有机体"概念的思考,也在这一书稿中臻至成熟。虽然对"社会有机体"的性质、特征和发展变动规律的理解基本上延续了早年形成的认识,但《社会学原理》还是在若干方面有了新的发展。首先,斯宾塞第一次对社会作了形而上学的思考,肯定社

[①] Herbert Spencer, "Over-Legislation".
[②] Herbert Spencer, "The Man versus the State", p. 62.

会是一个实体,因为社会各部分能够进行稳定的日常生活,相互间形成长期关系,这就赋予社会的内部安排一种持续性,使其区别于个体仅为暂时性目的形成的集体。其次,斯宾塞对组成有机体的"生命单元"(living units)的独立性给予了更为明确的强调,极力防止个体被湮没在整体当中。"每一肉眼可见的有机体的生命都是由小到看不见的单元的生命构成的",这一"集合体的生命"和"单元的生命"尽管相互塑造,但却是彼此独立且相异的。一方面,单元拥有独立的活性,而且并不是在所有情况下都会在整体中失去个体性;另一方面,整体的生命周期比单元长得多,但当整体被摧毁时,并不是所有单元都会立刻死去。[1] 最后,斯宾塞对这一概念还表现出前所未有的谨慎态度,声称阐述有机体类比只是因为"人体内的结构和功能为社会的结构和功能提供了人们熟悉的例证",而不应被视为暗示社会与"任何动物或植物的特定种类的个体"存在类似。

即便如此,这一概念在19世纪70年代仍旧引来了诸多批评和质疑,使得斯宾塞不得不再三作出澄清和回应。继1871年的斯宾塞与赫胥黎之争后,凯尔恩斯和马立恩都曾撰文批评有机体类比。1875年,凯尔恩斯发表《斯宾塞先生论社会进化》,指责斯宾塞的"社会有机体"不是一个有效的概念。凯尔恩斯认为,人类社会发展到一定阶段时会产生对"共同存在"的意识,从而出现新的社会力量,促使人们开始有意识地思考社会条件的改善并付诸实行。因此,政治机构是人建立的而不是自然生长的,社会组织是有意识地组成的,而非自发形成的,斯宾塞忽视了"人类意志在着力追求公共福祉时"进行的创造。

1877年5月,马立恩在《哲学评论》(*Revue Philosophique*)上发表

---

[1] Herbert Spencer, *The Principles of Sociology*, vol. 1, pp. 455-457.

文章,指出斯宾塞赋予生物有机体和社会有机体的进化标准不一致,使得这一类比存在裂痕。他认为斯宾塞在讨论有机个体时,把神经系统的发达与否作为判断生物等级的依据,即拥有发达营养系统和欠发达神经系统的有机体是低级的,而拥有发达神经系统的有机体则更为高级;但在讨论社会有机体时却偷换了逻辑,认为工业系统的发达与否才决定了社会的等级。如此一来,更高级的社会反而工业系统(类似营养系统)发达而调控系统(类似于神经系统)较弱,而低等社会却拥有高度集中和强有力的调控系统,换句话说,斯宾塞的"军事型"向"工业型"的社会进化是和生物进化相反的过程。马立恩辛辣地指出,作为"自然主义者"的斯宾塞,最终还是被作为"道德主义者"的他击败[1],科学事实输给了自由主义信念。[2]

对此,斯宾塞在《社会学原理》第一卷的第二版中添加了一篇后记予以回应。他解释称,进化标准的不同是因为动物有机体和"社会有机体"的生存条件不同。动物维持生命的能力取决于攻击和防御活动,因此拥有一个能够协调感觉和四肢的集中的神经器官就成为必须,但社会并非总是如此。原始社会和动物一样,社会生命的存续也主要取决于攻击和防御其他社会的力量,因此在这一阶段,高度集中的社会控制系统也属必须,也就是说,这一阶段社会和生物的进化标准是一致的。但这些状况对社会而言只是暂时性的,社会军事活动的减少和工业活动的增加逐渐带来了新的状况,使得社会的生命不必再依赖于攻击和防御,而是主要取决于其在工业竞争中自我维持的力量,这才是社会存在的终极性要求。因此,这一阶段的社会进化变为由工业系统的

---

[1] 马立恩的原话是 Mais bientot le moraliste en lui combat le naturaliste; et la liberte individuelle, principe d'anarchie cependant, trouve en lui un defenseur aussi chaieureux qu'inattendu。转引自 Herbert Spencer, *The Principles of Sociology*, vol. 1, p. 598。

[2] Herbert Spencer, *The Principles of Sociology*, vol. 1, p. 598。

发展程度来衡量。简言之,动物的等级标准终其一生没有发生变化,因为它们的存在条件始终一样。社会的等级标准则在工业社会来临后发生了决定性的改变。

在不断来袭的批评和质疑声中,《个体与国家》中对有机类比和"社会有机体"概念的依赖,比起三四十年前的文章来说已经大为减少。但如果承认"军事型—工业型"社会变态理论在生物学中的对应,以及斯宾塞整个社会学体系的有机基础,仍然可以认为有机观念在这篇政治檄文中扮演了重要角色。通过对人类文明的有机进化过程的描述,《个体与国家》对英国政府的"社会主义"倾向发起了公开挑战,斥其为"退化"和"再野蛮化"。可以说,斯宾塞的个人主义自由放任理念,在40年后仍旧保持着原有的成色。这里的"社会主义"很大程度上可以看作斯宾塞先前用"社会有机体"概念所要反驳的诸种观念的一个综合体,即"社会主义"一方面代表了机械和人为的行政与管理方式,是斯宾塞终生秉持的个人主义理念在政治上的敌人;另一方面代表着"不科学的"认识体系,是社会学体系在认识论上的敌人。"军事型—工业型"的社会变态理论清楚地表明,斯宾塞所理解的"社会主义"是一种与"进步"相悖的体制,在他看来,这是对人的奴役,与原始的和野蛮的等级制没有多大区别。

二、个人主义者的抗议与"社会有机体"的修辞运用

《个体与国家》并不是斯宾塞孤独的呐喊。19世纪七八十年代,格拉斯通政府的新举措在自由党的传统派中也引发了诸多不满。在他们看来,本届政府背叛了自由主义最要紧的原则,对个人自由大行干涉与

侵害。为了捍卫自由主义"正统",这些老派自由主义者纷纷同自由党内的激进派决裂,对干预主义和国家主义的种种思想展开抨击。他们自称"个人主义者"(individualists),活跃在抵制政府改革措施的前沿,先后成立了各式各样的民间团体,开展反对"社会主义"的宣传活动。许多个人主义者在思想上都承接斯宾塞衣钵,特别是他的有机进化论。他们把斯宾塞奉为精神导师,在政治宣传中进一步发展他的理论。在这些个人主义者的政治言说中,斯宾塞的"社会有机体"概念被当作一个有力的修辞工具得到了广泛应用。

早在格拉斯通第二次组阁之前,个人主义者就开始组织反对国家干预的许多据点。1871年,伦敦伯贝克学院教授约瑟夫·李维(Joseph H. Levy)为反对《1864年传染病法案》成立了"个人权利保卫协会"(Personal Rights Defense Association)。1877年,前自由党议员奥博伦·赫伯特(Auberon Herbert)成立"个人权利与自助协会"(Personal Rights and Self-Help Association),旨在保护和扩大个人权利以及反对法律的增加。① 《爱尔兰土地法案》颁布后,保守党议员威姆斯勋爵在《圣詹姆斯报》(*St. James Gazette*)上刊登了一封信,提议成立一个跨党派团体来抵制政府对合同权利和个人自由的侵害。保守党律师、煤矿主沃兹沃思·多尼索普(Wordsworth Donisthorpee)和他的表弟威廉·克罗夫茨(William Crofts)读罢这封信颇为震动,希望邀请威姆斯勋爵加盟两人早些年成立的"抵制国家联盟"(State Resistance Union)②。威姆斯勋爵随后又写了第二封信,刊载在《帕尔默公报》(*Pall Mall Gazette*)上,促使多尼索普和克罗夫茨进一步扩大联盟的规模,将其更名

---

① Hutchinson Harris, *Auberon Herbert, Crusader for Liberty*, London: Williams and Northgate, 1943, p. 189.
② 前身为"政治进化联盟"(Political Evolution Society),1881年在斯宾塞等人的建议下更为此名。

为"自由与财产保卫同盟"(Liberty and Property Defence League,以下简称"同盟")。同盟于 1882 年正式宣告成立,并推举威姆斯勋爵为主席。①

个人主义者将同盟作为主要活动据点。同盟成立后不久,红酒商托马斯·麦凯(Thomas Mackay)、政治作家兼律师罗兰·威尔森(Roland Wilson)和李维等活动家也先后加入。在威姆斯勋爵的带领下,同盟以"复兴从斯密到密尔、科布登、斯宾塞、洪堡和巴斯夏以降的自由主义传统"为宗旨,一方面积极进行政治游说,向议会施加影响力,另一方面广泛参与到社会辩论当中,撰写文章和小册子,开办讲座,甚至推出"布偶表演",不遗余力地传播自由主义思想,教育大众。在个人主义者看来,议会的选举改革赋予工人以选举权,极大地改变了英国的选民构成,如果"自由主义要在这个已经改变了的选举环境中生存下去",它就必须让民众相信自由主义之善,驳斥其敌人的主张。② 很快,同盟就在同样为政府法令头疼不已的英国商业和土地利益集团中找到了共鸣,商人、律师和土地所有者纷纷加入,包括煤炭大亨威廉·刘易斯(William Lewis)和伦敦南都煤气公司董事长乔治·利夫西(George Livesey)。当时一些有名的商业协会如"钢铁贸易雇主协会"(Iron Trades Employers' Association)、"船主总社"(General Shipowner's Society)、"布拉德福德有产者协会"(Bradford Property Owners' Association)和"特许粮食供应商保护社"(Licensed Victuallers' Protection Society)也和同盟保持着紧密联系。除此之外,同盟还网罗了许多知名学

---

① Thomas Mackay (ed.), *A Plea for Liberty: An Argument against Socialism and Socialistic Legislation, consisting of an Introduction by Herbert Spencer and Essays by Various Writers*, Indianapolis: Liberty Fund, 1981, pp. 7–8.

② Thomas Mackay (ed.), *A Plea for Liberty: An Argument against Socialism and Socialistic Legislation, consisting of an Introduction by Herbert Spencer and Essays by Various Writers*, p. 6.

者和政论家,这当中有英国社会哲学家威廉·迈洛克(William Mallock),他深受约翰·罗斯金(John Ruskin)影响,出版了许多政治经济学和社会哲学论著;外交官弗里德里克·米勒(Frederick Millar),他是小册子写作能手,主编同盟的非官方刊物《自由评论》(*Liberal Review*),同时也是威姆斯的二把手。同盟还吸引了不少外国学者,像是意大利经济学家维尔弗雷多·帕累托(Vilfredo Pareto)和俄罗斯经济学家和金融学家阿瑟·拉夫洛维奇(Arthur Raffalovich)等。这些成员遍布学界、工商业和政府的重要部门,历史学家爱德华·布里斯托风趣地把他们概括为"不满意的辉格党徒、剑走偏锋的保守党徒、过气的激进人士、地主和英国工商业贸易集团的翘楚"[1]。他们虽然在很多问题的看法上不相一致,但都对格拉斯通推行的政策怀有深切忧虑,在反对政府过度立法方面,他们结成了统一战线。

斯宾塞自始至终没有加入联盟,这一方面是由于此时他正潜心"综合哲学"系列的写作,作为一个年逾六旬又饱受神经衰弱困扰的老人,实在精力有限;另一方面则是由于同盟的保守性质太过为人熟知,而斯宾塞不愿意公众把自己同保守主义等同起来。[2] 不过,斯宾塞与同盟的联系却是毫无疑问的,他为同盟提供资助,曾鼓动威姆斯勋爵反对张伯伦的市政社会主义计划。《个体与国家》也被同盟奉为个人主义的经典。他甚至和多尼索普一起把英国的法令汇编从头到尾翻了一遍,找出所有失败的立法案例制成表格,为的是证明政府对社会事务的干预没有效果。

更重要的是,同盟骨干当中的大多数人都深受斯宾塞理论影响。

---

[1] Edward Bristow, "The Liberty and Property Defence League and Individualism", *The Historical Journal*, vol. 18, no. 4 (1975), p. 763.

[2] Edward Bristow, "The Liberty and Property Defence League and Individualism", p. 773.

多尼索普自封为斯宾塞的弟子,赞他"对社会的科学研究作出了无人能及的贡献——甚至奥古斯特·孔德和约翰·奥斯丁也难出其右"[1],甚至把斯宾塞同苏格拉底和莎士比亚并列[2],克罗夫茨、麦凯和威尔森等人也都把斯宾塞作为思想上的导师[3],同盟里似乎只有李维自称受到密尔而不是斯宾塞的影响。奥博伦·赫伯特也是斯宾塞的忠实信徒。他虽然没有正式加入同盟,但十分关心同盟事务,成立了若干个类似的个人主义者团体,如"个人自由党"(Party of Individual Liberty)和前文提到的"个人权利与自助协会"。奥博伦·赫伯特出身贵族,早年思想激进,在议会有过一段活跃时期。1873年的一天,他偶然在伦敦文艺协会(Athenaeum)遇到斯宾塞,并同后者进行了一番长谈。据奥博伦·赫伯特回忆,这次会面对他的思想产生了深刻而持久的影响:

> 我们的这场谈话——一场会永远留在我记忆中的谈话——使我忙不迭地研究起他的作品。我读着他的箴言,思忖着他的教诲,一扇崭新的窗户在我的心灵之中开启了。我对立法机器失去了信心;我意识到,为他人着想和替他人办事,向来都是有碍于真正的进步,而非有助于此;一切形式的强制措施都会挫伤一个国家的生命力。[4]

就在这以后不久,奥博伦·赫伯特离开了议会,开始为传播他的政

---

[1] Wordsworth Donisthorpe, *Individualism, a System of Politics*, London: Macmillan, 1889, p. v.

[2] Wordsworth Donisthorpe, *Individualism, a System of Politics*, p. 41.

[3] Edward Bristow, "The Liberty and Property Defence League and Individualism", p. 772.

[4] Auberon Herbert, *The Voluntaryist Creed: Being the Herbert Spencer Lecture Delivered at Oxford, June 7, 1906, and A Plea for Voluntaryism*, London: Oxford University Press, 1908, pp. 5-7.

治理念而奔走。他在斯宾塞学说的基础上发展了"志愿主义"(Voluntaryism)理论,阐述了以"自我所有权"(rights of self-ownership)为核心的维护财产私有制、拒绝国家干预的个人主义体系。他还在1890年创办了自由论报刊《自由生活》(Liberal Life),斯宾塞也订阅了这份报纸。

和他们的导师一样,个人主义者也在"社会有机体"概念中找到了反对改革的理由。多尼索普宣称:"我所谓的'国家'不仅仅是人的集合,而是一种生长,一个社会有机体。"[①]而如今,"即使是最急不可耐的改革家也意识到,国家是一个有机体而不是一个人为制造的结构,不能任由着大众的喜好拆成碎片,再组装成新的样式"[②]。正如"聪明的园丁不会用一把牡蛎刀撬开一朵玫瑰花苞"一样,社会群体的有机特性也表明,"在一个尚未成熟的有机体上人为地信手施加一个更高等的形式,这不是在加快它的发展,而是在实行阻碍"[③]。英国历史学家、个人主义者斯蒂芬虽同"自由与财产保卫同盟"里的激进分子保持距离,但也从斯宾塞的有机理论中受益良多。他在1885年写道:

> 人类社会不仅仅是一些独立原子的集合,而是一个复杂的活的有机体(a complex living organism)……这个有机体的运转不管多么的错误百出,它也代表着一个由世世代代的经验确定下来的系统。它的结构是根据人类的需求发展起来的,而作为它基础的那些原则是被感受到的而非被推导出来的。虽然这个有机体无疑需要不断提高,但只有在仔细调查了它的各个组成部分执行的功

---

① Wordsworth Donisthorpe, *Individualism, a System of Politics*, p. 18.
② Wordsworth Donisthorpe, "The Limits of Liberty", in Thomas Mackay (ed.), *A Plea for Liberty: An Argument against Socialism and Socialistic Legislation*, Indianapolis: Liberty Fund, 1981, p. 50.
③ Wordsworth Donisthorpe, *Individualism, a System of Politics*, p. 282.

能之后，并且在事实上决定了这种组成的需求中包含（改革的）命令时，真正的改革才可能发生。然而那些改革家往往操之过急，他们根据某些先验的猜测，又或是被一些实实在在的人间疾苦激怒，自告奋勇地承担起革故鼎新的职责，左劈一斧，右割一刀，要把社会重造个新模样，殊不知这是在冒对社会造成致命伤害的大风险。[1]

在斯蒂芬看来，之所以不能轻易对"社会有机体"进行变更，是因为它的内部依赖性。"人依赖其同胞而生存，正如四肢依赖身体。谈论一个不是由社会产生的人的性质就如同谈论一条不属于任何动物的腿一样荒唐。"[2]同时，"每个单元的性质都要依赖于它们和有机体的关系，离开整体的单元和离开单元的整体都是不存在的东西"[3]。这种依赖性就导致在"社会有机体"中，"某部分发生的有机变化将会使得全体都产生相应变化"[4]，任何局部的改革都有可能影响全体，产生意料不到的后果。多尼索普则将这一点表述为有机体内的协作："生物学上，任何有机生命体的规模限度都取决于协作的能力；这即是说，身体的任何部分受到影响，整体就必须作出反应，否则这就不是一个有机整体（an organic whole），而仅仅是一个集合体（a mere aggregate）。同样的道理也适用于社会有机体。"[5]

与斯宾塞一样，个人主义者也小心把握着有机体类比的限度，强调社会和有机体之间的差异。例如斯蒂芬就曾指出："社会不是一个有

---

[1] Leslie Stephen, *Life of Henry Fawcett*, London: Smith, Elder, 1885, pp. 150-151.
[2] Leslie Stephen, *The Science of Ethics*, London: Smith, Elder, 1882, p. 110.
[3] Leslie Stephen, *The Science of Ethics*, p. 94.
[4] Leslie Stephen, *The Science of Ethics*, p. 123.
[5] Wordsworth Donisthorpe, *Individualism, a System of Politics*, p. 8.

单独意识中心的有机体,它没有超出其个体成员的存在之外的任何独立存在。"①奥博伦·赫伯特也坚持社会和有机体有着纯然相反的目的:

> 肌肉的生命仅仅为了有机体而存在。一旦被移出有机体就会死亡,再无用处……有机体比它的组成部分更大,但(人类)个体就不是这样。他可以同时属于许多个整体——学校、学院、俱乐部、行业、市镇或郡县、教堂、党派以及国家。他充当许多有机体的组成部分,但他总是比所有这些有机体更大。它们为他存在,而不是相反……它们的存在是为了服务于他,供他驱使,为他牟利。如若不然,它们便没有存在的理由。②

个人主义者对"社会主义"的防范,还与他们对"品格"(character)及其培养方式的强调有密切关系。"品格"这个术语在维多利亚时期除了具有通常意义上的描述性用法,指人们固有的性情,还存在一种规范性用法,指向某些受到高度重视的道德品质③,例如节俭、远虑、自助、坚韧和自我克制等良好品质。在个人主义者看来,"品格"只有在人们自由地运用道德力量,并且承受自身行为后果的情况下,才能够缓慢培养起来并且代代相传,而如果政府对恶行带来的不良结果进行补救,就会打断"品格"的形成,难以促进社会整体的道德提升。斯宾塞在 1893 年出版的《伦理学原理》中直言:"政治家应当记住,品格的形

---

① Leslie Stephen, *The Science of Ethics*, p. 113.
② Auberon Herbert, "Lost in the Region of Phrases", in Eric Mark (ed.), *The Right and Wrong of Compulsion by the State and Other Essays*, Indianapolis: Liberty Fund, 1978, p. 112.
③ Stefan Collini, "The Idea of 'Character' in Victorian Political Thought", *Transactions of the Royal Historical Society*, vol. 12, no. 35 (1985), p. 30.

成是比一切其他目的更高的目的。"正是基于这一点,个人主义者对"任何据说有可能削弱品格的体制"都充满敌意①,尤其是国家为穷人提供的贫困救济、养老金等援助。在19世纪的最后20年里,"自由与财产保卫同盟"先后阻止了一连串改革法案的通过②,90年代又把注意力转向张伯伦的市政社会主义计划和工会制度等问题,同自由党内的激进力量针锋相对。

1891年,同盟邀请各成员和其他与同盟有联系的个人主义者撰写了多篇论文,由麦凯编纂为《为自由声辩》(*A Plea for Liberty*)出版,向"社会主义"发起宣战。这部文集可以称得上是一份个人主义宣言,集中体现了同盟的个人主义意识形态。包括多尼索普、奥博伦·赫伯特、麦凯和拉夫洛维奇在内的个人主义者都参与了撰写,从经济、教育、穷人住房、工会、娱乐、邮政和供电等社会生活的各个方面着手,分析社会主义式的国家干预是如何的行不通。在威姆斯勋爵的建议下,斯宾塞也为文集撰写了一篇导言《从自由到奴役》,奠定了整本书的理论基调。斯宾塞延续了《个体与国家》中的论点,指出社会中的人总是处在自愿合作和强制合作这两种控制形式中的一种之下。在"自愿合作"的形式里,人的主人就是自然本身,人们之间的合作是经过一致同意的,如果有人不接受,那么他就必须承担由此带来的后果;而在"强制合作"的形式里,人的主人是他的同胞,人们的合作就像在军队当中一样,下级对上级绝对服从,个人意志必须获得上级意志的准允,对从属关系的违反将会得到相应处罚。当一个人"处在自然的非个人的强制之下时,我们就说他是自由的",而"当他处在某个位于他之上的人个

---

① Stefan Collini, "The Idea of 'Character' in Victorian Political Thought", p. 31.
② 包括限制零售商店经营时长、管理苏格兰农场雇工住所的恶劣条件及在大萧条期间提供工作岗位在内的提案均遭否决。

人的强制之下时,我们就根据他依附的程度管他叫奴隶、农奴或臣民"。他声称,整个欧洲的历史发展都表明,强制合作将会逐步被自愿合作取代,人们正摆脱奴役的枷锁向自由前进,然而"共产主义者和社会主义者"却正在反其道而行之,变自愿合作体系为旧时的强制合作体系,这一点尤为明显地体现在工会组织上:

> 虽然这个新的等级在表面上和名义上与旧日的奴隶和农奴等级不同,后者在一个主人手下工作,受到男爵们的强迫,而这些男爵们自己又都是公爵或君主的奴仆。但这个受到人们欢迎的新等级本质上并没有什么原则性的不同。在这里,工人们在工头组成的小集团手下工作,受到主管的监督,这些工头和主管服从于更高等级的地方主管,后者又受到上级地区的检查,这些地区又都处在一个中央管理机构之下。在这两种情况下都有确立起来的等级,以及每个等级被迫对上一个等级的服从。①

斯宾塞再次运用了有机体类比:

> 所有发展中的组织体都有一个基本特征,那就是它们都会发展出调控器官(regulative apparatus)……有机个体自然不消说,社会有机体也必定是如此。然而在社会主义政体下,除了我们自己社会中已有的为国防和维持公共秩序与人身安全所需的调控器官以外,还必须有一个到处控制着所有生产和分配,负责向每个地区、每个设施和每个人分配各种产品的调控器官……自发运行的

---

① Thomas Mackay (ed.), *A Plea for Liberty*, p. 23.

以自愿为特征的工业体制,被一种由公务员执行的以服从为特征的工业体制取代了。①

以斯宾塞为首的个人主义者,在理论和行动上不断向行政、立法、社会事务和公共话语中的"社会主义"倾向发起挑战,捍卫着个人权利和自由竞争。他们运用"社会有机体"概念,反对政府为了公共利益牺牲个体利益,将"社会主义"刻画为一种落后的、不科学的、阻碍进步的制度,认为其将会导致"社会有机体"的衰弱和倒退。基于对社会与有机体的差异和"品格"的强调,个人主义者用"进化"论证自由竞争的合理性。虽然社会处在必然的发展变化中,然而决定其发展方向的不是政府,也不是代表着绝对精神的国家,而是每个个体的自发行动。与此同时,这一概念也表明,个人主义者并非囿于古典自由主义的传统理念,一味支持自由放任的市场秩序。相反,他们也在积极思考着人的社会性、依赖性和社会纽带等重要问题,意图运用"社会有机体"构建一个更具包容性和融贯性的自由主义社会。

三、对斯宾塞的批评与"社会有机体"的竞争性解释

个人主义者的活动和言论,遭到了社会主义者以及自由主义者当中对社会主义改革抱有同情之人的抵制,《个体与国家》的出版更是如同投入湖中的一颗石子,激起了对个人主义的国家观和社会观的广泛批评。在他们声讨中,斯宾塞所使用和推广的"社会有机体"概念也成

---

① Thomas Mackay (ed.), *A Plea for Liberty*, p. 23.

了攻击对象。批评者认为,斯宾塞等人并没有看到"有机"的真正内涵,反而把他们对于个人和社会的"机械"理解带入这一概念,造成了概念的不连贯。真正的"社会有机体"应当是与一种集体主义的和整体性的观念相协调的。尽管对于这种集体主义应当被推进到什么程度,批评者们莫衷一是,但不可否认的是,这些批评都在将"社会有机体"概念不断向国家干预的方向推进。

1871年的斯宾塞与赫胥黎之争,已经展现了"社会有机体"概念的一种另类解释,暗示这一概念可以被用来支持国家干预。事实上,赫胥黎对斯宾塞的批评背后正是他倡导政府兴办公共教育的理念,《行政虚无主义》一文本身就是他在"伦敦教育委员会"(School Board of London)任上的应时之作。1870年2月,格拉斯通政府颁布由自由党下议院议员威廉·福斯特(William E. Foster)起草的《1870年初等教育法案》(*Elementary Education Act of 1870*),在原则上确立了英格兰和威尔士5岁到12岁的儿童接受教育的权利。[①] 在该法案的授权下,英格兰和威尔士各地可通过选举成立地方教育委员会,运用公共税收建立新的"委员会学校"(Board School),同时提高现存学校的教学条件。赫胥黎素来对科学教育的推广和普及充满热情,积极参与政府的这项改革。九个月后的伦敦地区选举中,赫胥黎获得了排名第二的票数,进入首届教育委员会。

早在选举之前,《当代评论》的主编就把赫胥黎的竞选报告——《教育委员会:它能做什么?它可以做什么?》——中的部分内容向报社曝光,使赫胥黎的教育普及理念广为人知。[②] 1871年10月,赫胥黎

[①] Derek Fraser, *The Evolution of the British Welfare State: A History of Social Policy since the Industrial Revolution*, London and Basingstoke: Macmillan, 1973, p. 79.

[②] Leonard Huxley (ed.), *Life and Letters of Thomas Huxley*, New York: D. Appleton and Company, 1901, vol. 1, p. 364.

在伯明翰的"中部地区学会"(Midland Institute)发表演讲,进一步阐述他对教育普及的决心,这就是后来发表在《双季评论》上的《行政虚无主义》。① 赫胥黎在这篇文章中主张,政府作为"社会集体权威的代表",其目的是推进其"和平、财富及其成员的智力和道德的发展",由此实现"人类之善"。因此,政府理应承担起教育公众的责任。

不过,赫胥黎并不认为政府有权插手除教育以外的其他公共事务。在这方面他和斯宾塞一样,认为人们在社会上开展竞争总体上是有益的。他在1893年的一篇著名演讲《进化与伦理》中就提出,人类社会虽然消除了残酷的生存竞争(struggle for existence),但仍然需要保持另一种模式的竞争,即人们为追求有限的享乐手段而发生的竞争(struggle for the means of enjoyment)。只有这样社会才能选择出有能力、勤勉、智力高和坚忍不拔的人,形成社会分层,让具有良好品行的人占据高位获得财富,同时激励下层的人们向上努力,通过教育和生活环境的改善来使他们养成更高的品性。这对保障一个社会的活力来说是有益且必要的。② 也就是说,赫胥黎对社会的认识仍是自由主义的,只是持有更为折中和灵活的立场,认为国家干预这个议题应该视情况而定。③ 因此,赫胥黎并没有继续采用"社会有机体"概念,因为在他的理解当中,这一概念真正暗示的是利维坦式的绝对权威。

但在保守主义政治家、十三世彭布罗克伯爵乔治·赫伯特(George Herbert)看来,"社会有机体"自有其妙用。他认为,有机类比"的确表

---

① Leonard Huxley (ed.), *Life and Letters of Thomas Huxley*, vol. 1, p. 384.
② 参见 Thomas H. Huxley, "Evolution and Ethics", in James Paradis, George C. William (eds.), *Evolution and Ethics: T. H. Huxley's Evolution and Ethics with New Essays on Its Victorian and Sociobiological Context*, Princeton: Princeton University Press, 1989, pp. 98–103。
③ 这是弗里登在《英国进步主义思想》中对赫胥黎的描述,见〔英〕迈克尔·弗里登:《英国进步主义思想:社会改革的兴起》,第139页。

明社会的工业和贸易(也就是营养)功能最好交由个人追逐私利的活动来完成",但生物体内还存在着介于"纯粹自主运转和通常由大脑和神经直接指挥"这两种类型之间的生理功能,"大脑和神经根据情况决定是否对其活动进行干预"。同样,有的社会功能也具有类似的混杂特点,国立教育即为一例——在某种程度上自主运转,但同时也需要来自外部的管理。[1] 还有一些具有临床实践或生物研究背景的社会学家,也利用"社会有机体"概念为某些公共事业辩护。社会学家帕特里克·格迪斯(Patrick Geddes)认为,社会有机体如同自然有机体一样有被自身疾病所害的危险,而城市则是"社会病灶"(social morbidity),因此治理城市问题正如医治有机体的疾病一样,决定着有机体的存续。对此个人力量是不够的,需要适度的国家干预。[2] 社会学家威廉·里弗斯也十分重视社会的有机类比,认为这表明医学研究有助于发现社会问题治理的途径和措施。[3] 这类"社会医学"话语,斯宾塞早在19世纪40年代就使用过。在《范围》中,他把立法者想象成外科医生,他们的治理活动则被比作外科手术,但和19世纪晚期的"社会医学"不同的是,斯宾塞认为人体具有完美的自我调节能力,因此一个好医生应该做的是让患者的病症充分表达,直到确定症结所在后再谨慎治疗,而不是用大量的药物使人体陷入混乱。同理,社会也有完美的自我调节能力,立法者的任务是让贫穷、粮食匮乏或过量生产这样的社会弊病充分表达,以便确定问题所在,而不是用短暂的救济拖延问题。

上述这些理论家都对特定领域的社会改革抱有积极的态度,但他

---

[1] George Herbert, "Liberty and Socialism", in *Political Letters and Speeches*, London: R. Bentley, 1896, p. 211.

[2] Patrick Geddes, *An Analysis of the Principles of Economics*, London: Williams and Norgate, 1885, pp. 5-6, 36.

[3] William Halse Rivers, "The Concept of the Morbid in Sociology", in *Psychology and Politics and Other Essays*, London: Kegan Paul, Trench, Trübner, 1923, pp. 63-64.

们的有机观念并没有推进到赫胥黎设想的那种程度,他们的"社会有机体"概念还处在"自由放任和国家主义的中间位置"。① 真正把这一概念同全面的社会改革结合起来的,是19世纪晚期一批被称为"新自由主义者"(New Liberalists)的理论家。

新自由主义者是对斯宾塞的《个体与国家》及其"社会有机体"概念抨击最为猛烈的一群理论家。同个人主义者一样,新自由主义者也对19世纪70年代以来的英国经济萧条、不断上升的贫困人口及其恶劣的生存环境感到忧心,思考如何能够改善工人阶级的状况,并把这一适才获得选举权的、拥有巨大政治能量的群体纳入到自由主义的制度当中。然而与前者不同的是,新自由主义者并不相信"私人善行"能够解决所有的社会问题。他们受到德国观念论的影响,在黑格尔的国家理论中看到了被传统自由主义政治哲学忽视了的社会和伦理面相,企图改造自由主义,在理论上阐释出一个"更集体主义的自由社会"。② 他们强调个人自由对社会的依赖,强调社会福利和共同体的重要性,要为社会问题寻找一种伦理方案。在这种理论和实践倾向下,斯宾塞却从哲学和科学角度出发赋予竞争性个人主义以进化论上的合法性,自然撞在了新自由主义者的枪口上。

新自由主义者各显神通,对斯宾塞的"社会有机体"概念展开了剖析。他们秉承黑格尔式的有机主义,认为"一个有机身体(organic body)的四肢和器官不光只是这个身体的组成部分;它们仅当处在统一体(unity)中时才是其所是,并且毫无疑问地受到这种统一体的影响,正如它们反过来也影响着统一体一样"。同理,"一个国家的成员就像一个动物有机体里的所谓'部分'一样,是有机整体中的一个个时

---

① 〔英〕迈克尔·弗里登:《英国进步主义思想:社会改革的兴起》,第139页。
② Jeannie Morefield, "Hegelian Organicism", p. 150.

刻(moments),其孤立或独立都预示着疾病"。① 从本体论上来说,黑格尔有机主义将国家置于个体之前,国家无论在道德还是逻辑上都是高于其成员的。而在斯宾塞、斯蒂芬、多尼索普和奥博伦·赫伯特的"社会有机体"中,个体先于社会,社会也只在"个体的集合"意义上才有其独立存在。正是基于这种本体论上的差异,新自由主义者认定斯宾塞的"社会有机体"概念存在严重的"不连贯之虞"。② 1883 年,苏格兰哲学家亨利·琼斯也写了一篇《社会有机体》,矛头直指斯宾塞 1860 年的同名文章。琼斯认为斯宾塞从个人主义政治立场出发,把在生物学领域大获成功的进化和有机体概念原封不动地运用在伦理学中,意图构建一个关于社会的有机理论,但个人主义却无法得出这些概念。首先,个人主义哲学经过休谟的阐发已经在理论上走到了末路,法国大革命又在现实中再一次证明了这个结论。因此斯宾塞"社会有机体"的哲学基础已然属于过去。其次,虽然斯宾塞用"社会有机体"来指称自己的社会理论,但他在很多地方都"更像是把社会当作无机体处理"。他视社会为个体的集合,是"由个体之间的对立和碰撞产生的机械性、暂时性的均衡,他们之中的每个人都追求自己的福祉而非社会的福祉",而这和"社会有机体"概念的真正意义完全相悖。③ 1885 年,观念论者大卫·里奇也指出,斯宾塞虽然声称社会是一个有机体,但本质上仍然是从"算术式和机械式概念"出发来理解社会。④ 例如,《个体与国家》认为政府权力的每一点增加都意味着个人自由的等量减少,这"完全是把有机体当成一个等式来处理";还有类似"社会活动就是各自寻

---

① Jeannie Morefield, "Hegelian Organicism", p. 151.
② John Hobson, "Herbert Spencer", *South Place Magazine*, vol. 9 (1904), pp. 49-55.
③ Henry Jones, "The Social Organism", pp. 4-8.
④ David Ritchie, "Mr. Herbert Spencer's Political Philosophy", *Time*, vol. 13, no. 12 (1885), p. 652.

求满足的个体欲望之结果的集合"的主张、议会的作用就是"平衡共同体内各个群体的利益"的说法,都是极其"非有机"的,证明斯宾塞"并没有超越霍布斯"。① 英国经济学家、社会理论家约翰·霍布森也指出,斯宾塞的个人主义政治原则和他对进化与有机体概念的使用是无法相容的,前者代表着原子主义(atomism),后者则指向整体主义(holism)。② 批评者沿用了"有机"的规范性意味,反而将斯宾塞的社会概念说成是"机械的"。他们将斯宾塞刻画为一个失败的理论家,其苦心发展出来的概念反而对自己的理论体系造成了致命打击。

那么,究竟什么才是"社会有机体"的真正意义呢? 在黑格尔有机主义的影响下,新自由主义者认为,把社会类比为有机体首先就意味着社会有超越其组成部分的独立存在,是一个统一行动的整体。例如在琼斯看来,真正的"社会有机体"是整体与个体的完全融合与统一,脱离了个体的整体便是虚无,而脱离了整体的个体同样无从谈起。两者在形而上的依存决定了"社会须得为了其组成部分的福祉而存在,而其组成部分亦须为了社会的好处而存在",也就是说,"如果社会是有机体,那么其成员的福祉和整体的福祉便不可能分割"。③ 里奇同样认为,要弄清这个概念的真正内涵,首先必须要正确对待有机体中部分和整体之间的关系:"在一个简单的集合体或堆积物中,部分是先于整体的,在有机体中则恰恰整体先于部分,换句话说,部分只有在和整体的关系里才能得到理解。"④霍布森则认为社会只能被理解为"一个拥有

---

① David Ritchie, "Mr. Herbert Spencer's Political Philosophy", p. 652.
② John Hobson, "Herbert Spencer", p. 52.
③ Henry Jones, "The Social Organism", pp. 6-7.
④ David Ritchie, *The Principles of State Interference: Four Essays on the Political Philosophy of Mr. Herbert Spencer, J. S. Mill, and T. H. Green*, London: Swan Sonnenschein, 1902, p. 48.

共同身体、共同意识和意志,并且能够实现共同的有机目标的群体生活"①。伦理上,这种对社会的认识规定个体的目的必须是一个社会性的目的,一种整体所欲求的"共同善"(common good)。② 政治上,"有机"意味着社会能够有意识地以自身的保存和发展为目的采取行动。借助黑格尔的辩证逻辑,新自由主义者赋予自由社会中的国家以更为积极的角色,将"道德国家"的概念自然化。在对概念的重新定义中,新自由主义者赋予了"社会有机体"全新的意涵。"有机"不再仅仅意味着伯克式的"自然生长",也不只强调"相互依赖"或"社会纽带"的重要作用,而是指向了有机体的"伦理统一性"(ethic unity)。

在琼斯、里奇和霍布森等人的阐释下,"社会有机体"概念在诸多方面都发生了转向。首先,新自由主义者将"社会有机体"的类比对象规定为高等动物,而这是个人主义者有机类比所明确拒斥的。斯宾塞曾多次表示,自然界存在多种多样的有机体形态,并没有证据表明"社会一定是按照人体的规则组织的"。③ 事实上,社会具有"不确定的外形、不连续的组成部分和遍布全体的感受能力"等特性表明,某些低等动物或植物有机体是更为恰切的类比。④ 然而里奇对此表示怀疑:"一个共同体发展得越先进,与之对应的也应该是越高级的有机体。"⑤霍布森也对斯宾塞"觉得社会现在是而且以后也将一直是一种低级的有机体"感到不解。⑥ 新自由主义者并不满足于局限在"发展与结构的一般原则"⑦程度上的相似性,他们希望继续推进有机类比,展现"社会有

---

① John Hobson, *Work and Wealth*, London: Macmillan, 1914, p. 15.
② David Ritchie, *Philosophical Studies*, London: Macmillan, 1905, p. 267.
③ Herbert Spencer, "The Social Organism", p. 192.
④ Herbert Spencer, "The Social Organism", p. 195.
⑤ David Ritchie, "Mr. Herbert Spencer's Political Philosophy", p. 649.
⑥ John Hobson, "Herbert Spence", p. 52.
⑦ Herbert Spencer, "Transcendental Physiology", p. 61.

机体"与动物体之间更为具体和紧密的相似性。类比对象的调整为"社会有机体"蒙上了集体主义的色彩——正如在动物体内,神经中枢指挥和调节着机体的运转,具有无可置疑的权威一样,社会也必须有一个主导性的机构,对各部分拥有较大的甚至是绝对的权力,对社会活动进行广泛调控。

其次,斯宾塞和斯蒂芬都明确否认社会存在"单独的意识中心"[1]或"社会知觉"[2],能够不依赖各个部分而独立地感受快乐和痛苦。正是在这一基础上,个人主义者才能宣称"社会乃是为其成员的福祉存在的,而不是成员为了社会的好处存在"[3],所谓的社会福祉不过是无数个人的愿望和利益的集合。琼斯则不这么认为,在他看来,个人的生命既是他自己的,同时又是社会赋予的,个人所能拥有的唯一生命便是"社会的生命"。因而,社会整体的活动和个体成员的活动是高度统一的,两者的目的也是一致的。除了社会的目的,个人不可能有任何自己的目的,而他也只有通过实现更大的社会的目的才能够实现他自己的目的。在这样的一个社会中,每个人都能找到自己的职责:

> 最卑下的胸膛也跟随着宇宙的呼吸上下起伏,我们的伦理救赎即蕴含在成为宇宙的具有意志的器官当中。心脏跳动,大脑运转,双手劳动,一切都由整体的力量所驱动,同时也为整体的利益服务。最崇高的道德志向存在于牺牲个别目的而去实现社会有机体的目的当中。社会目的构成了所有人最高的目的,这正是因为

---

[1] Leslie Stephen, *The Science of Ethics*, p. 111.
[2] Herbert Spencer, *The Principles of Sociology*, vol. 1, p. 461.
[3] Herbert Spencer, "The Social Organism", p. 192.

所有人的目的不过是有机生命的产物,呈现在各色各样的个体当中,又从他们之中以更丰赡的姿态返回自身。[1]

为了摆脱个人主义者在物质层面对"社会有机体"存在"共同意识"的否认,新自由主义者则努力将类比的基础从物质的和生理的转向精神的和伦理的。譬如,琼斯认为"社会有机体"不是靠物质和空间上的联系,抑或"关节和绷带"连接起来的。它的纽带是"内在的而非外在的,是本质的而非偶然的"。[2] 社会之所以是一个有机体,"不是因为它像一只动物,因为它的个体成员如同关节和四肢,而是因为个体作为一个伦理存在在社会当中自我实现,同时社会也在个人身上实现它自身"[3]。霍布森则承认,在单纯"物质的层面"的确很难发现社会的有机特性:"每个人都被自己的皮囊所包裹,在他和其他社会成员之间存在着可以扩展到无限大的无机空气。因此根据常识容易认定,物质上社会不过是一群相互分散的个体……同样的常识也会认为,这些个体的思想和感觉也是发生在相互分离的身体各自的精神当中,互相之间从不进行沟通。"[4]但斯宾塞等个人主义者的不足之处在于没能看到社会更为重要的精神结构:"社会有着一个共同的精神生命,在这个意义上完全可以将其视为一个道德的理性有机体。"[5]霍布森从比利时作家莫里斯·梅特林克(Maurice Maeterlinck)的《蜜蜂的一生》(*The Life of the Bee*)中吸取灵感,指出蜂群中存在着一种"蜂房的精神",精确地规定着蜂房中每一蜜蜂个体的意志和利益,使得蜂群具有了某种"神秘

---

[1] Henry Jones, "The Social Organism", p. 8.
[2] Henry Jones, "The Social Organism", p. 7.
[3] Henry Jones, "The Social Organism", p. 22.
[4] John Hobson, *The Crisis of Liberalism: New Issues of Democracy*, London: P. S. King & Son, p. 73.
[5] John Hobson, The Crisis of Liberalism, p. 73.

的统一性"。不仅如此,在自然界的兽群、畜群和其他社群之中,都可以观察到这种共同的目标作用于个体动物的精神和行动之上,引导它们去完成"经常和它的个体利益或快乐相冲突、不时要求牺牲个体生命换取群体的益处或物种的延续"的行动。不论是"蜂房的精神",还是兽群的集体意志,都是"有机的精神统一体"(organic psychic unity),人类社会正是在这一精神层面上才成为有机体,个体的精神通过互动,通过成员的共同生活,在不断增强的社会同理心的作用下逐渐融汇成一个"共同意识"(common consciousness),使有机体具有了道德统一性。[1]

通过赋予"社会有机体"以独立的意识、目标和性格[2],新自由主义者还意图主张社会进化与自然进化之间的断裂。维多利亚时期的进化论者普遍相信,人类是自然的产物,人类社会本身就是自然界的一部分。包括达尔文、斯宾塞和赫胥黎在内的许多理论家都坚持人与动物之间是非本质性的区别,强调人与自然的连续性,然而即便接受了这一前提,理论家对人类社会的进化方向仍旧有着很大争议。很多的理论家相信,人类所具有的非凡的思维和创造能力,使得社会与自然的关系始终处在一种延续和断裂的张力之中。赫胥黎在演讲"进化与伦理"中反对以自然进化论为蓝本构建人类社会的准则。赫胥黎承认社会进化的早期阶段存在生存竞争,但认为人类道德感和理性的出现造成了人类进化过程与自然的断裂,社会进化发生了改变,不必再遵循弱肉强食的自然规律。[3] 受到赫胥黎的影响,里奇相信"历史进步就是减少浪费的过程。自然界无情地消耗了大量低等有机体的生命,在人类社会

---

[1] John Hobson, *The Crisis of Liberalism*, pp. 74-75.
[2] John Hobson, The Crisis of Liberalism, p. 76.
[3] 参见 Thomas H. Huxley, "Evolution and Ethics", pp. 59-177。

中则由国家来防止这种浪费,国家把个人从生存竞争中解脱出来,从而让个体性获得自由并使得文明成为可能"[1]。在里奇的笔下,原先作为自然秩序的一部分的"社会有机体"转变成为一个道德共同体,不再屈服于自然规律,而是可以通过社会成员的集体行动掌控自己的命运。国家则成为这一过程的主导力量:"只有当社会有机体作为一个国家,也就是说,作为一个有秩序的政治社会的时候,它才能最为明白无疑地意识到自身作为有机体的存在,也因此才最有能力规定社会的种种进程。这些进程如果听凭其任意发展,人类社会的历史将沦为单纯的自然过程。"[2]

至于是什么造成了进化的转向,这些理论家把目光聚焦在了人类大脑形成和意识产生的时刻。观念论者凯尔恩斯认为,当人类社会发展到一定阶段时,会产生对"集体存在"的意识,从而出现新的社会力量,促使人们开始有意识地思考社会条件的改善并付诸实施,对"社会有机体"加以积极的改造。[3] 里奇也认为"社会有机体"的自我意识"决定性地改变了进化方向",从而"不再如同自然界的其他有机体一样仅以生存下来为目的,而是朝向一种亚里士多德意义上的道德的生活"。[4] 因此,在他看来,社会不是人为"制造"(making)的,也不是自然"生长"(growing)的,而是有意识地"自我创生"(self-making)的:"把社会有机体同其他有机体区别开的一点是,社会有机体有自我创造的

---

[1] David Ritchie, *The Principles of State Interference: Four Essays on the Political Philosophy of Mr. Herbert Spencer, J. S. Mill, and T. H. Green*, pp. 15, 50.

[2] David Ritchie, *The Moral Function of the State: A Paper Read before the Oxford Branch of the Guild of St. Matthew, on May 17th, 1887*, London: Women's Printing Society, 1887.

[3] John Cairnes, "Mr. Spencer on Social Evolution", *Fortnightly Review*, 1875, vol. 97, no. 17 (1875), pp. 63-82.

[4] David Ritchie, *Philosophical Studies*, London: Macmillan, 1905, p. 267.

非凡能力。它越是发达,就越能够有意识地进行自我创造。"①

总而言之,通过运用诸如明确类比对象、赋予社会"共同意识"、从物质的语言转向精神的语言以及扭转社会进化方向等多种修辞手段,新自由主义者竭力争夺着"社会有机体"的定义权和解释权,试图将这一概念确立为他们心目中理想社会的理论基础。显然,"有机"一词已在新一代自由主义者的推动下,越发向着干预主义的方向靠近了。无怪乎进化论者本杰明·基德在20世纪初有这样的断言:比起斯宾塞的"社会有机体",一种"更有机"的社会概念正在流行起来。②

四、个人主义者的退场与"社会有机体"的再概念化

对于"社会有机体"概念新的含义,个人主义者并没有放弃抵抗。针对赫胥黎试图构建人与自然的两分,从而把社会从"事物的自然秩序之一部分"抽离出来的做法,斯蒂芬反驳道:"道德的出现只是表明社会意识到了原先一直在起作用的进化过程,并有意识地以社会和道德选择来保证整个族群的需求得到满足。"③也就是说,人类意识的产生并不意味着社会进化同自然进化的偏离,而恰恰进一步强化了两者的类同,因为理性只会使人愈加全面地认识到自然界的铁律,并将其内

---

① David Ritchie, *Principles of State Interference*, p. 49.
② Benjamin Kidd, *Individualism and After, the Herbert Spencer Lecture Delivered in the Sheldonian Theatre on the 29th May 1908*, Oxford: Oxford University Press, 1908, p. 24.
③ Leslie Stephen, "Ethics and the Struggle for Existence", in *Social Rights and Duties: Addresses to Ethical Societies*, Cambridge: Cambridge University Press, 2011, vol. 1, p. 165.

化为社会制度和道德。事实上,即便赫胥黎本人也并非真的想要让人摆脱进化论的必然性。作为"达尔文的斗犬",赫胥黎坚信生存竞争和自然选择是人类社会无法逃脱的命运。无论文明发展到怎样的地步,无论人在社会交往中养成的以同情心为特征的"人造人格"(artificial personality)如何控制千百年自然进化形诸的以自私和强力为特征的"自然人格"(natural personality)[①],人类社会还是无时无刻不面临着"马尔萨斯困境",即人口对生存资源产生的压力,从而随时都有退回到弱肉强食的丛林时代的危险。因而,赫胥黎眼中理想的社会形态并不是一个消除了生存竞争的和谐家园,而只是将野蛮的生存竞争转化成更为文明的竞争形式,其依赖的仍旧是进化和自然选择的原则,政府在这一过程中虽然承担着重要的角色,但其作用仍是有限的。

同样的观点也可以在多尼索普的作品里看到。1889年,多尼索普论述个人主义哲学最重要的一部作品《个人主义:一个政治系统》出版。书中,多尼索普认为,社会固然能够意识到其进化过程,并且也能够有意识地遵循或者推动这一过程,但这种意识恰恰会把越来越多的个人自由和越来越少的国家干预作为进化的关键,因为个人主义的法则是社会在千百年的进化和自然选择过程中确立下来的,只有提供给社会当中的个人最大限度的自由,使其仅受他人同样自由的限制,某一种族形成的社会才能在同其他种族的生存竞争中占据优势,因为这个社会的能量在内部消耗得最少,也因此能够最大程度地用于外部的防御和攻击,赢得主导地位。

多尼索普也使用"社会有机体"概念来说明为何个人主义秩序是进化的最终选择,不过他的这个概念与斯宾塞相比有一个关键区别。

[①] Thomas H. Huxley, "Evolution and Ethics", p. 88.

斯宾塞强调"社会有机体"没有感觉机能,因而没有"集体意识",更不存在集体的利益或福祉。国家是为了其个体的利益而存在的,后者在任何情况下都不能为了某种不真实的集体目的而被牺牲。多尼索普则不然,他虽然对斯宾塞的社会学研究赞誉有加,但他的"社会有机体"概念反倒更类似于斯宾塞的敌人特别是新自由主义者构建的概念——"社会有机体"不仅具有"集体意识"或"集体意志","就像一个人的意识不能还原为组成他身体的细胞的意识一样"[1],而且这个意识还与社会成员的意识有根本的不同。不仅如此,社会还能够在集体意志的驱使下作出相应的集体行动:"想象一个依照同情或厌恶的动机来行动的集体或国家是非常有必要的,在前一种情况下,这种行动表现为慈善、补偿或者奖赏,后一种情况则表现为掠夺、强制赔偿或惩罚。"[2]沿着霍布斯的思路,多尼索普把这种集体意志等同于古典主权理论中所说的主权者的意志,视其为绝对的、不受限制的道德:"主张一个已经打定主意采取这样或那样的行动的国家受到某种限制(且不论这个决定是正确还是错误),乃是无稽之谈。集体意志一旦形成就必然表现在行动当中,这就像一个人的意志一样全然不受外界限制。"[3]

这样的一种有机体理论,如何有可能最终导向个人主义原则呢?多尼索普用"法则"这个概念打通了中间的道路:"法则"在多尼索普的语境中有两种非常不同的含义,其一是指"所谓的国家的法律、成文法、判决或法令等",与之相对的则是"法理学意义上的法则",其含义为"由在先的一个或多个公民的行动和作为其结果的集体或国家的行动构成的不变的序列"。[4] 后一种意义上的"法则"不是通过演绎的方

---

[1] Wordsworth Donisthorpe, *Individualism, A System of Politics*, p. 274.
[2] Wordsworth Donisthorpe, *Individualism, A System of Politics*, p. 292.
[3] Wordsworth Donisthorpe, *Individualism, A System of Politics*, p. 275.
[4] Wordsworth Donisthorpe, *Individualism, A System of Politics*, p. 283.

法从自然权利推导出来的,而是在历史积累的经验基础上通过归纳得出的:

> 例如在私人道德领域,我们之所以跟从道德原则的指引,不是因为它们演绎自更高的律法,而是因为我们千百次地确认这些原则乃是值得信任的,我们的父辈和朋辈都是这样信任它们。不要撒谎,不要偷窃,不要毫无缘由地伤害邻人的感情。为何如此? 因为一般说来这么做都没有好下场![1]

法理学不仅研究"社会有机体"的静态律法,而且关注社会发展的动态律法,这是因为国家不是"仅凭一个社会契约就能一劳永逸地被规定的",也不是"在某个过去的时刻已臻至成熟,因此现在是确定的、不可变更的。相反,国家仍旧在生长之中,如同其他进化的产物一样"。[2] 在社会发展过程中,有些法则被废除或者不再有效,另一些则流传至今,成为人人都要遵守的"真正的法则"。在这个动态的过程中,起作用的只有一项标准,那便是集体福祉(group welfare),是它决定着一项法则是否能够持续存在。集体福祉不是所有成员福祉的简单相加,甚至在很多时候,集体福祉与个人没有直接关系。[3] 它的作用更多的是为社会或种群在生存竞争中带来优势:"第一个遵从弱者意愿的强力之徒并不是因为关心种群的福祉才那样做。但正是由于此种行为有利于种群福祉,这种行为的习惯才得以保留下来并成为一个有机部分。如此行事的部落消灭了别的部落,占据了优势,同时也使得养成

---

[1] Wordsworth Donisthorpe, "The Limits of Liberty", p. 67.
[2] Wordsworth Donisthorpe, *Law in a Free State*, London: Macmillan, 1895, pp. 18-19.
[3] Wordsworth Donisthorpe, *Individualism, A System of Politics*, p. 261.

了上述行为习惯的种群长存下来。"①因此,更高等级的社会有机体就是那些实行了更有利于集体福祉的法律的社会。很显然,多尼索普的"法则"是进化和自然选择的产物,好比生物有机体的某些天然禀赋为个体的生存竞争带来优势,从而能够遗传给后代一样,集体中人人躬行的"法则"也可能给"社会有机体"带来有利的地位,通过增进集体福祉使社会得以在竞争中存续,形成世代尊奉的道德准则和行为习惯。

多尼索普从对历史上大量文明现象的观察和比较研究中总结得出,人类文明的一般进程遵循从"社会主义"到"个人主义"的动态律法:"法理学已经确认,随着文明的前进,国家一个接一个地放弃了对于其成员自由行动进行干涉的主张,与此同时,国家也变得力量更大、更有规律和效率,且更为笃定地执行那些剩下来由它完成的功能。"②也就是说,进化指向更完善的个人自由,而"当各个阶级和个人都为自己而奋斗的时候,他会发现以最小代价获得最大自由的方法就是允许他人享有同等的自由"。每个人在不妨害他人的条件下享有不受国家干涉的最大限度自由,是"同社会有机体的健康(well-being)保持一致的",也因此是最有利于集体生存和竞争的、能够增加集体福祉的法则。从这个意义上说,个人主义的社会秩序乃是"集体意识"的正确决定,是体现集体意志的国家应当采取的行动,因为"集体意识"总是要求集体福祉的。根据这一点,国家的各项立法就可以得到检验:"当我们看到有人鼓动向国家施加更多责任时,至少在表面上可以合情合理地推断这种鼓动乃是逆流之举。"同样,"当我们看到国家正在向它被规定得越来越清晰的职权范围以外的事务伸出

---

① Wordsworth Donisthorpe, *Individualism, A System of Politics*, p. 278.
② Wordsworth Donisthorpe, *Individualism, A System of Politics*, p. 300.

手时……也可以合乎逻辑地确定此类事务应当从国家的控制领域中排除"。①

多尼索普的概念运用展示出19世纪的有机体理论灵活多样的阐释途径。个人主义者通过这一富有创造性的理论构造,强势回应了新自由主义者构建"共同意识"的政治意图——即便承认社会拥有"共同意识",仍然可以借助进化论为个人主义政治秩序找到自然基础,也就是说,社会的"共同意识"与国家干预主义,在19世纪的有机话语中并不存在逻辑上的必然联系。

然而,随着个人主义的政治议程在现实斗争中渐露颓势,对"社会有机体"的辩护也因急于澄清立场而愈发失去耐心。新自由主义不断放大"社会有机体"概念的有机内涵,用一套同样奠定在生物学和生理学基础上的语言来为集体主义议程辩护。意识到这一点的个人主义者开始淡化这一概念的有机面向,更多强调"社会有机体"中个人的一面。19世纪90年代奥博伦·赫伯特与霍布森的一场公开论战,就在很大程度上体现了这一点。

1898年5月,奥博伦·赫伯特在《博爱者:社会科学月评》发表了《志愿主义之诉》,陈述他所建立的这一理论体系。奥博伦·赫伯特从洛克式的财产权理论出发,论证人的最高权利是"自我所有权",即自由之人对自身的"精神和身体机能"及这些机能作用于外物而产生的财产的所有权,高于"一切议会、政府、法律和机构",也高于"所有君主的法令和多数人的选票"。② 因此可以确切地说,这一权利就是自由本身。奥博伦·赫伯特为"自我所有权"提供了来自自然事实、理性、道

---

① Wordsworth Donisthorpe, *Individualism, A System of Politics*, pp. 300-302.
② Auberon Herbert, "A Voluntaryist Appeal", in Michael Taylor (ed.), *Herbert Spencer and the Limits of the State: The Late Nineteenth-century Debate between Individualism and Collectivism*, London: Thoemmes Press, 1996, pp. 223-224.

德和人类经验的四项证据。首先，人人都拥有"一个单独的和特别的精神和身体"，不与其他人的精神和身体相混合，因此大自然确认"一个人的精神和身体只属于他自己"。不仅如此，自然的"进步"也只能通过个人能力的改善来完成：

> 打个比方，大自然就是一位完完全全的自由贸易者（Free-trader）。所有的提高——无论是植物、动物还是人类，都只能来源于其个体的提高，是个体为了出类拔萃而自由竞争的结果——产生更优越的具有新素质的个体，逐渐取代没有得到改进的个体，并通过这种方式使整个种群获得提升。因此，差异（difference）、个体间的竞争及得到改善的个体不断出现，这些是进步的条件；反之，一致（uniformity）和任何形式的人为保护（这样的保护致使改善的类型无法出现），这些都是走向失败和最终灭绝的条件。①

其次，在理性上"人们相互拥有"的观念令人困惑且自相矛盾，因此是不可能的观念。再次，在道德上，一切有关对与错的观念都与人们对自己精神和身体的所有权分不开，并且是由后者决定的。因而人们只有具备"自我所有权"，才能作出道德行为，也只有这样的人才是一个道德存在："道德和自由同存共亡。"最后，人类经验也表明，"进步的历史就是自由的历史。只有当束缚个体的锁链逐一被打碎，工业成就和安全才成为可能。知识和理性建立了它们的帝国，残忍被打退，人们摆脱了很大一部分古老的野蛮天性。在每个地方，自由的人（the free man）都凭借活力、智力和良心说服了那些受到限制的人（the restricted

---

① Auberon Herbert, "A Voluntaryist Appeal", p. 223.

man)"。①

从这一"自我所有权"出发,奥博伦·赫伯特得出了志愿主义的几项原则:"自我所有权"——或者自由——是至高无上的;所有政治制度都必须只为自我所有而存在,人对自身的所有永远不能为了政治制度而牺牲;一切暴力只要不是以防卫为其唯一的原因,它就是邪恶和错误的,因为暴力违反了自我所有权;由于一切权利都是普遍的,因而每个人在为自己主张自我所有权时,也必须承认其他所有人同样的权利,也即一切自由都有限度;政府只是人们创造的一个工具、一个生物,人们利用它为自己服务,故而政府不可能拥有超出个体所有的使用暴力的正当理由——"数量不能创造权利"。②

奥博伦·赫伯特的这篇文章引起了霍布森的注意,次月他在同一刊物发表了《富人的无政府主义:答复奥博伦·赫伯特》,批评奥博伦·赫伯特的志愿主义本质上是在维护富人的财产权。文章中,霍布森重述了奥博伦·赫伯特的理论,认为他的"自我所有权""财产""国家"和"社会"等概念都存在明显的谬误。奥博伦·赫伯特把"社会"仅仅视为"个体的集合",只不过是"一群'自我所有者'凑在一块儿生活",或者说,只是一堆数字。这个社会没有"集体存在"(corporate existence),"社会"或"国家生活"、"意志"、"良心"和"行动"这样的提法对他而言没有意义。在这种理解之下,作为社会意志之代理的国家也就成了一个难以描述的概念:"国家如果健康,它不过是个体活动的萎缩了的代理;如果不健康,那么它也不过是在我们之外的一个导致专

---

① Auberon Herbert, "A Voluntaryist Appeal", p. 225.
② Auberon Herbert, "A Voluntaryist Appeal", pp. 228-229.

断的权力。"①

然而,并没有证据证明这就是事物的真实状态。针对奥博伦·赫伯特为"自我所有权"提出的自然事实和人类经验证据,霍布森反驳称,现代心理学研究充分证明了人与人的精神之间存在直接的有机互动,"个人精神"实际上是社会的产物。"自我意识只能通过与他人精神的认同和区分才能存在",一个人的精神是在他人精神的塑造、维持和影响下才成其自身。因此,奥博伦·赫伯特所谓"精神的自有"并不是什么自然事实,而只是一种虚构。此外,进步的历史也并非如奥博伦·赫伯特所宣称的,仅仅是"免受限制的自由"(freedom from restraint)增长的历史,它同时也是"社会限制"(social restraint)增长的历史。人类经验真正表明的是,"个人与社会不是相互对立的,一方获得力量也并不意味着另一方就会变得脆弱。社会通过国家作出的组织化行动,是促进个体生命的积极自由的最重要的工具"。在这个意义上,自由也并不在于不受干涉,而在于机会的存在。②

之所以有这样的谬误,是因为类似奥博伦·赫伯特这样坚持"粗糙的物质主义"的人没有看到,社会的概念应该是有机的:社会是"个体间联系的一个有机系统"。即便在"最简单的社会有机体"——例如勒庞《乌合之众》里那种由公民组成的松散人群当中,人们情感的相互传染也会形成这群人的一种道德生活、一种性格,激发起不同于单个人的精神和活动的集体的信仰和行动;在国家和城市等"社会纽带"(social bond)更强大的联合中就更是如此。城市或国家的公共言说、

---

① John Hobson, "Rich Man's Anarchism: A Reply to Mr. Auberson Herbert", in Michael Taylor (ed.), *Herbert Spencer and the Limits of the State: The Late Nineteenth-century Debate between Individualism and Collectivism*, London: Thoemmes Press, 1996, p. 241.

② John Hobson, "Rich Man's Anarchism", p. 242.

思想和经验都在证明其社会生活的有机概念,这种有机概念表明,"自我所有权"必须由社会安排——也就是国家来保障。人们运用身体机能的机会必须由国家来保证平等,人们的思想和感觉、其工作所依赖的技术以及所使用的工具等,一切对他的劳动来说必不可少的事物都是由社会造就的。因此,私人财产从来不是仅凭个人运用其能力获得的,而是集体成员进行有机合作的结果。在这个意义上,现代人(至少在精神上)是一个高度社会的产物,因而他的自由也必须通过社会得到实现。[1]

紧接着,奥博伦·赫伯特又写作了两篇文章予以反击[2],其中《迷失于言辞之域》一文专门针对霍布森的"社会有机体"概念提出批评。面对霍布森的指责,奥博伦·赫伯特反诘霍布森的对社会的理解无异于"把个体降为虚无,然后在个体的废墟之上对'社会有机体'大举抬高和颂扬",甚而讥讽霍布森理论中的个人是"消失在人群中的个人"。奥博伦·赫伯特承认,个体的存在和发展依赖于他所身处的环境,但这并不代表可以因此取消个体性:"这就好比说一朵花本身全然没有贡献什么东西,它的旖旎和馥郁全都是从它赖以生存的土壤和空气那里借来的。"同样,个体性也不会由于其所属的某个集体具有统一的情感或采取了统一行动而有所转变:"约翰·史密斯和理查德·帕克受到同一种团体情感的影响,或者追求相同的目标,但这绝不会以任何方式消除约翰·史密斯和理查德·帕克这两个个体,或者用一种由半个史密斯和半个理查德组成的新的生物取代他们,或者——更确切地表述

---

[1] John Hobson, "Rich Man's Anarchism", p. 246.
[2] Auberon Herbert, "Salvation by Force", "Lost in the Region of Phrases", in Eric Mark (ed.), *The Right and Wrong of Compulsion by the State and Other Essays*, Liberty Fund, Indianapolis, 1978, pp. 103-108, 109-116.

社会实体的意涵——由2000或3000万个史密斯和帕克组成的怪东西。"[1]奥博伦·赫伯特指出,霍布森有机观的谬误之处就在于,他把个体和社会构建为在逻辑上对立的两个实体。然而这种对立是不真实的,因为社会实体本身就不是一个确切的存在:"当我们把社会实体同个体相对立时……我们不就是在把一些个体和另一些个体对立起来吗? 如果个体是被社会实体所塑造的,这也只能意味着他是被其他个体所塑造的。"社会实体的真正意涵就是"一些个体,不会再多也不会更少"。[2]

为了不让"社会有机体"滑向整体主义,奥博伦·赫伯特甚至取消了"社会"的实体存在。斯宾塞的另一位追随者奥布莱恩在回应里奇的国家主义观点时,也有类似的表达:

> 社会主义者偏爱的理论认为,我们都属于一个模糊不清的被称为"社会"的实体。这个术语被用在与个人有关的情形中时,唯一可被理解的含义就是"其他人"。"社会"是你自身的许许多多的复制品,因此你不能像社会主义者宣称的那样属于你自己,但你可以属于一个由许多类似的"你自己"组成的群体,而这些"你自己"都不可能属于他们自己![3]

这种强烈的拒斥最终导向了对"社会有机体"概念的全盘否定:"虽然国家经常被比作有机体,但诸如'国家''社会''社会有机体'这

---

[1] Auberon Herbert, "Lost in the Region of Phrases", p. 111.
[2] Auberon Herbert, "Lost in the Region of Phrases", pp. 108-110.
[3] M. D. O'Brien, *The Natural Right to Freedom*, London: Williams & Norgate, 1893, p. 12.

样的概念充其量只是用来分类的隐喻","严格地说不存在国家这种东西……真正存在的只是被许多同他自己一样的个体所环绕的个体……个体是社会的基础,因为社会集合不过是单元的加倍",而"有机主义意义上的共同善概念"更乃子虚乌有。①

显然,奥博伦·赫伯特与奥布莱恩为了捍卫个人主义原则,实际上已将"社会有机体"概念的解释权拱手让人。二人对"社会有机体"的处理表明他们是在一种非常特殊的意义上使用这一类比性修辞的。他们虽然承认社会是一个实体,但在是否赋予这个实体以政治和伦理上的独立性时,却表现得非常含糊与犹豫不决。他们小心翼翼地避免个体沦为社会的附属或手段,更不愿意把有机体类比推向它的逻辑终点。为了避免新自由主义者通过这一概念"拔高组织体"而"贬低个体",二人不惜退回到"朴素的原子主义"②,淡化有机体类比的程度和范围。他们的反驳策略在许多方面与斯宾塞同出一辙,例如都强调社会成员的"个体性"和"独立性",同时反复指出社会与生物有机体之间的关键区别。③ 但与导师相比,二人的论述几乎没有诉诸生物学理论,也并没有试图为这一类比寻找实证基础。如果说斯宾塞使用了自然权利和生物-生理学两套语言来说明"社会有机体"的运作规律及其对个人、社会和政府具有的政治和伦理意味,那么奥博伦·赫伯特和奥布莱恩则仅仅是在前者意义上编织论述,最终呈现出来的很大程度上仍然是古典自由主义论证个人权利的惯用思路。在"社会有机体"概念已然汇集了丰富多元意涵的 19 世纪末期,这样一种单薄的、流于表面的解释

---

① M. D. O'Brien, *The Natural Right to Freedom*, p. 12.

② Michael Taylor, *Men versus the State: Herbert Spencer and Late Victorian Individualism*, p. 164.

③ Auberon Herbert, "Lost in the Region of Phrases", p. 109; M. D. O'Brien, *The Natural Right to Freedom*, p. 14.

的说服力显然大打折扣,更难抵挡反对者的攻击。

事实上,早在1875年的《社会学原理》第一卷中,斯宾塞本人已经对"社会有机体"概念表现出了相当谨慎的态度,极力否认社会有机体与任何"动物或植物的特定种类的个体"存在相似性,甚至声称有机体类比只是"搭建一个融贯的社会学归纳体系的脚手架",在社会学的大厦落成后即可拆除。1896年,斯宾塞又在《生物学、心理学和社会学之间的关系》("The Relations of Biology, Psychology, and Sociology")一文中重申,社会组织和动物组织的类比并不是"社会学阐释的基础",而只是提供了相互的启发。[1] 在1899年《想法的来源》中,为了应对莱斯特·王尔德(Lester Ward)和富兰克林·吉丁斯(Franklin Giddings)等美国社会学家的批评,斯宾塞再一次对此做了声明。[2] 在斯宾塞生命的最后20多年间,"社会有机体"概念给他带来的困扰,也许并不亚于年少的他在乔治·克姆博《人的构造》、塞缪尔·柯勒律治《生命理论》和威廉·卡彭特《生理学原理》中最初接触到有机体类比时的兴奋与热情。这位不善辩论的老先生,仿佛早已预见到"社会有机体"的命运。为了不让批评者因为一个概念而对整个进化论体系产生疑虑,他也只好把这个多年苦心构造起来的"脚手架",连同19世纪个人主义者有机论的语境,一并都拆了。

与此同时,接过"社会有机体"概念的新自由主义者也并没有完全忽视个人自由的重要性。正如珍妮·莫菲尔德(Jeannie Morefield)的研究所表明的一样,霍布森、琼斯、里奇以及鲍桑葵和约翰·穆尔黑德(John Muirhead)等人,在某种程度上将斯宾塞和个人主义者的有机论融入了对于国家和社会的理解当中,成功抵挡了黑格尔的绝对主义国

---

[1] John Offer, *Herbert Spencer and Social Theory*, p. 209.
[2] Herbert Spencer, "The Filiation of Ideas", p. 570.

家观念对自由主义理念的全面渗透。[1] 在他们的笔下,"国家"并非常常如德国唯心主义者所阐释的那样本身就是一个有机体,而是更贴近为社会学家接受的观念,即作为"社会有机体"的一个部分或器官得到理解。同时,个人在这个整体中也并不是完全被决定的、服从于集体的。琼斯反复强调,个人与整体的依存决不能以牺牲个体的自由为代价。[2] 里奇虽然在"社会有机体"中赋予国家以关键地位,但也不否认社会可以被视为许多有机体。[3] 霍布森则认为,来自生物学的研究表明组成有机体的细胞在某种程度上仍保留着自主性,能够独立活动和作出选择,甚至具有所谓的"细胞意识"(cellular consciousness)。这就意味着在"社会有机体"的形成过程中,"个体的感情、意志、目标和他的利益并没有完全融入集体的感情、意志和目标,或为了后者被彻底牺牲掉"[4]。在霍布森的有机体中,器官和细胞不仅可以"有意识地向大脑中枢传输信息和提供建议",还能在遇到对器官造成伤害或压迫的指令时进行"反抗",拥有"请愿"和"起义"的权利。在一个健康的有机体中,局部和中央的交流形成良性互动,根据不同细胞的不同能力,共同决定着生命活动任务的分配,有机体中的"公平的血液循环系统"则保障着每一个细胞获得充足的血液供应。[5] 对于新自由主义而言,无论是国家干预还是社会改革,最终目的都是"让个体获得自由并使文明成为可能"[6]。

通过对"社会有机体"概念的创造性解释,琼斯、里奇和霍布森等

---

[1] Jeannie Morefield, "Hegelian Organicism", p. 153.
[2] Henry Jones, "The Social Organism", p. 16.
[3] David Ritchie, "Social Evolution", *International Journal of Ethics*, vol. 6, no. 2 (1896), pp. 165-181.
[4] John Hobson, *The Crisis of Liberalism*, p. 76.
[5] John Hobson, *The Crisis of Liberalism*, pp. 81-82.
[6] David Ritchie, *Principles of State Interference*, p. 50.

新自由主义者得以将黑格尔式有机主义带入到维多利亚时期保守的和实证的"社会有机体"概念中,使其越发向着一种"有目的的、被引导的、内部相互依赖的生长的观念"[1]发展,而与斯宾塞、斯蒂芬、多尼索普等人所阐述的"社会有机体"渐行渐远。这种"再概念化"(re-conceptualization)带来的政治后果是,"社会有机体"不再如同个人主义者展望的那样,将以更加完善的自发合作一步步取代国家权力,以自由竞争带来的民主秩序取代原先权力集中在少数人手中的君主和贵族秩序,最终达到无政府或最小政府的理想状况;相反,政府和国家将承担起更多社会义务,指引"社会有机体"的进化方向,并主动采取措施解决在这一过程中产生的社会问题,在维护秩序的同时提升整个社会的道德水平。

小　结

英国维多利亚时期的这场"社会有机体"理论之争,最终以新自由主义者代表的社会和国家理念的胜出而告终。"社会有机体"带有的整体性内涵,最终成功与进化论和目的论相结合,为社会改革铺就道路,奠定了福利国家的理论基础。在这一过程中,旧的意义被抨击和抛弃,新的意义得到认可并流行开来,概念的意涵由多元趋向单一并最终固定下来,成了我们所熟知的模样。在这一过程中,英国自由主义思想借助自然科学(尤其是生物学和生理学)、政治经济学、社会学和唯心主义哲学等18—19世纪欧洲的丰富理论资源,成功实现了自我蜕变,完成了从传统走向现代的理论历程。如果说自由党以全新的理念再度

---

[1] Michael Freeden, *The New Liberalism: An Ideology of Social Reform*, p. 97.

执政，在相当程度上为社会改革扫清了政治障碍，那么"社会有机体"概念的嬗变和最终的再概念化，则可以说为社会改革扫清了不小的理论障碍，决定性地影响了后来的英国人乃至欧洲人对个体、社会和国家的理解。同时，这场争论也表明，不仅新自由主义者对19世纪英国自由主义思想的革新作出了关键性的贡献，那些坚守古典自由主义理念的传统自由主义者也绝非顽固守旧，而是积极诠释和利用新的概念求新求变，思考着如何在重视社会纽带的基础上安顿个人自由，是"社会有机体"概念变迁中不能忽视的力量。最后，对于思想史学习者和研究者而言，这场争论不单单只是一场观念和修辞的展览，更深刻地反映着历史进程中各种力量的博弈和盛衰，为种种既定的信念增添了许多不确定性。政治同科学如何相互关联，已不在本书所能探讨的范围之内，但至少，两者的历史都同样关乎斗争、关乎权力、关乎失落与重新找寻的语境。

结　语

本书运用"剑桥学派"的概念史研究方法,对英国哲学家、进化论者赫伯特·斯宾塞政治思想中的"社会有机体"概念进行了思想史的考察。通过系统梳理斯宾塞论及"社会有机体"的文本、重建概念形成和发展的社会与文本语境,以及考察"社会有机体"在现实政治辩论中发生概念转换这三个研究步骤,本书完成了开篇提出的任务,即展现斯宾塞"社会有机体"的独特内涵,论证他利用这一有机类比支持自由竞争的个人主义工商业秩序的内在合理性,同时也解释了斯宾塞的概念使用语境如何在历史斗争中最终被抛弃,导致后人难以理解这一带有鲜明时代特色的理论。在各章论点的基础上,本书认为斯宾塞的"社会有机体"乃是一个从古典政治经济学和19世纪生物进化理论出发阐释人类社会结构、功能和发展变化的自由主义概念。斯宾塞从他的社会和思想语境出发,将"社会有机体"概念构建为反对机械论和国家干预的个人主义堡垒,有其历史的和哲学的内在合理性。一方面,斯宾塞在家乡德比的科学社团中了解到的颅相学知识,以及后来在《经济学人》编辑部任职期间接触到的反谷物法先锋及其文本,都向他提示了一种独特的自由放任的有机社会理念,因此,斯宾塞后来赋予"社会有机体"的个人主义政治意涵并非仅仅是一种理论嫁接,而是自有其传统;另一方面,斯宾塞从柯勒律治的"个体化"理论中吸收了德国自然哲学的智慧,并在古典政治经济学"劳动分工"理论和19世纪欧洲生理学和生物学的启发下，将"进化"揭示为一个"个体性"和"依赖性"同步上升的辩证统一过程，使得有机进化论具有了与个人主义政治哲学相融合的潜力。最后，在19世纪英国社会和经济发展的历史潮流下，"社会有机体"概念最终不可避免地与一种集体主义的观念相结合，指向国家在社会发展中的积极甚至主导性角色，但这并非斯宾塞阐述这一概念的意图，集体主义也绝非"社会有机体"概念的本质属性。在此基础上，本书主张"社会有机体"至少在斯宾塞的理解中不存在所谓"个人主义"和"有机主义"的矛盾问题，他也从未面临要调和两种立场的任务。一种个人主义的"社会有机体"概念在19世纪的英国不仅在理论上是可能的，而且是真实存在过的。

现在，面对这样一个独特的"社会有机体"概念，我们又该如何来理解它在斯宾塞的整个理论体系乃至19世纪思想框架中的地位呢？欧洲的19世纪是一个承前启后的时代，更是一个散发着独特思想光芒的时代。在这百年中涌现出一位又一位思想巨匠，带领我们漫步人类智识和情感创造出的瑰丽长廊。对19世纪初的许多欧洲人来说，他们一方面沐浴在17—18世纪启蒙思想的春晖之中，享受着科技发展和理性成熟带来的物质丰饶与生活提升，笃信人的可完善性和社会进步的理想；另一方面却又目睹或亲身经历了法国大革命的血腥风暴，深刻体悟到政治动荡和社会解体带来的道德失序甚至虚无，从而对启蒙和革命不顾一切冲破传统秩序的信条产生了深刻的质疑。正是在这一交织着启蒙和反启蒙、传统与革新、保守与进步的极具张力的思想氛围中，人们对"社会"的理解达到了前所未有的高度。一方面，思想家把法国大革命遭遇挫折的部分原因归结为革命者抽象的立法与现实社会生活的脱节，呼吁重视对"舆论""民情"和"宗教与道德"等现实的社会状况的研究，以此作为政治改革和制度设计的罗盘；另一方面，巨大的社会变动和新旧秩序的更迭引发了时代特有的焦虑，人们急需对大革命这一陌生的事件作出解释。正是在这种情况下，历史研究空前繁兴，将法国大革命纳入历史的努力进一步催生了对"社会状况"的关注。从法国的极端保守派德·梅斯特(Joseph de Maistre)和德·伯纳尔德(Louis de Bonald)，英国保守主义者伯克(Edmund Burke)，到空想社会主义者圣西门(Henri de Saint-Simon)和欧文(Robert Owen)，以及公认的社会学创始人孔德(Auguste Comte)，再到自由主义者托克维尔(Alexis de Tocqueville)和基佐(François Guizot)，以及马克思和恩格斯等，无一例外都在探讨和回应着有关"社会"的问题。

斯宾塞阐述的社会学思想，无疑是这一思想潮流的一个重要组成和推进。翻开我国20世纪80年代以来的社会学教科书，在论述学科思想发展史时，斯宾塞的大名往往位列孔德之后。正因此，许多学者也把斯宾塞誉为社会学的"亚圣"。当然，斯宾塞并没有直接受到孔德的影响，他蹩脚的法语和怪异的阅读习惯妨碍了他吸收法国大部分成体系的学说，且在接触到孔德思想之前，斯宾塞社会思考中的重要方面都已基本确立。不过鉴于孔德的实证主义学说业已深刻融入了19世纪英国社会的思想传统，斯宾塞本人亦曾是英国实证主义者云集的伦敦查普曼沙龙的活跃一员，因此斯宾塞的"社会有机体"理论无疑在一定程度上继承并发展了孔德的社会学说，尤其是后者立志在生物科学基础上建立社会学体系的实证主义精神。

不过，斯宾塞并没有完全浸没在孔德传统当中，特别是没有被法国社会思想中的保守理念占据头脑。相反，本书对斯宾塞"社会有机体"概念的研究恰恰表明，斯宾塞发展出了独具自由主义特色的社会学思想，使社会学在英国从一门保守的科学转变为一门面向未来的进步的科学，而这在很大程度上就体现在斯宾塞构建的"社会有机体"概念中。首先，尽管斯宾塞的"社会有机体"含有拒斥社会变革的意图，他也的确运用有机体理念来反对当时政府的多项改革举措，但却并非完全是在保守派的意义上使用这些术语的。在进化论的视角下，有机体的自然生长更多体现的是变化而非同往昔的延续，是在一个目的论架构中缓慢但却必然地上升。社会进化固然要考虑那些维系整个社会存在的传统、习俗、制度和等级，于是排除了暴力颠覆的可能，但社会变动完全可以像生物界的变化一样，在某种规律性机制的作用下自然发生。这种进化也许异常缓慢，也许并不是线性的，但仍旧蕴含着改革的可能。因此，被整合到进化理论中的"社会有机体"，恰恰是斯宾塞等自由主义者对保守思潮的回应。

再者，斯宾塞的"社会有机体"，也并不像圣西门和孔德以及伯克等人所设想的那样，必须要有一个道德的、精神的乃至政治的权威来维持秩序，确保社会成员的服从。相反，我们从斯宾塞细致的生物类比中就能看到，他的"社会有机体"更像是某种低等的、结构松散的有机体，一个相当"自由"的有机体，或者如生物学史家詹姆斯·埃尔威克所概括的，一个具有"不统一性"的"社会有机体"。这个有机体的各部分虽然紧密结合在一起，却具有程度很高的自主性，能够自由行动和作出选择。事实上，19世纪有许多生物学观念都支持这种没有权力中心（中枢）的、扁平化和民主化的系统。许多研究都表明，生物有机体的控制机能并非全部集中在一个器官，而是弥散在整个有机体内部的。这些分散的系统承担着重要的生命活动，有着相当自治的调控手段来维持机体某部分的运转，甚至所谓"中枢"也要依赖这些分散系统来发挥作用。[①]

[①] 加拿大学者詹姆斯·爱尔威克的博士论文对此有出色研究：James Elwick, "Compound Individuality in Victorian Biology, 1830–1872", PhD diss., Toronto: University of Toronto, 2004.

最后，不同于孔德认为社会中的个体没有真实的存在，个体只有在社会中才能被理解，斯宾塞则始终坚持社会是由个体组成的，要理解和研究社会，必须先理解和研究个体，反而社会的实体性才是需要讨论的。在斯宾塞构建"社会有机体"以至整个进化论的过程中，个体和整体维持着较好的平衡，很少出现偏废其一的情况。这既得益于斯宾塞早年形成的"两极性"思维方式，更是家庭环境和英格兰中部地区激进政治文化带给他的秉持终生的个人主义信念。

总而言之，正是19世纪这种对社会进行科学化的企图，推动斯宾塞在有机体学说中引入进化论和生物-生理学的视角，成功淡化了18世纪末的欧洲有机思想带有的威权和集体主义色彩，使得"社会"的维度可以较为顺利平稳地进入19世纪为功利主义把持的自由主义思想世界，而没有对"自由""权利""个体性"等传统自由主义概念构成冲击。从这个意义上说，斯宾塞的"社会有机体"概念展现了自由主义接受有机思想并对其加以改造的一种有效途径。

斯宾塞在19世纪80年代以后遭遇的猛烈批评，也恰恰证明他的"社会有机体"概念在当时是维多利亚时期任何一个意图用类似语言描述社会的理论家都不能绕过的。信奉斯宾塞学说的人从不同角度深化着这一概念，而批评者也必须要通过质疑或修正斯宾塞的概念来形成自己的论说。尽管"社会有机体"概念的内涵在英国最终发生了转换，从一个支持自由竞争和消极政府的个人主义式概念，变为一个与社会福利和国家干预相契合的集体主义式概念，但其最初的内涵并未完全褪去。霍布森、琼斯以及鲍桑葵和穆尔黑德等新自由主义者和观念论者，借助19世纪的进化论语言，在某种程度上将斯宾塞的个人主义有机论融入了对于国家和社会的理解，成功抵挡了黑格尔的绝对主义国家观念对自由主义理念的全面渗透。在他们的笔下，"国家"并非常常如德国唯心主义者所阐释的那样本身就是一个有机体,而是更贴近为社会学家所接受的观念,即"社会有机体"的一个部分或器官。个人在这个整体中也并不是完全被决定和服从于集体的。可以说,斯宾塞的"社会有机体"概念对于英国自由主义最终发展出介于自由放任和社会主义之间的理论道路而言,具有以往没有被认识到的重要意义。

此外,我们还可以从思想家的意图层面来理解斯宾塞社会学思想的时代性和独特性。斯宾塞没有经历过政治动荡,他在英格兰中部地区的小镇出生长大,30岁以后直到去世的前几年定居伦敦,一生中的大部分时间都在书斋和朋友聚会的杯盘交错中度过,战争与他相隔甚远,政治在多数时候也只是报刊上和街巷里的议论。因此,现实社会的稳定和秩序的重建并非他直接给予关注和探究的问题。对斯宾塞来说,无论是人类社会的大忧患,还是个人生活的小困顿,皆可被归因为人们缺乏科学意识和对世事发展规律的无知。因此,更为紧要的任务是普及科学的知识和思维方式,并在广泛搜集材料的基础上,通过严格的比较、概括和归纳,找到一切现象背后的统一原因,揭示人类目前的处境和未来发展的方向,以此指引现实中的行动。在这个意义上,斯宾塞的终极目的是形而上的,他毕其一生所要找寻的就是一个能够解释所有现象、统一一切知识的科学的"元命题"。至于对社会进行任何改进,则必须要在社会科学得到普遍的揭示和掌握之后,才是有可能的。

也因此,同维多利亚后期心系民生的社会活动家相比,斯宾塞始终坚持自由竞争和适者生存,显得非常不近人情。斯宾塞虽然对穷苦大众的生活状况有所了解,但由于工业城市的生长背景,他一直坚信以商人和工厂主为代表的资产阶级和工人阶级的利益是一致的,二者应当联手争取政治权利,反对贵族和土地利益阶级。对于社会中新崛起的力量和亟待回应和解决的新矛盾,斯宾塞并没有充分的认识,他的政治思想还停留在古典自由主义对个人权利和自由竞争的抽象辩护。尽管19世纪政治经济学的普及为他的思想带去了贸易、"劳动分工"和阶段论的维度,生物科学的繁盛又赋予了他进化论的视野,然而斯宾塞利用这些新的理论武器,最终捍卫的还是旧时代的话语。因此,以往的思想史和社会学史作品认为,斯宾塞的学说为19世纪走向巅峰的英国工商业资本主义背书,这并非虚言。

但这并不是说,斯宾塞完全没有参与他那个时代最紧要的社会问题的探讨。事实上,我们在"社会有机体"概念中就能够看到关乎社会秩序、社会纽带和个体与社会关系等问题的丰富的提示,尽管这些提示并不是就紧迫的现实问题而作出的。在对社会秩序的理解上,斯宾塞拒绝了孔德关于社会是一个道德统一体的保守主义观点,取而代之的是由"看不见的手"操纵的社会结构。他对"劳动分工"和自发合作的强调,对追逐私利的个体最终能够对社会整体作出贡献的信心,基本遵循的是苏格兰政治经济学的思路。但如若斯宾塞仅止步于此,我想维多利亚时代的人也不可能如此深刻地记住这位思想家的名字。事实上,经由马尔萨斯的批判,由自由竞争担保的经济乃至文明进步都笼上了一层阴云,导致整个19世纪讨论社会发展的作家都必须对此作出回应。在这种时代氛围下,19世纪任何有关进步的主张都必定是曲折地难产而出的,斯宾塞的进化论亦不例外。和同时代的其他进化论者一样,斯宾塞完全认识到人的利己之心对于形成和谐社会生活的阻碍,对于贸易中损人利己的行为也有着深刻的观察和批判。[①] 但最终,斯宾塞凭借进化论试图走出这一个体和社会的困境。在他看来,人从一开

[①] 例如,参见 Herbert Spencer, "The Morals of Trade", in Herbert Spencer, *Essays: Scientific, Political and Speculative*, vol. 3, pp. 64-84。

始固然是追逐私利、以自我保护为核心诉求的,这是由于原始人类必须适应当时恶劣的生存环境,同时这种自利在这一阶段也是有利的。但逐渐地,由于人类长期和同伴生活在一起,需要同伴提供各方面的帮助,这些同伴即"他人"也构成了人的生存环境的一部分,使人必须要去适应社会状态。这种适应的最终结果就是在获得性遗传机制的作用下,将社会意识带入了原本自利的人的生物结构,使得人自然而然在"同情"(在斯宾塞这里是一个脑部器官)的作用下相互帮助和协作,形成利他的性格。在进化的最高阶段,人们终将意识到私人利益和公共利益的一致性,那时,就像斯宾塞在《社会静力学》的结尾所畅想的那样:

> 将没有人会被阻挠去展开他们的天性;因为当每个人都维护他自己的要求时,他也将会尊重别人的同样要求。那时,将不再有立法的限制和立法的负担;因为通过同一过程,它们将变得既不必要也不可能。那时将会出现其个体性能充分地向各个方向扩展的人。这样,完全的道德、完全的个体化和完全的生命就将同时实现……最终的人将是其私人需要与公众需要相吻合的人。他将是这样的人:他在自发地满足自己的天性时,附带地执行一个社会单位的职能;而且只有当其他所有人都这样做时,他才能满足自己的天性。[①]

直到今天,人类距离这一理想还长路漫漫。但这种学说的存在至少表明,在19世纪的英国,自由主义者对"社会"的处理不是只有功利

---

① 〔英〕赫伯特·斯宾塞:《社会静力学》,第254—255页。

主义缺乏想象力的陈词旧语。在19世纪有关社会秩序的百家争鸣中,这样的一种理论构建的确显得独树一帜。无论是罗伯特·欧文的"社会和谐"、弗朗斯瓦·傅里叶的"和谐制度"、约翰·霍布森的"有机统一体"还是伦纳德·霍布豪斯的有机社会观,最终都或多或少需要一种自上而下的权力结构来付诸实现,斯宾塞则给出了一条从主体出发通向社会性的可能道路。

最后,本书的研究成果也可以从概念角度尝试回应斯宾塞的"社会达尔文主义者"之争。斯宾塞的"社会有机体"概念重视个人权利、排除集体干预的特征,与此后在德国发展到顶点的社会达尔文主义和种族主义思想有本质的区别,而其凸显人的社会性、依赖性与合作性等面向,也与在美国"镀金时代"风行的社会达尔文主义有相当的距离。斯宾塞受到德国观念论的深刻影响,将"进化"揭示为一个"个体性"和"依赖性"同步上升的辩证统一过程,这一过程将最终把人塑造为私人利益与公共利益完美统一的理想公民,完成社会的道德进化。因而本书与国内外的最新研究结论保持一致[①],认为不能把斯宾塞看作一位"社会达尔文主义者"。

[①] 参见 Gregory Claeys, "The Survival of The Fittest And The Origin of Social Darwinism", *Journal of The History of Ideas*, vol. 61, no. 2 (2000), pp. 223-240; Michael Taylor, "Introduction", in *The Philosophy of Herbert Spencer*, pp. 1-8; Mark Francis, "Introduction", in *Herbert Spencer and the Invention of Modern Life*, pp. 1-14; Jonathan Turner, "Herbert Spencer: the Enigma and Stigma", in *Herbert Spencer: A Renewed Appreciation*, pp. 11-15;侯波:"斯宾塞社会进化学说与达尔文进化论之考异",《求索》2009年第12期;杨深:"社会达尔文主义还是民族达尔文主义?——严译《天演论》与赫胥黎及斯宾塞进化论的关系",《哲学研究》2014年第1期。

参考文献

一、中文文献

(一) 著作

〔英〕弗里登,迈克尔:《英国进步主义思想:社会改革的兴起》,曾一璇译,商务印书馆2018年版。

〔英〕汉普歇尔-蒙克,伊安:《比较视野中的概念史》,周保巍译,华东师范大学出版社2010年版。

〔美〕霍夫施塔特,理查德:《社会达尔文主义:美国思想潜流》,汪堂峰译,上海人民出版社2022年版。

〔英〕霍吉斯金,托马斯:《通俗政治经济学》,王铁生译,商务印书馆2014年版。

〔法〕孔德,奥古斯特:《论实证精神》,黄建华译,商务印书馆1996年版。

〔芬兰〕帕罗内,凯瑞:《昆廷·斯金纳思想研究:历史·政治·修辞》,李宏图、胡传胜译,华东师范大学出版社2005年版。

〔法〕圣西门,亨利:《圣西门选集》,王燕生等译,商务印书馆1979年版。

〔英〕斯宾塞,赫伯特:《国家权力与个人自由》,谭小勤等译,华夏出版社2000年版。

〔英〕斯宾塞,赫伯特:《论正义》,周国兴译,商务印书馆2017年版。

〔英〕斯宾塞,赫伯特:《群学肄言》,严复译,商务印书馆1981年版。

〔英〕斯宾塞,赫伯特:《社会静力学》,张雄武译,商务印书馆2017年版。

〔英〕斯宾塞,赫伯特:《社会学研究》,张宏晖、胡江波译,华夏出版社

2001年版。

〔英〕斯宾塞,赫伯特:《斯宾塞教育论著选》,胡毅、王承绪译,人民教育出版社2005年版。

〔英〕斯金纳,昆廷:《现代政治思想的基础》,奚瑞森、亚方译,译林出版社2011年版。

〔英〕斯密,亚当:《国民财富的性质和原因的研究》,郭大力、王亚南译,商务印书馆1983年版。

李宏图:《欧洲近代思想史论》,天津人民出版社2012年版。

李宏图:《语境·概念·修辞:欧洲近代思想史研究的方法与实践》,复旦大学出版社2016年版。

钱乘旦、许洁明:《英国通史》,上海社会科学院出版社2002年版。

王养冲:《西方近代社会学思想的演进》,华东师范大学出版社1996年版。

(二)论文

白利兵:"论柯勒律治的有机整体思维",《英语研究》2014年第2期。

侯波:"斯宾塞社会进化学说与达尔文进化论之考异",《求索》2009年第12期。

李宏图:"语境·概念·修辞——昆廷·斯金纳与思想史研究",《世界历史》2005年第4期。

李宏图等:"概念史笔谈",《史学理论研究》2012年第1期。

刘小枫:"重审斯宾塞的有机体政治论",《人文杂志》2023年第10期。

潘德重:"被误读的严父之爱——对斯宾塞社会进化思想的若干辨析",《历史教学问题》2004年第3期。

潘德重:《近代工业社会合理性的理论支撑——斯宾塞社会进化思想研究》,华东师范大学博士学位论文,2004年。

舒远招:"我们怎样误解了斯宾塞",《湖湘论坛》2007年第2期。

尹建龙、陈雅珺:"工业化时期英国企业家群体与自由贸易转向——以'反谷物法同盟'为例",《江西社会科学》2019年第2期。

二、外文资料

(一) 一手文献
1. 斯宾塞作品、通信和传记

Duncan, David, *The Life and Letters of Herbert Spencer*, London: Methuen, 1908.

Offer, John (ed.), *Spencer: Political Writings*, Cambridge: Cambridge University Press, 1994.

Spencer, Herbert, *Social Statics: or, The Conditions essential to Happiness specified, and the First of them Developed*, London: John Chapman, 1851.

Spencer, Herbert, *The Principles of Psychology*, London: Longman, Brown, Green and Longmans, 1855.

Spencer, Herbert, *A New Theory of Population, Deduced from the Ceneral Law of Animal Fertility*, New York: Fowler and Wells, 1857.

Spencer, Herbert, *First Principles*, 1st ed., London: William and Norgate, 1862.

Spencer, Herbert, *First Principles*, 2nd ed., London: Williams and Norgate, 1867.

Spencer, Herbert, *The Study of Sociology*, London: Henry S. King, 1873.

Spencer, Herbert, *Essays: Scientific, Political and Speculative*, Library Edition, 3 vols., London: Williams and Norgate, 1891.

Spencer, Herbert, *The Principles of Biology*, New York: D. Appleton and Company, 1898.

Spencer, Herbert, *The Principles of Sociology*, New York: D. Appleton and Company, 1898.

Spencer, Herbert, *An Autobiography by Herbert Spencer*, New York: D. Appleton and Company, 1904.

Spencer, Herbert, "The Filiation of Ideas", in David Duncan (ed.), *The Life and Letters of Herbert Spencer*, London: Metheun, 1908.

Spencer, Herbert, *The Principles of Ethics*, Indianapolis: Liberty Fund, 1978.

Spencer, Herbert, *The Man versus the State, with Six Essays on Government, Society and Freedom*, Eric Mark (ed.), Indianapolis: Liberty Fund, 1981.

Taylor, Michael (ed.), *Herbert Spencer: Collected Writings*, London: Routledge/Thoemmes Press, 1996.

2. 其他思想家作品、通信和传记

Barrington, Emilie. I., *The Servant of All, Pages from the Family, Social, and Political Life of My Father, James Wilson*, London: Longmans, 1927.

Bosanquet, Bernard, *The Philosophical Theory of the State*, London: Macmillan, 1920.

Boucher, David (ed.), *The British Idealists*, Cambridge: Cambridge University Press, 1997.

Cairnes, John, "Mr. Spencer on Social Evolution", *Fortnightly Review*, vol. 97, no. 17 (1875).

Carpenter, William, *The Principles of Physiology, General and Comparative*, London: John Churchill, 1852.

Carpenter, William, *Principles of Comparative Physiology*, 4th ed., Philadelphia: Blanchard and Lea, 1854.

Carpenter, William, *Nature and Man. Essays Scientific and Philosophical*, London: Kegan Paul, Trench, 1888.

Cecil, R, third Marquis of Salisbury, "'Labourers' and Artisans' Dwellings'", *National Review*, vol. 2 (1883).

Cobden, Richard, *England, Ireland and American, by a Manchester Manufacturer*, London: James Ridgway and Sons, 1835.

Cobden, Richard, *Speeches on Questions of Public Policy by Richard Cobden*,

M. P. John Bright & J. E. Thorold Rogers (eds.), London: T. Fisher Unwin, 1908.

Coleridge, Samuel, *Hints Towards the Formation of a More Comprehensive Theory of Life*, Gutenberg Ebook, 2008.

Combe, George, *The Constitution of Man, Considered in Relation to External Objects*, Edinburgh: John Anderson, 1828.

Darwin, Charles & Wallace, Alfred R, *Evolution by Natural Selection, with a foreword by Gavin de Beer*, Cambridge: Cambridge University Press, 1958.

Donisthorpe, Wordsworth, *Individualism, A System of Politics*, London: Macmillan, 1889.

Donisthorpe, Wordsworth, *Law in a Free State*, London: Macmillan, 1895.

Donisthorpe, Wordsworth, "The Limits of Liberty", in Thomas Makay (ed.), *A Plea for Liberty: An Argument against Socialism and Socialistic Legislation*, Indianapolis: Liberty Fund, 1981.

Geddes, Patrick, *An Analysis of the Principles of Economics*, London: Williams and Norgate, 1885.

Gibbon, Charles, *The Life of George Combe*, London: Macmillan, 1878.

Halévy, Élie, *Thomas Hodgskin (1787—1869)*, Paris: Société Nouvelle De Librairie Et D'Édition, 1903.

Herbert, Auberon, *The Voluntaryist Creed: Being the Herbert Spencer Lecture Delivered at Oxford, June 7, 1906, and A Plea for Voluntaryism*, London: Oxford University Press, 1908.

Herbert, Auberon, "Lost in the Region of Phrases", in Eric Mark (ed.), *The Right and Wrong of Compulsion by the State and Other Essays*, Indianapolis: Liberty Fund, 1978.

Herbert, Auberon, "A Voluntaryist Appeal", in Michael Taylor (ed.), *Herbert Spencer and the Limits of the State: The Late Nineteenth-century Debate be-*

tween Individualism and Collectivism, London: Thoemmes Press, 1996.

Herbert, George, the 13th Earl of Pembroke and Montgomery, *Political Letters and Speeches*, London: R. Bentley, 1896.

Hobson, John, *The Crisis of Liberalism: New Issues of Democracy*, London: King & Son, 1909.

Hobson, John, *Work and Wealth*, London: Macmillan, 1914.

Hobson, John, "Rich Man's Anarchism: A Reply to Mr. Auberson Herbert", in Michael Taylor (ed.), *Herbert Spencer and the Limits of the State: The Late Nineteenth-century Debate between Individualism and Collectivism*, London: Thoemmes Press, 1996.

Hodgskin, Thomas, *A Lecture on Free Trade, in Connexion with the Corn Laws; Delivered at the White Conduit House, on January 31, 1843*, London: G. J. Palmer, 1843.

Huxley, Leonard, *Life and Letters of Thomas Huxley*, New York: D. Appleton and Company, 1901.

Huxley, Thomas, *Critiques and Addresses*, London: Macmillan, 1873.

Huxley, Thomas, "Evolution and Ethics", in James Paradis & George William (ed.), *Evolution and Ethics: T. H. Huxley's Evolution and Ethics with New Essays on Its Victorian and Sociobiological Context*, Princeton: Princeton University Press, 1989.

Kidd, Benjamin, *Individualism and After, the Herbert Spencer Lecture—Delivered in the Sheldonian Theatre on the 29th May 1908*, Oxford: Oxford University Press, 1908.

Mackay, Thomas, *A Plea for Liberty: An Argument against Socialism and Socialistic Legislation*, Indianapolis: Liberty Fund, 1891.

Martineau, Harriet, *Illustrations of Political Economy*, London: Charles Fox, 1832–1833.

Martineau, Harriet, *The Philosophy of Comte*, Kitchener: Batoche Books, 2000.

Morley, John, *The Life of Richard Cobden*, London: Macmillan, 1908.

O'Brien, M. D., *The Natural Right to Freedom*, London: Williams & Norgate, 1893.

Porter, George, *The Progress of the Nation: in Its Various Social and Economic Relations from the Beginning of the Nineteenth Century*, London: Charles Knight, 1912.

Ritchie, David, "Mr. Herbert Spencer's Political Philosophy", *Time*, vol. 13, no. 12 (1885).

Ritchie, David, *The Moral Function of the State: A Paper Read before the Oxford Branch of the Guild of St. Matthew, on May 17th, 1887*, London: Women's Printing Society, 1887.

Ritchie, David, *Darwin and Hegel*, London: Swan Sonnenschein, 1893.

Ritchie, David, *The Principles of State Interference: Four Essays on the Political Philosophy of Mr. Herbert Spencer, J. S. Mill, and T. H. Green*, 4th ed., London: Swan Sonnenschein, 1902.

Sidgwick, Henry, *Lectures on The Ethics of T. H. Green, Mr. Herbert Spencer and J. Martineau*, London: Macmillan & Co., 1902.

Spurzheim, Johann G, *A View of the Philosophical Principles of Phrenology*, 3rd ed., London: Knight, 1825.

Spurzheim, Johann G, *Phrenology, or the doctrine of the mental phenomena*, 4th American ed. Boston: Marsh: Capen & Lyon, 1835.

Stephen, Leslie, *The Science of Ethics*, London: Smith, Elder, 1882.

Stephen, Leslie, *Life of Henry Fawcett*, London: Smith, Elder, 1885.

Stephen, Leslie, *Social Rights and Duties: Addresses to Ethical Societies*, Cambridge: Cambridge University Press, 2011.

Taylor, Michael (ed.), *Herbert Spencer and the Limits of the State: The Late Nineteenth-Century Debate Between Individualism and Collectivism*, Bristol: Thoemmes Press, 1996.

Wilson, James, *Fluctuation of Currency, Commerce and Manufactures Referable to the Corn Laws*, London: Longmans, 1840.

Wilson, James, *Influences of the Corn Laws, as Affecting All Classes of the Community, and Particularly the Landed Interests*, London: Longmans, 1840.

(二) 二手文献

1. 著作

Cohen, Bernard (ed.), *The Natural Sciences and the Social Sciences, Some Critical and Historical Perspectives*, London: Kluwer Academic, 1994.

Coker, Francis, *Organismic Theories of the State: Nineteenth Century Interpretation of the State as Organism or as Person*, Kitchener: Batoche Books, 1910.

Collini, Stefan, *Liberalism and Sociology: L. T. Hobhouse and Political Argument in England 1880—1914*, Cambridge: Cambridge University Press, 1978.

Cooter, Roger, *The Cultural Meaning of Popular Science: Phrenology and the Organization of Consent in Nineteenth-century Britain*, Cambridge: Cambridge University Press, 1984.

Francis, Mark, *Herbert Spencer and the Invention of Modern Life*, London: Routledge, 2014.

Francis, Mark & Taylor, Michael (eds.), *Herbert Spencer: Legacies*, New York: Routledge, 2015.

Fraser, Derek, *The Evolution of the British Welfare State: A History of Social Policy since the Industrial Revolution*, London: Macmillan, 1973.

Freeden, Michael, *The New Liberalism: An Ideology of Social Reform*, Oxford Scholarship Online, 2011.

Gray, Tim, *The Political Philosophy of Herbert Spencer: Individualism and Organicism*, Aldershot: Avebury, 1996.

Greenleaf, William, *The British Political Tradition*, London: Methuen, 1983.

Harris, S. Hutchinson, *Auberon Herbert, Crusader for Liberty*, London: Williams and Norgate, 1943.

Hofstadter, Richard, *Social Darwinism in American Thought*, Boston: Beacon Press, 1944.

Jones, Greta, *Social Darwinism and English Thought: The Interaction between Biological and Social Theory*, Sussex: The Harvester Press, 1980.

Lightman, Bernard, *Global Spencerism: The Communication and Appropriation of a British Evolutionist*, Leiden: Brill, 2015.

Macpherson, Hector, *Herbert Spencer: The Man and His Work*, London: Chapman & Hall, 1900.

Meadowcroft, James, *Conceptualizing the State: Innovation and Dispute in British Political Thought 1880—1914*, Oxford Scholarship Online, 2011.

Meek, Ronald, *Economics and Ideology and Other Essays: Studies in the Development of Economic Thought*, London: Chapman and Hall, 1967.

Mingardi, Alberto, *Herbert Spencer*, London: Continuum, 2011.

Offer, John, *Herbert Spencer and Social Theory*, Basingstoke: Palgrave Macmillan, 2010.

Palonen, Kari, *Quentin Skinner: History, Politics, Rhetoric*, Cambridge: Polity, 2003.

Peel, John D. Y, *Herbert Spencer: The Evolution of a Sociologist*, London: Heineman, 1971.

Perrin, Robert, *Herbert Spencer: A Primary and Secondary Bibliography*, New York: Routledge, 2014.

Richards, Robert, *Darwin and the Emergence of Evolutionary Theories of Mind and Behavior*, Chicago: University of Chicago, 1987.

Skinner, Quentin, *Foundations of Modern Political Thought*, Cambridge: Cambridge University Press, 1978.

Skinner, Quentin, *Visions of Politics*, Cambridge: Cambridge University Press, 2002.

Stack, David, *Nature and Artifice: The Life and Thought of Thomas Hodgskin (1787—1869)*, Woodbridge: Boydell & Brewer, 1998.

Taylor, Michael, *Men versus the State: Herbert Spencer and Late Victorian Individualism*, Oxford: Oxford University Press, 1992.

Taylor, Michael, *The Philosophy of Herbert Spencer*, London: Continuum, 2007.

Taylor, Michael (ed.), *Herbert Spencer: Contemporary Assessments*, London: Routledge/Thomas Press, 1996.

Williams, Raymond, *Culture and Society, 1780—1950*, New York: Anchor Books, 1960.

Wiltshire, David, *The Social and Political Thought of Herbert Spencer*, Oxford: Oxford University Press, 1978.

Young, Robert M, *Mind, Brain, and Adaptation in the Nineteenth Century: Cerebral Localization and Its Biological Context from Gall to Ferrier*, Oxford: Oxford University Press, 1990.

2. 论文

Barnes, Harry, "Representative Biological Theories of Society", *Sociological Review*, vol. a17, no. 2 (1925).

Beach, Joseph, "Coleridge's Borrowings from the German", *English Literary History*, vol. 9, no. 1 (1942).

Bowler, Peter, "The Changing Meaning of 'Evolution'", *Journal of the History of Ideas*, vol. 36, no. 1 (1975).

Bristow, Edward, "The Liberty and Property Defence League and Individualism", *The Historical Journal*, vol. 18, no. 4 (1975).

Claeys, Gregory, "The Survival of The Fittest and The Origin of Social Darwinism", *Journal of The History of Ideas*, vol. 61, no. 2 (2000).

Collini, Stefan, "The Idea of 'Character' in Victorian Political Thought", *Transactions of the Royal Historical Society*, vol. 12, no. 35 (1985).

Cooter, Roger, "Phrenology: The Provocation of Progress", *History of Science*, vol. 14, no. 4 (1976).

D'Hombres, Emmanuel, "The 'Division of Physiological Labour': The Birth, Life and Death of a Concept", *Journal of the History of Biology*, vol. 45, no. 1 (2012).

Elliot, Paul, "Erasmus Darwin, Herbert Spencer, and the Origins of the Evolutionary Worldview in British Provincial Scientific Culture, 1770–1850", *Isis*, vol. 94, no. 1 (2003).

Elwick, James, "Compound Individuality in Victorian Biology, 1830—1872", PhD diss., Toronto: University of Toronto, 2004.

Elwick, James, "Herbert Spencer and the Disunity of the Social Organism", *History of Science*, vol. 41, no. 1 (2003).

Francis, Mark, "Herbert Spencer and the Myth of Laissez-Faire", *Journal of the History of Ideas*, vol. 39, no. 2 (1978).

Gordon, Scott, "The London Economist and the High Tide of Laissez Faire", *Journal of Political Economy*, vol. 63, no. 6 (1955).

Gray, Tim, "Herbert Spencer: Individualist or Organicist?", *Political Studies*, vol. 33, no. 2 (1985).

Limoges, Camille, "Milne-Edwards, Darwin, Durkheim and The Division of Labour: A Case Study in Reciprocal Conceptual Exchanges Between the Social and the Natural Sciences", in Bernard Cohen (ed.), *The Natural Sciences and the Social Sciences, Some Critical and Historical Perspectives*, London: Kluwer Academic, 1994.

McLaren, Angus, "Phrenology: Medium and Message", *The Journal of Modern History*, vol. 46, no. 1 (1974).

Morefield, Jeannie, "Hegelian Organicism, British New Liberalism and the

Return of the Family State", *History of Political Thought*, vol. 23, no. 1 (2002).

O'Donnell, Margaret G, "Harriet Martineau: A Popular Early Economics Educator", *The Journal of Economic Education*, vol. 14, no. 4 (1983).

Ospovat, Dov, "The Influence of Karl Ernst von Baer's Embryology, 1828 – 1859: A Reappraisal in Light of Richard Owen's and William B. Carpenter's 'Palaeontological Application of von Baer's Law'", *Journal of the History of Biology*, vol. 9, no. 1 (1976).

Parssinen, T. M, "Popular Science and Society: The Phrenology Movement in Early Victorian Britain", *Journal of Social History*, vol. 8, no. 1 (1974).

Phillips, Denis, "Organicism in the Late Nineteenth and Early Twentieth Centuries", *Journal of the History of Ideas*, vol. 31, no. 3 (1970).

Snelders, H. A. M, "Romanticism and Naturphilosophie and the Inorganic Natural Sciences 1797 – 1840: An Introductory Survey", *Studies in Romanticism*, vol. 9, no. 3 (1970).

Temkin, Owsei, "Gall and the Phrenological Movement", *Bulletin of the History of Medicine*, vol. 21, no. 3 (1947).

Tomlinson, Stephen, "Phrenology, Education and the Politics of Human Nature", *History of Education (Tavistock)*, vol. 26, no. 1 (1997).

后　记

　　本书写作的重要基础为笔者于复旦大学历史系就读期间完成的博士论文。论文撰写过程中承蒙恩师李宏图教授悉心指导和启发，并幸得诸多师友指点、关怀与支持，恕不一一具名。国内外文献资料搜集依托复旦大学图书馆、华东政法大学图书馆、剑桥大学图书馆和档案馆提供的丰富资源。本书出版得到了华东政法大学科研处"棠树文丛"项目支持，并有赖商务印书馆编辑老师的辛勤付出与帮助，在此一并感谢。

关依然
2024 年 7 月

图书在版编目（CIP）数据

斯宾塞社会思想中的"社会有机体"概念探析 / 关依然著. -- 北京：商务印书馆，2024
（棠树文丛）
ISBN 978-7-100-24030-7

Ⅰ.①斯⋯　Ⅱ.①关⋯　Ⅲ.①斯宾塞(Spencer, Herbert 1820-1903) —社会学—思想史—研究　Ⅳ.
① C91-091

中国国家版本馆 CIP 数据核字（2024）第 103304 号

权利保留，侵权必究。

棠树文丛
斯宾塞社会思想中的"社会有机体"概念探析
关依然　著

商 务 印 书 馆 出 版
（北京王府井大街36号　邮政编码100710）
商 务 印 书 馆 发 行
南 京 新 洲 印 刷 有 限 公 司 印 刷
ISBN 978-7-100-24030-7

| 2024年11月第1版 | 开本 880×1240 1/32 |
| 2024年11月第1次印刷 | 印张 10⅝ |

定价：58.00元